青海省"十四五"教育科学规划课题"基于'工作过程系统化'理念的道桥类高职课程体系构建研究"（课题编号：22QJG46）

中国电子劳动学会2022年度"产教融合、校企合作"教育改革发展课题"基于岗位职业能力分析的青藏道桥类专业课程体系建设"（课题编号：Ciel2022191）

路桥专指委2020年教研项目"高寒高海拔公路技术特色及教学方法分析研究"（课题编号：LQZZW202017）

高原寒区公路养护技术

杨　智　彭毛端智　李　捷　著

中国纺织出版社有限公司

内 容 提 要

本书紧密地围绕青海省地域气候特点和公路养护特色，较为全面地梳理高原寒区近年来的特色养护技术，总结青海省公路的地域特色。全书共6章，从多个角度介绍青海省公路养护特点，并参照了近年其他相似省份的技术成果，提供了较为丰富的工程案例，可供省内公路技术人员继续教育培训使用，也可供科研单位及技术人员参考借鉴。

图书在版编目（CIP）数据

高原寒区公路养护技术 / 杨智，彭毛端智，李捷著. -- 北京：中国纺织出版社有限公司，2023.1
ISBN 978-7-5229-0321-7

Ⅰ. ①高… Ⅱ. ①杨… ②彭… ③李… Ⅲ. ①高原—寒冷地区—公路养护 Ⅳ. ①U418

中国国家版本馆 CIP 数据核字（2023）第 020173 号

责任编辑：张　宏　　责任校对：王蕙莹　　责任印制：储志伟

中国纺织出版社有限公司出版发行
地址：北京市朝阳区百子湾东里 A407 号楼　邮政编码：100124
销售电话：010—67004422　传真：010—87155801
http://www.c-textilep.com
中国纺织出版社天猫旗舰店
官方微博 http://weibo.com/2119887771
河北延风印务有限公司印刷　各地新华书店经销
2023 年 1 月第 1 版第 1 次印刷
开本：787×1092　1/16　印张：15.25
字数：356 千字　定价：98.00 元

凡购本书，如有缺页、倒页、脱页，由本社图书营销中心调换

前　言

为了总结青海省公路的地域特色，给专业技术人员提供参考，特意编著了本书。全书由青海省海南天和路桥工程有限公司、青海交通职业技术学院等单位联合编著，紧密围绕青海省地域气候特点和公路养护特色，较为全面地梳理高原寒区近年来的特色养护技术，可为技术人员提供参考，本书分6章进行编写，具体情况分述如下。

第1章为公路养护技术发展趋势，简述国内最近的公路养护文件、规范体系组成及技术发展趋势，由青海省海南天和路桥工程有限公司彭毛端智完成。

第2章为青海省公路建设养护地理条件，介绍青海省寒区分区、海拔和气候、省内多年冻土、盐渍土及湿陷性黄土分布、省内沙漠化现状、省内公路常见地质灾害、抗震要求及大地冻深等内容，由青海省海南天和路桥工程有限公司彭毛端智完成。

第3章为高原寒区公路常见养护技术，系统梳理了省内近年来的公路养护特色技术，包括省内公路典型病害调研、高海拔地区对养护机械要求、路面自动化检测技术、雪害防治、路面主动除冰雪技术、公路涎流冰防治、沥青路面就地热再生技术、沥青路面就地冷再生技术、温拌沥青路面、彩色树脂抗滑薄层罩面技术在S103省道的应用、山区桥梁洪水灾害防御对策与措施、独柱墩桥梁安全改造、高寒高海拔地区桥梁橡胶支座典型病害分析、青海省桥梁震害分析、公路边坡生态恢复养护、"生态环保理念"在青海省公路景观改造中的应用、辐射井技术在西久公路滑坡治理中的应用等内容，由青海省海南天和路桥工程有限公司彭毛端智完成。

第4章为寒区公路特色工法，借鉴东北地区部分工法及青海省内部分特色工法，进行汇总整理，由青海省海南天和路桥工程有限公司杨智完成。

第5章为寒区隧道养护，包括寒区隧道工程的创新与发展、隧道冻害形式及原因分析、寒区隧道分区及抗冻优化措施、寒区隧道防冻措施、青海省地标《多年冻土区公路隧道技术规范》（DB63/T1674—2018）规定、寒区隧道维修典型案例等内容，由青海省海南天和路桥工程有限公司杨智完成。

第6章为多年冻土地区公路养护，包括多年冻土分类、不良冻土地质现象及冻土公路病害、以桥代路条件及研究试验示范工程、多年冻土路基典型技术及共玉四新技术、多年冻土路基病害防治、沥青路面高性能灌缝材料的现场试验、路面坑槽冷补材料技术的现场试验、多年冻土区涵洞养护等内容，由青海省海南天和路桥工程有限公司杨智完成。

本书从多个角度介绍青海省公路养护特点，并参照了近年其他相似省份的技术成果，提供了较为丰富的工程案例，可供省内公路技术人员继续教育培训使用，也可供科研单位及技术人员参考借鉴。本书在编写过程中，得到了公路与市政设施工业化建造技术国家地方联合工程研究中心、青海省公路与市政钢结构工程技术研究中心、正平路桥建设股份有限公司省级企业技术中心的支持与帮助，在此表示感谢。

另外，本书中大篇幅论述了柴达木沙漠公路排水体系研究，可作为青海省地方标准《高寒高海拔荒漠公路排水体系设计指南》（DB63/T 1858-2020）的宣贯资料，对该地方标准的宣传应用具有积极意义。

由于时间仓促、著者水平有限，难免有错漏之处，敬请广大读者发现问题后及时反馈。

著 者
2022 年 6 月

目 录

第1章 公路养护技术发展趋势 ··· 1
  1.1 《公路养护工程管理办法》（交公路发〔2018〕33号）相关规定 ······ 1
  1.2 公路养护规范体系 ··· 4
  1.3 现代公路养护技术发展方向 ··· 5
  1.4 降低公路建养管成本的九宫图 ··· 10

第2章 青海省公路建设养护地理条件 ·· 17
  2.1 青海省寒区分区 ·· 17
  2.2 青海省海拔和气候 ··· 18
  2.3 青海省多年冻土分布 ·· 18
  2.4 盐渍土在青海省的分布 ··· 19
  2.5 青海省沙漠化现状 ··· 20
  2.6 湿陷性黄土分布广泛 ·· 21
  2.7 环保要求高 ·· 24
  2.8 抗震要求高 ·· 24
  2.9 青海省公路常见地质灾害 ·· 25
  2.10 冻结深度 ·· 27

第3章 高原寒区公路常见养护技术 ·· 31
  3.1 青海省典型养护措施梳理 ·· 31
  3.2 高海拔地区对养护机械要求 ··· 34
  3.3 路面自动化检测技术 ·· 36
  3.4 雪害的防治 ·· 43

3.5 路面主动除冰雪技术 ··· 46
3.6 公路涎流冰防治 ··· 48
3.7 沥青路面就地热再生技术 ··· 68
3.8 沥青路面就地冷再生技术 ··· 70
3.9 温拌沥青路面应用 ··· 72
3.10 彩色树脂抗滑薄层罩面技术在青海省道S103的应用研究 ················· 76
3.11 山区桥梁洪水灾害防御对策与措施 ····································· 77
3.12 独柱墩桥梁安全改造 ··· 79
3.13 高寒高海拔地区桥梁橡胶支座典型病害分析 ····························· 83
3.14 青海省桥梁震害分析 ··· 84
3.15 公路边坡生态恢复养护 ··· 88
3.16 "生态环保理念"在青海省公路景观改造中的应用 ······················· 94
3.17 辐射井技术在西久公路滑坡治理中的应用 ······························· 108

第4章 寒区公路特色工法 ··· 113

4.1 富冰冻土路基碎石桩复合地基施工工法 ································· 113
4.2 高寒地区沥青玛蹄脂碎石路面面层施工工法 ····························· 120
4.3 高寒地区温拌沥青混凝土路面施工工法 ································· 132
4.4 青海省工法实例：预应力混凝土空心板梁钢木内模施工工法 ··············· 141
4.5 青海省工法实例：骨架密实型水泥稳定碎石（沙砾）路面稳定基层施工工法 145

第5章 寒区隧道养护 ··· 157

5.1 寒区隧道工程的创新与发展 ··· 157
5.2 隧道冻害形式及原因分析 ··· 158
5.3 寒区隧道分区及抗冻优化措施 ··· 159
5.4 寒区隧道防冻措施 ··· 162
5.5 寒区隧道维修典型案例 ··· 172
5.6 寒区隧道加固方法 ··· 176
5.7 寒区隧道保温层长度设计 ··· 176

第6章 多年冻土地区公路养护 181

    6.1   多年冻土分类 182

    6.2   不良冻土地质现象 182

    6.3   冻土公路病害 184

    6.4   多年冻土区公路以桥代路条件 190

    6.5   高海拔高寒地区高速公路建设技术研究试验示范工程 191

    6.6   多年冻土路基典型技术及共玉四新技术 192

    6.7   多年冻土路基病害及其防治 197

    6.8   多年冻土地区沥青路面高性能灌缝材料的现场试验 212

    6.9   多年冻土地区路面坑槽冷补材料技术的现场试验 215

    6.10   多年冻土区涵洞养护 218

参考文献 231

第 1 章　公路养护技术发展趋势

1.1 《公路养护工程管理办法》（交公路发〔2018〕33 号）相关规定

公路系统是一个由路面、桥梁、路基、沿线设施、绿化、涵洞以及隧道等构成的有机整体，公路养护包含对公路各个构成部分的养护检测、养护评价以及养护处治等。常见的公路病害如图 1-1 所示。

图 1-1　常见的公路病害

改革开放以后，公路里程逐年呈现飞跃式增长。到 2017 年年底，全国的公路通车总里程达到 477.35 万千米，其中高速公路近 13.65 万公里，占公路总里程的 2.82%，如图 1-2 所示。

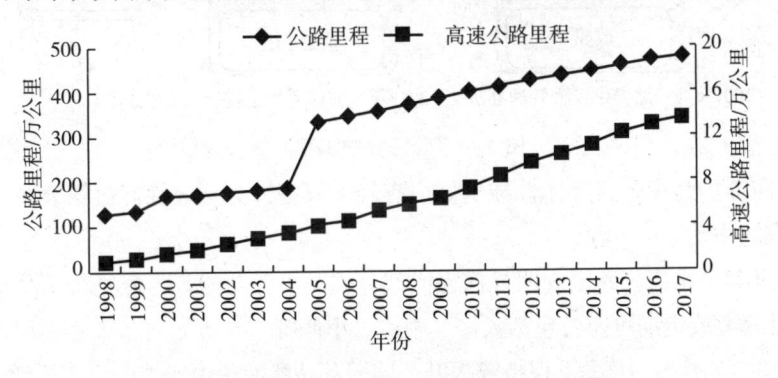

图 1-2　近二十年我国公路里程增长曲线图

公路养护与管理的任务包括：①预防为主、防治结合。加强预防性养护，提高抗灾能力。

②加强公路及其沿线设施的基本技术情况调查，及时发现和消除隐患。③保持公路及其沿线设施良好的技术状况，及时修复损坏部分。④吸收和采用新技术、新工艺、新材料、新设备不断提高公路养护工程质量，有效延长公路的使用寿命。⑤加强公路的技术改造，对原有技术标准过低的路段和构造物以及沿线设施，进行分期改善或增建，逐步提高公路的使用质量和服务水平（见图1-3）。

（a）高速公路养护施工　（b）高速公路电缆施工图　（c）施工区渠化　（d）施工区分流设置

图1-3　公路养护作业场景

根据《公路养护工程管理办法》（交公路发〔2018〕33号），养护工程应当遵循决策科学、管理规范、技术先进、优质高效、绿色安全的原则。养护工程按照养护目的和养护对象，分为预防养护、修复养护、专项养护和应急养护。其中，小修保养属于养护作业的范畴但不属于养护工程，改建工程被纳入建设工程中，见图1-4。

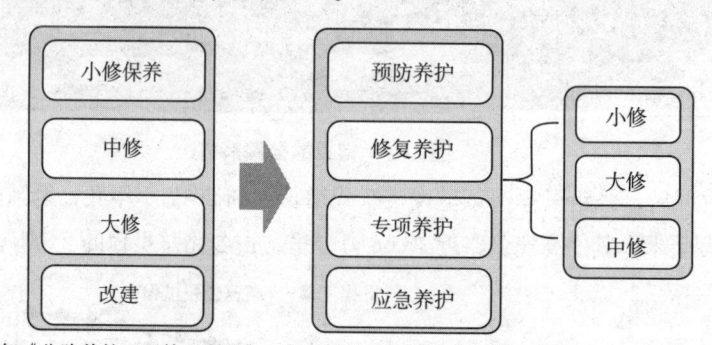

2001年《公路养护工程管理办法》　2018年《公路养护工程管理办法》

图1-4　公路养护工程分类

（1）预防养护是指公路整体性能良好但有轻微病害，为延缓性能过快衰减、延长使用寿命而预先采取的主动防护工程。

（2）修复养护是指公路出现明显病害或部分丧失服务功能，为恢复技术状况而进行的功能性、结构性修复或定期更换，包括大修、中修、小修等。

（3）专项养护是指为恢复、保持或提升公路服务功能而集中实施的完善增设、加固改造、拆除重建、灾后恢复等工程。

（4）应急养护是指在突发情况下造成公路损毁、中断、发生重大安全隐患等，为较快恢复公路安全通行能力而实施的应急性抢通、保通、抢修。

养护工程一般采用一阶段施工图设计。技术特别复杂的，可以采用技术设计和施工图设计两阶段设计。应急养护和技术简单的养护工程可以按照技术方案组织实施，公路养护工程分类细目见表1-1。

表1-1 公路养护工程分类细目

类别	定义	具体作业内容
预防养护	公路整体性能良好但有轻微病害，为延缓性能过快衰减、延长使用寿命而预先采取的主动防护工程	路基：增设或完善路基防护，如柔性防护网、生态防护、网格防护等；增设或完善排水系统，如边沟、截水沟、排水沟、拦水带、泄水槽等；集中清理路基两侧的山体危石等；其他。 路面：针对整段沥青路面面层轻微病害采取的防损、防水、抗滑、抗老化等表面处治；整段水泥混凝土路面防滑处治、防剥落表面处理、板底脱空处治、接缝材料集中清理更换等；其他。 桥梁涵洞：桥梁涵洞周期性预防处治，如防腐、防锈、防侵蚀处理等；桥梁构件的集中维护或更换，如伸缩缝、支座等；其他。 隧道：隧道周期性预防处治，如防水、防侵蚀处理、防火阻燃处理等；针对隧道渗水、剥落的预防处治；其他。
修复养护	公路出现明显病害或部分丧失服务功能，为恢复技术状况而进行的功能性、结构性修复或定期更换工程	路基：处治路堤床病害，如沉降、桥头跳车、翻浆、开裂滑移等；增设或修复支挡结构物，如挡土墙、抗滑桩等；维修加固失稳边坡；集中更换安装路缘石、硬化路肩、修复排水设施等；局部路基加高、加宽、裁弯取直等；防雪、防石、防风沙设施的修复养护等；其他。 路面：改善沥青路面结构强度，如直接加铺、铣刨加铺、翻修加铺或其他各类集中修复等；水泥路面结构形式改造、破碎板或其他路面病害修复等；整路段沙石、块石、条石路面的结构修复及改善等；配套路面修复完善相关附属设施，如调整标志标线、护栏、路缘石，路口及分隔带开口等；其他。 桥梁涵洞：桥梁涵洞加固、病害修复，如墩台（基础）、锥坡翼墙、护栏、拉索、调治结构物、径流系统等的维修完善；桥梁加宽、加高、重建、增设、接长涵洞等；其他。 隧道：对隧道结构加固、病害修复，如洞门、衬砌、顶板、斜井、侧墙等的修复；其他。 机电：对通信、监控、通风、照明、消防、收费、供配电设施、健康监测系统等进行增设、维修或更新；其他。 交安设施：集中更换或新设标志标牌、防眩板、隔音屏、隔离栅、中央活动门、限高架等；整段路面标线的施划；集中维修、更换或新设公路护栏、警示桩、道口桩、减速带等；其他。 管理服务设施：公路养护、管理、服务等的房屋、场地和设施设备的维修、改造、扩建或增设等。 绿化景观：更换、新植行道树及花草，开辟苗圃等；公路景观提升、路域环境治理等。
专项养护	为恢复、保持或提升公路服务功能而集中实施的完善增设、加固改造或拆除重建等工程	针对阶段性重点工作实施的专项公路养护治理项目。
应急养护	在突发情况下造成公路损毁、中断、产生重大安全隐患等，为较快恢复公路安全通行能力而实施的应急性抢通、保通、抢修	对自然灾害或其他突发事件造成的障碍物的清理； 公路突发损毁的抢通、保通、抢修； 突发的经判定可能危及公路通行安全的重大风险的处治。

1.2 公路养护规范体系

新的《公路工程标准体系》(JTG 1001—2017)将公路养护从模块升格为板块并设置了综合、检测评价、养护决策、养护设计、养护施工和造价共6个板块,如图1-5所示。

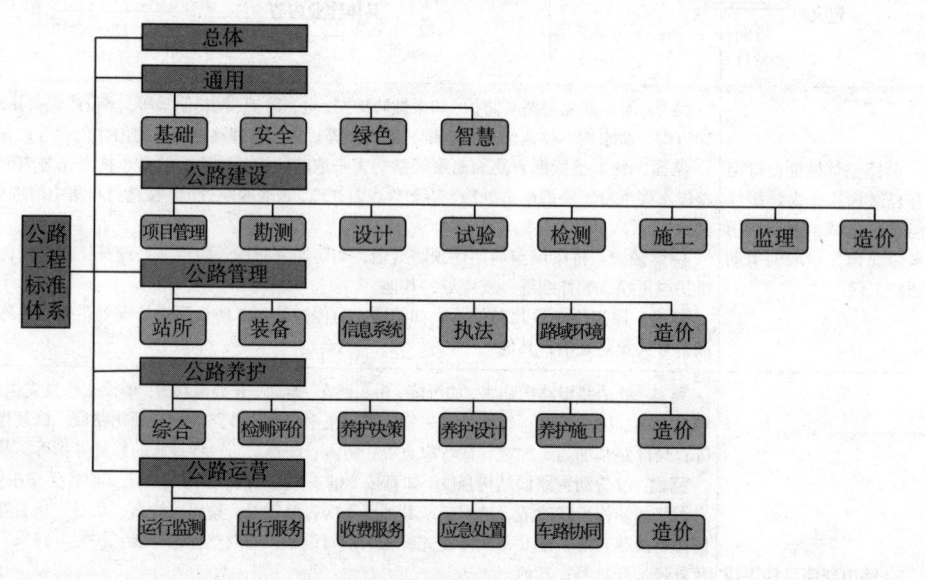

图 1-5 公路工程标准体系(6个板块,30个模块)

截止到2020年9月底,我国公路工程现行标准规范共计125本,其中,涉及养护管理和养护技术类的有约40本。加上总体、通用类和建设类中检测、实验等与养护密切相关的标准,总计60余本。目前,正在编制的公路养护行业标准有《公路养护工程量标准清单及计量规范》《公路养护决策技术规范》《公路养护工程设计规范》《公路沥青路面预防养护技术规范》《公路冬季养护技术规范》,还有桥梁、隧道、沿线设施养护和安全环境评价等规范27本。

另外,中国公路学会(T/CHTS)和中建标公路分会(T/CECS)等团体标准的发展,对公路养护标准体系的搭建,起到了补充和完善的作用。截止到2020年10月,中国公路学会已发布的涉及公路工程的11本团体标准中,绝大部分都与养护管理或养护技术有关;中建标公路分会已发布的28本团体标准中,涉及公路养护的有17本。

经过"十三五"期间的快速发展,我国公路养护管理和技术标准体系已基本搭建成型。目前,有超过100本的行业标准或团体标准,用来支撑公路养护的快速发展,为实现我国公路养护的全面标准化打下了坚实基础,如图1-6所示。

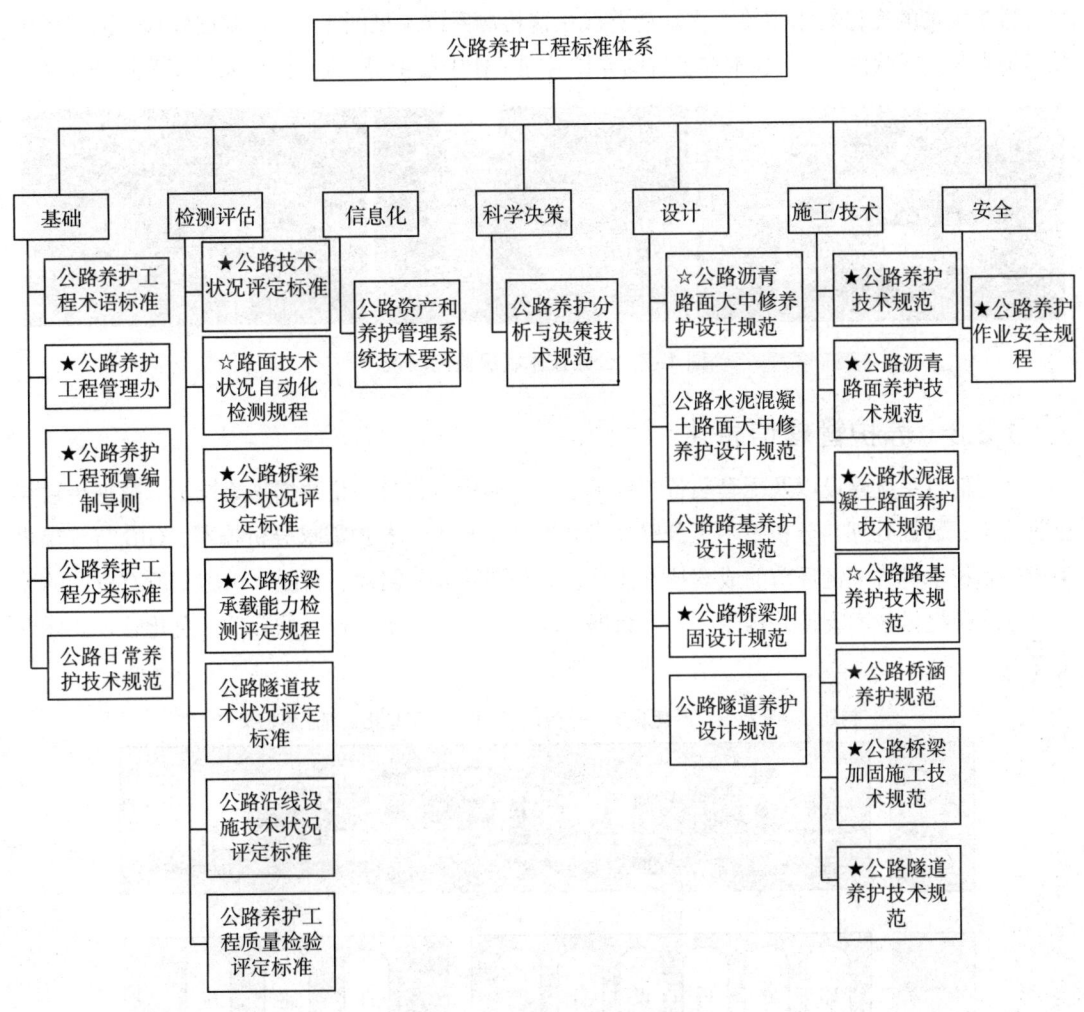

图 1-6　公路养护工程标准体系

注　★是已有的规范；☆是正在制订的规范；黑色表示建议制订的规范。

1.3　现代公路养护技术发展方向

1.3.1　技术体系标准化

逐步建立和完善公路养护技术标准规范体系，充分发挥技术标准在推进养护技术进步中的关键作用，真正体现依"法"养路。我国公路养护工程行业标准体系的内容涵盖了基础标准、路况检测与评价、信息化管理、科学决策、养护设计、施工技术、作业安全等方面。

1.3.2　养护决策科学化

公路养护科学决策是指公路管理者按照路况检测与评定、养护需求分析、养护目标确定、养护方案比选、养护计划（规划）编制、科学组织实施的决策过程，以实现提高路况水平、提高服务水平、提高投资效益的目的。

科学决策的支撑技术主要有多功能路况快速检测系统（见图1-7）、数据处理和路况评定及养护需求分析软件，这些技术在各省的养护管理工作中逐步得到应用，已发挥了积极的作用。

图1-7 公路技术状况监测场景

1.3.3 养护管理信息化

通过信息系统建设以及配套装备与技术应用，形成涵盖自动化数据采集技术、数据传输与接收技术、数据处理与分析技术、公路技术状况评价技术、养护需求分析技术、GIS与可视化集成展示技术等各关键环节的成套技术体系，为公路路基、路面、桥隧、设施等所有资产的养护科学决策提供技术支持，构建"一套数据、两套系统、一个平台"的养护信息化管理总体框架，见图1-8。

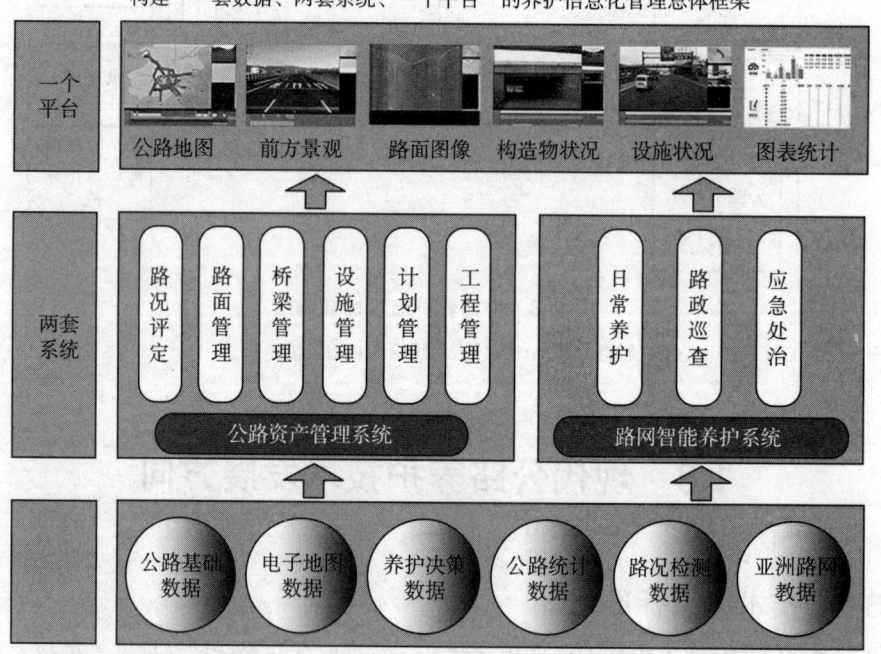

图1-8 构建"一套数据、两套系统、一个平台"的养护信息化管理总体框架

1.3.4 养护作业机械化

积极推进养护机械化进程，支持装备生产企业研发生产成本低、功能全的系列养护装备，提高专业养护施工机械装备水平是公路养护的必由之路。

用于大中修养护工程的大型养护机械设备正朝集成、连续、智能的方向发展，如图1-9、

图 1-10 所示。

图 1-9 大型养护机械

用于小修保养作业的小型养护机械设备朝着实用、多用、小型的方向发展。

图 1-10 小型养护机械

1.3.5 预防性养护常态化

预防性养护是指公路路面在某一阶段，其病害发展速度较慢，路况尚好，此时进行预防性养护能在显著修复路面功能性损坏的同时，有效地延缓路面的结构性损坏，起到最佳的预防性养护效果。

我国目前常用的预防性养护技术：含砂雾封层、碎石封层、纤维封层、微表处、超薄磨耗层、薄层罩面、复合封层和复合罩面等。

1.3.6 养护技术"四色"化

"四色"养护技术是指生态环保和材料循环利用技术（绿色）、快速养护技术（橙色）、冬季养护技术（白色）和夜间养护作业技术（黑色）的简称。

（1）生态环保和材料循环利用技术（绿色养护）。根据国家发展循环经济和节能减排的总体要求，以推进公路材料循环利用为重点，加快发展绿色低碳公路养护技术和工艺，降低养护能耗，促进绿色低碳养护产业快速发展。资源节约和材料循环利用技术有路面再生技术应用、废旧橡胶利用、垃圾分类处理等；低碳节能技术有常温拌合铺装技术、温拌沥青技术、节能照明、绿色能源等，以上技术统称为绿色养护技术，见图 1-11。

（a）厂拌热再生（面层材料）　　（b）就地热再生（面层）　　（c）厂拌冷再生（面层材料、基层材料）

图 1-11

(d) 就地冷再生
(面层、基层及其复合)　　　　(e) 温拌沥青　　　　(f) 快硬水泥处置桥梁伸缩缝

图 1-11　绿色养护技术示例

（2）快速养护技术（橙色养护）。许多路段由于交通压力大，养护作业时不允许长时间封闭交通，所以需要快速养护作业。这就要求在结构组合设计、材料设计和施工工艺要求方面强调采用作业时间较短的技术，特别突出一个"快"字，如路面结构大修补，传统方法是采用半刚性材料，但需要较长时间的养生期，当采用沥青大碎石（LSPM）材料后，能够使整个工期缩短80%以上，见图1-12。

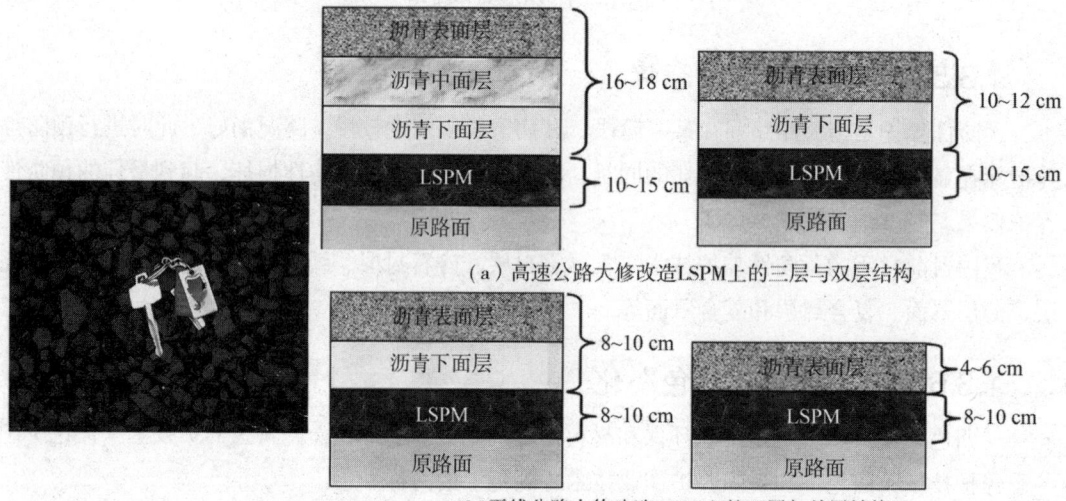

(a) 高速公路大修改造LSPM上的三层与双层结构

(b) 干线公路大修改造LSPM上的双层与单层结构

图 1-12　沥青大碎石（LSPM）养护技术示例

又如，路面裂缝的养护，传统的灌缝技术需要开槽、清洗、加热、灌入等工序，比较耗时耗力，而采用自粘式贴缝带，养护作业时间可缩短90%。在实际作业时，养护一条裂缝，只需等一个红绿灯的时间，效率大大提高，对交通的影响降到最低，就像闪电一样快，所以称为"橙色养护"，见图1-13。

图 1-13　自粘式贴缝带作业现场

（3）冬季养护技术（白色养护）。道路的冬季养护越来越引起人们的高度重视，路面的冬季养护有以下三个需求。

一是除冰雪。目前，各种除冰雪的设备也由传统型向高效、智能型转变，加上各种新型环保融雪剂的应用，除冰雪的效果也越来越好，见图1-14。

图1-14　冬季道路除雪养护

二是防冰冻，路面除冰雪也由被动地除向主动地防转变，采用一些新型添加剂，降低路面的冰点，使路面不结冰或使冰与路面很容易脱离，给除冰带来便利，见图1-15。

图1-15　防冰冻路面实验效果（北京）

三是病害维修，主要是指坑槽修补和裂缝养护，由于材料技术的进步，现在有一些冷补材料可以在低温状态下施工，突破了路面冬季不养护的传统。尤其是裂缝养护，冬天的裂缝是最宽的，是预防性养护的最好时机，新型的低温、自粘贴缝带的出现，为冬季开展裂缝养护提供了新的途径。

（4）夜间养护作业技术（黑色养护）。许多路段受客观条件的限制，白天不能进行路面大中修或预防性养护作业，只能在夜间施工。夜间施工就会带来许多问题，如施工组织、交通导改、现场照明、质量控制、施工安全和检测验收等方面都需要在管理和技术方面提出特殊要求，北京等地对夜间养护施工作业已有较为丰富的实践经验。例如，西长安街2014年的路面大修工程，即采取23时至次日6时半幅道路施工，白天正常通行的方法，见图1-16。

图1-16　夜间养护场景

1.4 降低公路建养管成本的九宫图

1.4.1 建设×理念创新

（1）设计是成本控制之源，同时也是工程建设的灵魂，直接影响工程建设的安全保障、质量好坏、生态保护效果和工程成本高低。因此，要坚决树立确保构筑物使用安全、实施动态设计、搞好生态保护、合理控制工程造价等先进设计理念，把好设计第一关。

合理性即在满足安全、质量、生态等要素条件的基础上，不一味地追求"高大上"，合理选择技术指标，合理利用地形地物，合理选用先进且适用的技术，合理选择构筑物的形式和尺寸，合理选择建筑材料（包括旧路材料的循环利用），以达到合理控制工程造价的目的。

动态设计是以施工阶段为重点，利用先进的检测、监控设备和技术，实时获取施工过程的相关信息，主要内容包括现场量测及超前地质预报、量测数据处理及信息反馈、修改或调整设计参数和施工方法3个方面，多应用于隧道、基础等隐蔽工程；边坡防护工程或修复养护工程等设计具有一定不确定性的工程。经对比分析和评估后，将结果反馈给设计者，作为修改设计的依据。如此反复，螺旋上升，如图1-17所示。实施动态设计既能确保施工质量，又能合理控制工程造价。

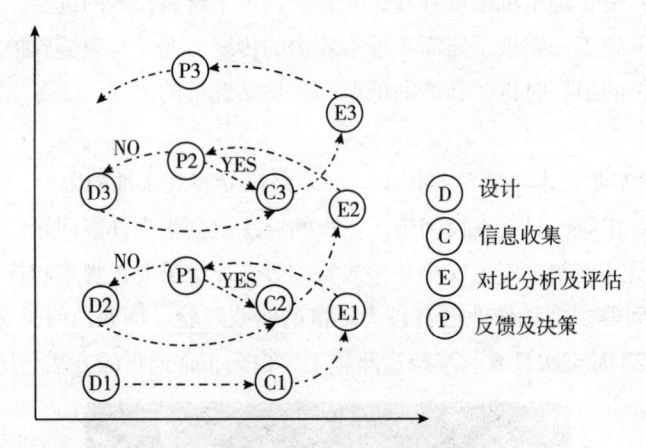

图1-17 动态设计过程示意图

（2）沿线设施简约化设计。坚持"以需求为导向、以功能为目标、以人为本"的设计原则，不盲目追求宽平直。合理设置公路沿线设施，并不是越多越好；安全设施应以预警提示和主动引导为主，被动防护为辅。尤其是防撞护栏的设置条件应进一步研究，护栏本身也是一种障碍物。有护栏的路段，对路面养护的方案制订和路人避险形成了约束和不利条件。车辆撞到护栏也会发生事故甚至是严重的致命事故，要本着两害相权取其轻的原则，确定防撞护栏的设置条件。

（3）建设好就是最好的养护。合理把握工程建设标准，保证工程质量，确保工程结构的使用寿命和耐久性是降低全寿命周期费用的最好措施，树立"修路不坏、建桥不垮是硬道理"

的理念。当然,这是指在构筑物预期的设计寿命内,还要辅以严格的管理(如治理超载运输等)措施等。

(4)建设高品质工程。一项高品质工程应具有以人为本、功能齐全、质量优良、生态环保、资源节约、安全生产、文明施工、注重细节、外表美观与环境协调且经济合理的特点。

在具体措施上,在工程设计方面,采用全寿命周期成本,实行建养一体化,耐久性设计、标准化设计;工程管理方面,推行智慧工地,推行施工装备专业化、智能化,施工作业机械化,注重班组管理规范化;在工程质量方面,要强化质量管理体系、明确参建人员职责、建立完善原材料和产品质量管理制度;在安全保障方面,要深化平安工地建设等。

1.4.2　建设×机制创新

(1)项目管理专业化。工程项目管理应设置专业机构或团队,项目管理人员应实现专业化,专业人干专业事,保持其稳定性和连续性。提升项目管理专业化水平,要树立"四个合理"的理念,即合理造价、合理工期、合理标段和合理资源匹配;要全面提升项目管理水平,选择优秀的项目指挥、项目经理、项目总监"三个关键人",充分发挥他们在工程管理中的核心作用。

(2)设计、施工总承包。工程项目实行设计施工总承包制,便于业主进行项目管理,一般适用于规模较大、技术含量较高的工程。在项目实施过程中,可以更好地实现设计的意图,减少扯皮;在施工过程中便于设计跟踪,及时进行调整;保证工程质量和降低项目建设成本等优点。

1.4.3　建设×科技创新

(1)"四新"技术应用。公路工程中的"四新"技术,一般是指新技术、新材料、新装备和新工艺。应本着"既鼓励又慎重"的原则,逐步推进"四新"技术在公路工程中的应用。

(2)BIM技术应用。在公路工程设计和施工管理中应用BIM技术,可实现"精准设计、精准施工",并可达到提高工程一次合格率,减少返工以节省资金的目的。

BIM在道路设计阶段的应用主要包括地质勘察与测量、方案比选、三维可视化设计及建模、工程量及造价计算、自动化图纸输出及协同设计等。BIM在道路施工阶段的应用,首先,可利用BIM进行可视化的交底方式,可以更加直观、形象地了解设计意图和施工细节,保障施工计划的精准化;其次,在施工组织方面,可以对项目的重点或难点部分进行可建性模拟,按月、日、时实现施工安装方案的分析优化,也可以结合施工组织计划进行预演,以提高复杂构筑物的可造性;最后,利用BIM模型在道路工程施工中也可以实现数字化建造,提高工作效率和施工质量。

(3)推行工厂化制作和装配式施工。工厂化制作和装配式施工一般适用于桥梁建设工程。桥梁建设产业化是指运用现代化管理模式,通过标准化的桥梁设计以及模数化、工厂化的预制构件生产,实现桥梁结构部件的通用化和现场施工的装配化、机械化。

公路桥梁建设尤其是针对中小跨径的桥梁,其工厂化建造过程普遍应用预制拼装技术,能建梁桥就建梁桥、能简支就简支,上部构件实现工厂化制作和装配式施工,有利于实施标准化,提高效率,保证质量,降低造价。

1.4.4 养护×理念创新

（1）科学决策制度化。养护决策的实质是在相关决策方法与规划模型的帮助下，合理划分路网中的养护单元，确定需要养护的单元及其合理的养护方案。同时，合理分配养护资金，使路网能够达到养护的社会效益和资金使用效率最大化。科学决策是降低全寿命周期养护成本的基础和必由之路，通过科学决策的制度保证和技术体系的支撑，实现公路及其设施的科学养护。

（2）日常养护精细化。公路日常养护管理以精细化为目标，及时精细地处治微小病害，做到早发现、早处理、精细处理，达到经常保持公路技术状况完好和防微杜渐的目的。同时，为实现养护效益最大化，研究日常维修养护经费测算方法，确保公路养护管理在日常养护费用管理上的精细化。

（3）预防性养护常态化。实施预防性养护是科学养护的具体体现，在合适的时间，对合适的路面采取合适的措施，尽可能延长路面修复性，即大、中修工程周期。预防性养护措施较多，针对不同的路面，综合考虑技术、经济和工程等因素，选择最合适的预防性养护措施，保证预防性养护措施取得良好效果。

（4）路面结构零养护。路面结构零养护与永久性路面概念不同，永久性路面是靠大幅度增加路面面层厚度和工程造价来实现路面长寿命的目标。而路面结构零养护是指在路面造价与常规路面结构相比不增加或少量增加（不超过20%）的前提下，实现路面实际使用寿命达到设计使用年限的1.3倍至2倍（高速公路路面预期使用寿命可达20年至30年），在这期间，除路面正常的日常养护、预防性养护和功能性修复工程以及应急性养护工程以外，不实施结构性的修复（大修）工程。

路面结构零养护的实现途径，包括在建设阶段，适当提高设计标准；路面结构组合优化；应用新技术、新材料、新装备和新工艺。在施工过程中要加强施工质量控制，提高工程建设品质。在养护管理阶段，要重视日常养护，加强预防性养护，及时进行功能性修复，随时开展应急性养护。

1.4.5 养护×机制创新

（1）日常养护主体多元化。由于投资主体多元化、建设方式不同以及受不同时期国家行政与经济体制等因素的影响，公路养护管理体制运行机制形成了多种模式，养护主体呈现多元化的格局，大体上可分为四类：行政事业型、实行企业化管理方式、实行事企结合的管理方式、实行"一路一公司"全过程负责。

公路的日常养护可根据不同公路等级、不同管理体制，采取不同的养护方法，可采取由管养单位自行养护、委托养护和招标选择养护单位等方式。

（2）养护工程市场化。通过引入市场竞争机制，对于独立立项、设计、项目管理并符合招投标的养护工程项目，原则上应采取招投标的方法，择优选取施工和监理单位。让市场机制成为养护资源的基础配置方式，实现养护市场人员、资金、生产设备的合理配置，保证养护质量、降低生产成本、提高养护效率，从而推动公路事业持续、快速、规范发展。

（3）技术服务专业化。对于公路养护科学决策等部分前期工作（如路况检测与评定、养护需求分析、养护规划和计划编制等）、养护方案咨询和设计都属于养护技术服务范畴，可委托有经验的专业检测、设计或咨询单位完成。

（4）建养一体化。试行公路建设、养护或设计、施工和养护一体化的总承包模式，将建设市场化与养护市场化结合起来，不仅规避了建养分离的缺点，而且通过建设和养护的一体化招投标实现了养护市场化，顺应了养护市场化改革的方向，有助于降低业主风险并降低建设和养护总成本，有利于总承包商和建设单位控制项目建设成本。这既是养护市场化改革的新模式，也是公路工程总承包建设模式的新发展。

1.4.6　养护×科技创新

（1）预防性养护技术。逐步完善预防性养护技术体系，可在制定预防性养护决策时，有更多的选择性。

预防性养护措施多种多样，预防性养护技术大体可以分为：裂缝修补、雾封层、石屑封层、冷薄层罩面（包括稀浆封层、微表封层、开普封层）、热薄层罩面（包括开级配、密级配和间断级配）。这些技术也可组合使用，形成复合封层或符合罩面技术，应用效果更好（见图1-18）。

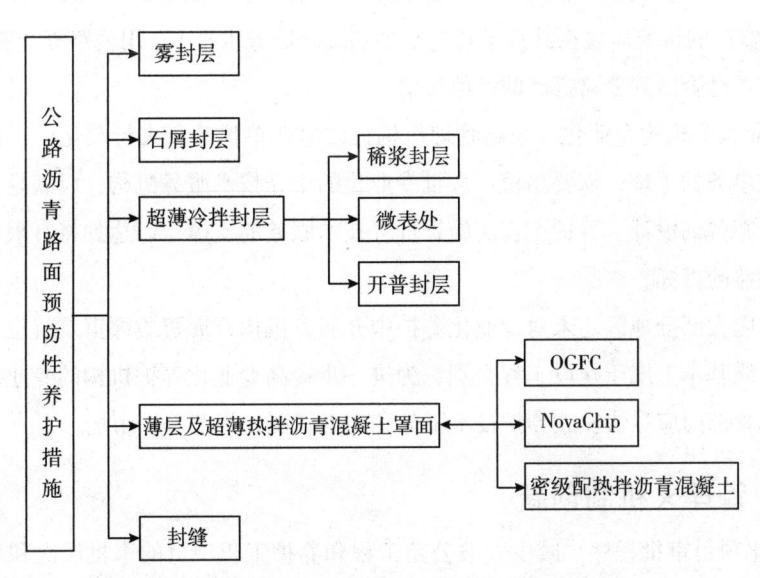

图1-18　公路沥青路面预防性养护措施分类图

（2）材料循环利用技术。材料循环利用和路面再生技术的研发应用，是公路绿色养护的主要内容，具有保护环境、节省资源、降低造价等优势，是公路养护技术今后必然的发展方向。

沥青路面再生技术主要有现场冷再生、厂拌冷再生、现场热再生和厂拌热再生4种再生方式，其发展方向是实现高价值、全利用的目标，建立精准回收、精细分离、深度再生、多元利用的技术体系。水泥混凝土路面再生技术是就地碎石化利用或将旧的水泥混凝土路面板破碎为集料，重新配合制备稳定材料或再生混凝土。

（3）快速养护技术。快速养护技术应用是在大交通量条件下对公路养护提出的新要求，可大大减少公路养护作业对正常行车的影响，减少交通安全事故，降低用户费用，也可提高公路养护的工作效率，降低养护费用。这就要求在结构组合设计、材料设计和施工工艺要求方面强调采用作业时间较短的技术，突出一个"快"字。如路面结构大修补强，传统方法是采用半刚性材料，但需要较长时间的养生期，当采用沥青大碎石（LSPM）材料后，能够使整个工期缩短80%以上；又如，路面裂缝的修补，传统的灌缝技术需要开槽、清洗、加热、灌入等工序，比较耗时耗力，而采用自粘式贴缝带，养护作业时间可缩短90%，在实际作业时，养护一条裂缝，只需等一个红绿灯的时间，效率大大提高。

（4）基于使用功能的新型路面结构组合。在路面结构设计过程中必须满足功能性和结构性使用功能的要求，前者主要是指表面功能区的平整度和抗滑性能，后者是指路面面层结构的抗车辙、抗疲劳和抗低温开裂性能。强调基于使用功能的路面结构组合，目的就是要实现在满足路面使用功能的前提下，达到提高路面的耐久性，延长其使用寿命，从而实现全寿命周期费用最低的目的。

1.4.7 管理×理念创新

（1）公路资产货币化。把公路养护上升到公路资产管理的高度，从新定义公路养护的重要作用，公路资产的价值体现在其技术状况水平和综合服务水平上，用公路资产货币化的方法，来衡量公路养护是否做到公路资产的增值保值。

（2）中介服务机构专业化。公路管理机构行政事业单位改革去行政化后，重点将转移到公路养护具体事务的管理，需要培植一大批专业化的中介技术服务机构，以满足公路养护科学决策、养护方案咨询设计、养护工程实施管理等技术服务的支撑，以达到将有限的养护资金实现最佳使用效益的目标。

目前，国内大部分地区还未对专业化养护中介服务机构开展资质评审及就位工作，养护服务机构所持资质基本上属于建设工程类别。为进一步提高专业化养护机构的专业水准和规范化程度，政府主管部门应尽快发放养护技术服务和施工牌照，规范养护市场。

1.4.8 管理×机制创新

（1）简化项目审批程序。减少一般公路工程和养护工程项目的审批层次和环节，尤其是养护工程推行一个阶段两个步骤（一阶段设计，分方案设计和施工图设计两个阶段）的管理程序，由业主单位组织专家对设计方案进行审查，并对施工图文件进行审批，计划权和审批权分置，提高效率，降低管理成本。

（2）项目管理代建制。代建制是指建设单位项目业主委托专业建设代理机构，为其代理有关工程项目建设，从前期决策到后期实施各阶段的管理，其工作性质是为建设项目业主提供管理和咨询服务，通过收取代理费用、咨询费作为其主要盈利模式。对于较大规模的养护工程项目或分片区的养护工程项目打包，可以委托给有项目管理经验的代建单位进行项目管理（见图1-19）。

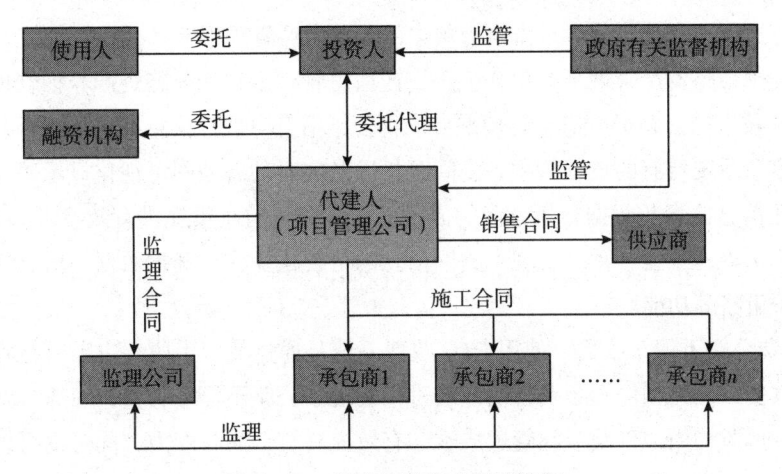

图 1-19　高速公路代建模式流程

1.4.9　管理×科技创新

（1）大数据挖掘与运用。在高速公路运营管理中，通过对收费数据、监控数据、路面营运数据等的收集，开展深层次的综合分析，充分挖掘利用公路的大数据，为公路养护决策和管理服务，保证了大数据在高速公路各个领域的使用效果。

在营运管理中的应用。首先，通过对收费数据的综合分析，可以对进出站的车辆数据了解分析；其次，通过对高速公路周边车流量数据的分析、收费站收费的数据情况和路网的结构、周边的经济、人口、产业情况，能够对高速公路的营运情况进行分析并预测高速公路的效益。

在安全管理中的应用。通过大数据能够分析车流量的数据，结合路面的状况、天气状况以及发生事故的状况，提出相应的改进策略，降低事故发生概率。此外，还可以控制高速公路上的主要线路，适当引导，减少发生拥堵的可能性，维持高速公路的正常运作。

在养护管理中的应用。可以通过对路面情况的分析以及车流量、气象环境等来制订合理的养护计划，保证高速公路的运行，具体可包括养护检测设计一体化、路用性能长期监测及通过大数据云计算科学制订养护规划。

（2）智慧公路建设。智慧公路是通过构建及时准确的感知系统、快速安全的决策系统、即时广泛的管理服务系统，实现高速公路的快速、安全、智能、绿色发展，满足新时期人民群众对高质量出行的需求。

智慧公路建设将解决高速公路系统存在的路网综合管理水平不高、出行信息难以及实时发布、安全管控和应急救援主动化智能化不足等突出问题，大幅提升高速公路系统承载能力，显著降低交通事故率，增强路网综合管理与服务能力、提升主动安全防控能力和应急救援快速反应与处理能力。构建智慧公路，能充分利用智能技术和信息化手段，实现公路管理的智能化和信息化，道路使用者的便利化。

智慧公路建设的技术架构分为6个部分：路网感知、信息传输、分析决策、信息发布、车路协同与自动驾驶。

（3）建立公路资产管理平台。公路资产管理涉及多个管理过程，包括公路网络建设规划、工程项目可行性研究、工程项目在事前事中事后的风险评估和风险控制、养护工作的计划、预算资金安排等过程，应统一建立以省市为单位的公路资产管理平台，授权管理。

目前，我国公路资产管理平台包含公路资产信息管理平台和公路资产养护管理平台两种。建立基于GIS技术的公路资产信息管理平台，将公路信息与地理信息有机地结合起来，能够充分发挥地理信息系统特有的数据管理、空间分析以及实时动态地图可视化显示等功能，从而满足管理工作在信息检索与数据分析方面的需求，为其分析与决策提供有效参考。基于WebGIS的公路资产养护管理平台，系统实现了路网信息的可视化操作，养护数据的信息化管理以及生成相应的养护策略等功能。

（4）收费公路不停车收费。使用ETC收费系统是通过技术手段解决因道路收费引起的拥堵，车辆在收费口处无须停车缴费，快速通过，实现了公路不停车收费，高速公路收费进一步实现电子化，可节约用地以及节约管理成本，有效提高资金回收能力，同时也可以减少大气污染和燃料消耗，提供优质、高效、便捷、绿色的服务，大大提升高速公路的服务水平。

第2章 青海省公路建设养护地理条件

2.1 青海省寒区分区

2.1.1 按气候分区

寒区气候环境影响因素主要包括当地最大土壤冻结深度、极端最低气温、年（月）平均气温、最冷月平均气温、年平均降雨（雪）量及季节分布、日照时间、风向、风速、区域冻结指数等。一般情况下，可根据最冷月平均气温及黏性土最大冻结深度将寒区划分为寒冷地区和严寒地区，如表2-1所示。

表2-1 寒区分类

气候环境分类	气候条件	
	最冷月平均气温 /℃	黏性土最大冻结深度 /m
寒冷地区	-8~-3	≤ 1.0
严寒地区	≤ -8	> 1.0

2.1.2 按地理分区

根据地理分布分析，我国的寒区主要位于东北的黑龙江、吉林、辽宁和内蒙古东北部及华北北部，西北的甘肃、青海、新疆，西南的西藏、川西的阿坝、甘孜、云南的滇北、玉龙山和高黎贡山的北部等地区。

东北寒区属于低山高纬度寒区，虽然海拔不高，但是由于纬度高，受北冰洋寒潮及蒙古高压的影响，寒季盛行西北风，形成半年持续低温、干冷多雪的特征，气温变化剧烈，是我国最寒冷的自然区域；而以青藏高原为主的西部寒区属于低纬度高原寒区，虽然纬度低，深居内陆，但地势高，受高空西风环流的控制，并在对流层处受高原季风影响，冬季高原上大气层对同高度的自由大气是个冷源，形成青藏冷高压，盛行反气旋环流。因此，可按地区区划将我国的寒区划分为高纬度寒区和高海拔寒区。

综上所述，青海省所在的青藏高原属于高海拔寒区，一般具有年平均气温在0℃以下，且日平均气温低于-20℃并持续15天以上的特征。

2.2　青海省海拔和气候

青海省地处青藏高原东北位置，横纵长约 1200 千米，南北宽 800 千米，地处于东经 28°27′~103°04′ 和北纬 31°33′~39°19′，邻接西藏、新疆、甘肃、四川。青海全省均属青藏高原范围内，东部地区为青藏高原向黄土高原过渡地带，地形复杂，地貌多样。全省地势总体呈西高东低，南北高中部低的态势，西部海拔高峻，向东倾斜，呈梯形下降。各大山脉构成全省地貌的基本骨架。全省平均海拔在 3000 米以上，省内海拔高度 3000 米以下地区的面积为 11.1 万平方千米，占全省总面积的 15.9%；海拔高度 3000~5000 米地区面积为 53.2 万平方千米，占全省总面积的 76.3%；海拔高度 5000 米以上地区面积为 5.4 万平方千米，占全省总面积的 7.8%。青南高原平均海拔超过 4000 米，面积占全省总面积的一半以上；河湟谷地海拔较低，多在 2000 米左右。最高点位于昆仑山的布喀达板峰，为海拔 6851 米，最低点位于海东市民和县马场垣乡境内青海省最东端与甘肃交界处，海拔 1644 米。

处于高原大陆性气候的青海，有以下特征：①太阳光强，年直射时间超过 2500 小时。②省内年平均气温在 -5.7~8.5℃，其中 7、8 月最高可以达 35℃，最冷月份在温度 -17~5℃。③降水量省内不足 400 毫米的区域达到 2/3；④气象灾害繁多，主要为干旱、大风、雪灾等气象。

2.3　青海省多年冻土分布

目前，多年冻土和季节冻土区已覆盖地球陆地面积的 50% 左右，而我国冻土区面积占比超出全球冻土面积占比，达到 70%，主要分布地区为黑龙江省北部、青藏高原、甘肃、内蒙古，其中多年冻土主要集中于青藏高原地区。

根据中国多年冻土分布图所示，以年平均地温 0.5℃ 作为多年冻土与季节冻土的界限，该图中考虑与全球冻土分类系统的统一，将多年冻土分为五类，包括：①不连续多年冻土：连续系数 50%~90%。②岛状多年冻土：连续系数 <50%。③高原不连续多年冻土：连续系数 50%~90%。④高原岛状多年冻土：连续系数 50%~90%。⑤山地多年冻土。

根据该图统计的中国多年冻土区面积约 $1.75 \times 10^6 km^2$，约占中国领土的 18.25%。其中，高山多年冻土 $0.29 \times 10^6 km^2$，约占我国领土面积的 3.03%。

青海气候干寒，年均气温界于 -5.9~8.7℃，其中，年均气温 -2℃ 等值线以下的多年冻土区分布面积约 $33.32 \times 10^4 km^2$，占全省面积的 47.8%。

2.4 盐渍土在青海省的分布

根据多年勘察的研究资料显示，青海境内盐渍土主要分布于柴达木盆地西部及西宁、平安河湟谷地湟水河南岸山前倾斜平原带，其形成与大陆抬升古海洋逐渐干涸，低洼地带的聚集、蒸发作用有关。

（1）Ⅰ区：以西宁南山区、机场等为代表的青海东部河谷阶地及低山丘陵地区。地层为黄土或黄土状土，水位埋深一般大于15m，此类地区土层含盐量一般大于0.3%，小于1%。大量工程实例表明，这类地区一般不存在盐胀问题，黄土也显示为湿陷特征，无溶陷表现。也就是说，这类土层虽然按规范应确定为盐渍土，但其并不表现出盐胀、溶陷性状，仅可能对建筑材料产生一定程度的腐蚀。这类地层在有经验的地区可按一般湿陷性黄土对待。

（2）Ⅱ区：以西宁东出口、平安西南区为代表的青海东部山前倾斜平原区，地层以黄土状粉质黏土为主，地下水位埋深一般在3~5m，此类地区土层含盐量一般大于0.3%，小于1.3%，尤其Na_2SO_4含量不超过1%，按规范可不考虑盐胀性。但事实恰恰相反，这类盐渍土的盐胀性状表现异常突出，区内轻型建构筑物大都受到盐胀作用的影响，甚至破坏。

（3）Ⅲ区：东台、西台、老茫崖等为代表的柴达木盆地腹地带。地层以粉质黏土、粉土、粉细砂为主，地下水位大部分地区大于15m（盐湖带除外），这类地区地层一般为超氯盐渍土，Cl-含量最高达453008（mg/kg）。Na_2SO_4含量一般均大于1%，按相关规范及现有文献资料，这类土应属于典型盐渍土，应同时具备强盐胀、强溶陷性，但通过数千件原状土样溶陷试验发现，这类土不具备溶陷性。老茫崖地区的浸水试验也验证了这一结论。同时，区内大量轻型建构筑物也均未产生盐胀破坏。仅个别地段门阶、散水偶见不明显似胀裂迹象。

（4）Ⅳ区：以冷湖、格尔木、新茫崖为代表的柴达木盆地腹地外围地区。地层以砂砾类土、粉土为主，地下水位为3~6m或大于15m，这一地区的试验数据及工程实践经验与规范基本吻合。

另外，青海柴达木盆地公路盐渍土分布状况为：

（1）盆地腹部和低洼积盐严重处以及干涸的盐湖或盐滩，以氯化物盐类为主，并有硫酸盐氯化物盐渍土和岩盐（重氯盐），它主要分布在青新、敦格、当冷、当黄、茶冷和冷湖支线等公路沿线。

（2）在敦格公路当金山至大柴旦路段、老茫崖至花土沟路段和当冷公路沿线，属细砾石荒漠（又称戈壁）地带，土质多为含砾低液限黏土，含盐量较轻，一般填筑的公路路基土壤，含盐量为2%~8%，其中氯化物盐类占65%~90%，硫酸盐类仅占10%~30%。

（3）埋藏在盐壳或盐盖下层的硫酸盐富集层，明显的半透明结晶块或者白色粉末露现，主要成分为硫酸纳（亦称芒硝）。在青海省露现的硫酸盐富集层，以冷大公路K40~K110路段最为突出。青新线K707、K770和K787附近的硫酸盐含量较大，敦格线察尔汗盐桥南堤至格尔木近郊路段，断续局部地夹杂分布着硫酸盐成分。

在盆地含盐量大于10%的典型路段，垂直剖面各层次含盐量1m深度内统计大致分布情况，如表2-2所示。

表2-2 含盐量分布情况

深度 /cm	0~5	5~25	25~50	50~75	75~100
含盐量 /%	60~90	8~13	5~15	4~10	5~7

2.5 青海省沙漠化现状

据青海省沙漠化土地普查资料表明：青海省境内已经沙化的土地面积达到1525.42万hm^2，占全省总面积的17.4%。潜在沙漠化土地98.17万hm^2，主要分布在柴达木盆地、共和盆地、青海湖环湖和玛多县黄河沿岸。

（1）柴达木盆地沙区。柴达木盆地位于本省西北部，周围有祁连山、阿尔金山、昆仑山环绕，是一个封闭的内陆高原盆地，沙漠化面积达1212.99万hm^2。柴达木沙漠位于青海省西北部，是我国八大沙漠和四大沙地中分布海拔最高的沙漠，系青藏高原的高寒干旱沙漠，涉及茫崖、格尔木、德令哈、都兰、乌兰5个县（市、行委），共25个乡，呈现风蚀地、沙丘、戈壁、盐湖和盐土平原相互交错的景观。绝大多数区域内植被覆盖度＜15%，仅西南部少数地区植被覆盖度为30%~45%。绝大多数区域内沙丘高度为10~50m，仅西部少数地区沙丘高度＜10m，其面积为3.49万km^2。盆地东部平均气温为2~4℃，西部为1.5~2.5℃。东部年均降水量为50~170mm，西部为10~25mm。干燥度为16~32，热冷比值（7月、1月均温）0.8~1.0。根据"西部干旱、半干旱沙漠地区公路自然区划一级区"，柴达木沙漠代号为Ⅴ，为极干旱寒冷沙漠区。

沙漠化土地以流动沙丘（地）、戈壁、风蚀残丘、重盐碱地和半固定沙丘（地）为主，是我国沙漠分布最高的地区。流动沙丘位于茫崖、托拉亥、铁奎一线的戈壁前缘地带植被盖度很小，在零星的洼地上生长着耐旱沙生植物如骆驼刺、沙拐枣等；戈壁、风蚀残丘、盐漠主要分布在格尔木、大柴旦、赛什腾山以西，气候干旱少雨。年均降水量为89.88mm，年均蒸发量为25250.3mm，为降水量的28.1倍，植被盖度在15%左右，主要有膜果麻黄、沙拐枣、柽柳、白刺等生长势差。

（2）共和盆地沙区。共和盆地位于青海南山北麓脚下，是一个呈西北走向的长条状构造盆地，沙漠化面积为22.5万hm^2，流动沙丘占总沙漠化面积的一半以上。盆地内的沙漠呈三条带状，从沙珠玉河谷随主风向由西北向东南移动，经过塔拉滩直至黄河沿岸进入龙羊峡库区；黄河南岸的沙区主要是共和盆地现代流动沙丘的堆积区。该区气候干旱少雨，年降水量为在300mm以下；年蒸发量为1716.7mm，为降水量的5.8倍；植被主要以禾本科、藜科和柽柳科为主。

（3）青海湖环湖沙区。青海湖沙区主要分布在湖东、湖东北一带的山前平原地带，沙漠化面积4.3万hm^2。其中，流动沙丘（地）3.3万hm^2，占沙漠化面积的76.6%。湖东及湖东北面主要以流动沙丘、沙垄、固定及半固定沙丘组成湖北及湖西北以流动沙丘分布，同时还分布有较大面积的潜在沙漠化土地。本区属高寒半干旱草原气候年均降水量374mm，年均蒸发量150.4mm，植被主要以麻黄、柽柳、藜科植物为主。

（4）玛多沙区。本沙区位于黄河源头的玛多、玛沁两县境内沙漠化面积为12.67万hm^2，其中流动沙丘（地）占80%。在黄河谷地及其他河流阶地周围土壤以碱质板岩及砾岩为主，经过雨水冲积，形成近代河流冲积洪积物经风蚀，形成固定沙丘或半固定沙丘。本区具有鲜明的高寒特点，植被以耐旱耐寒植物为主。

沙漠公路风沙灾害的主要类型有路基路面的风蚀、公路沙埋、防沙设施的倒伏和沙埋。青海沙漠地区公路（主要是指国道、省道）长约3200km，危害严重段是共和塔拉滩；都兰夏日哈、乌兰山、诺木洪；格尔木盐桥至流沙坪、乌图美仁；茫崖—里坪、黄瓜梁等。特别是塔拉滩因风沙危害，近30年中的10km沙漠路段公路曾改道三次，按每公里投资200万元计损失折算人民币6000多万元。

2.6 湿陷性黄土分布广泛

黄土具有以粉粒为主、多孔隙、对水敏感、富含可溶性盐、透水性强、垂直节理发育等重要特征。中国是世界上黄土分布最广、厚度最大的国家，面积约64万平方公里，主要分布在陕西、山西、宁夏、甘肃、青海五个省区。

根据《黄土地区公路路基设计与施工技术规范》（JTG/T D31-04-2017）附录B（黄土地区公路工程分区及主要特征），青海省黄土公路属于Ⅲ4区，其主要特征如表2-3所示。

表2-3 黄土地区公路分区及主要特征

一级分区		二级分区								
				亚区特征						
大区	分区名称	亚区	分区名称	地貌	海拔/m	降雨/mm	冲刷强度指数	地表形态指数	边坡稳定性指数	黄土湿陷系数	公路建设的不利条件
Ⅲ	中低山、丘陵黄土大区	Ⅲ1	陇西东南部黄土梁、阶地区	黄土梁、阶地	1200~2000	400~600	8~15	12~14	20~30	0.027~0.09	滑坡发育
		Ⅲ2	陇西中东部黄土梁、峁区	黄土梁峁	1800~2000	350~450	5~15	8~18	5~10	0.039~0.110	滑坡发育
		Ⅲ3	陇西中北部黄土梁区	黄土梁	1500~2500	200~400	10~25	6~15	8~15	—	边坡冲刷强烈。边坡防护宜采用护面墙或骨架形式
		Ⅲ4	陇西西北部黄土梁、阶地区	黄土梁、阶地	3000以上	350~400	5~15	18~25	15~25	—	地表起伏强烈

青海东部黄土分布广泛，属于中国湿陷性黄土工程地质分区的Ⅰ区，主要分布于日月山以东、达坂山以南、拉脊山以北、省界以东的湟水河区域，黄河流域和大通河流域黄土小片零星

分布，可分为湟水河流域、黄河流域、大通河流域、湟源盆地和隆务河流域5个片区，总面积约10000km²。青海东部黄土受其地理位置、地貌类型及气候等影响，形成了独特的物理力学性质，其主要地貌类型可分为河流阶地区和低山丘陵区两种。

（1）黄土的颗粒组成。黄土的颗粒组成对黄土的工程性质有很大影响，在青海选取典型黄土取样进行土的颗粒分析试验，并与甘肃黄土、关中黄土和山西黄土的颗粒组成进行对比，各地区黄土颗粒组成如表2-4所示。

表2-4 各地区黄土颗粒对比

地区	各粒组（mm）含量/%					
	>0.05		0.05~0.005		<0.005	
	常见值	平均值	常见值	平均值	常见值	平均值
青海阶地区	10.8~50.1	28.3	32.3~83.0	65.2	2.0~20.6	6.5
青海低山区	16.6~42.2	24.8	49.1~74.4	69.4	3.8~17.3	5.8
甘肃	3~45	20.0	42~86	66.0	3~44	14.0
陕西关中	1~45	14.0	47~86	63.0	3~45	23.0
山西	12~60	27.0	25~26	54.0	12~33	19.0

从表2-4中可以看出：①总体上，青海阶地区和低山区黄土组成都以粉粒为主，其中0.005~0.05mm的颗粒含量分别达到61.2%和69.4%，与中国典型黄土以粉粒为主的特征一致；②同中国其他地区黄土颗粒组成相比，青海黄土的颗粒较粗，粒径<0.005mm的黏粒含量只有6.5%和1.8%，明显小于其他地区黏粒含量。这与青海距黄土成土物质来源地相对较近、较粗颗粒大量沉积有关；③青海阶地区同低山区的黄土颗粒组成相比，各种粒径的黄土比例相似，总体趋势是随着低阶地向高阶地、洪积扇和低山丘陵区过渡，黄土的黏粒含量逐渐减小，粉粒和砂粒含量逐渐增大。

（2）黄土的可溶盐含量。可溶盐的种类和含量与黄土的成岩作用有关，对黄土的工程性能，尤其是湿陷性有很大影响。黄土中的可溶盐按照溶解的难易程度，可分为难溶岩、中溶岩和易溶岩3种。难溶岩是指碳酸钙（$CaCO_3$），中溶岩是指石膏（$CaSO_4$），易溶岩是指钠、钾、镁和钙的氯化盐和硫酸盐（$NaCl$、KCl、Na_2SO_4、Na_2CO_3）。当黄土中的可溶盐是固态时，对土粒起胶结作用；当其溶解呈离子状态时，其中的阳离子和土粒表面吸附的阳离子发生置换，对黄土的工程性质影响很大，分别在青海（阶地区和低山区各6个点）、陕西洛川（3个点）、山西临汾（1个点）和甘肃兰州（1个点）取样进行易溶盐含量分析试验，得出各地区易溶盐含量见表2-5。

表2-5 各地区黄土含盐量

地区	易溶盐含量/%		pH值	
	常见值	平均值	常见值	平均值
青海阶地区	0.10~0.94	0.43	8.72~8.85	8.82
青海低山区	0.05~0.30	0.19	8.75~8.83	8.80
兰州黄土	0.25	—	8.79	
洛川黄土	0.12~0.14	0.13	8.65~8.72	8.65
临汾黄土	0.12		8.77	—

从表2-5中可以看出：①同中国其他黄土地区相比，青海黄土易溶盐含量较高，这与青海东部气候干燥，年降水量较少，年蒸发量数倍于降水量的气候环境有关，也和中国黄土整体从

北向南、从西向东，易溶盐含量逐渐减少的趋势相一致。②从青海阶地区和低山区黄土易溶盐含量比较来看，阶地区易溶盐含量明显高于低山区，平均值分别为0.43%和0.19%，这说明青海黄土区易溶盐含量受地表含盐径流的影响较大。③青海黄土的pH值为8.72~8.85，属弱碱性土，均高于中国其他地区黄土。

（3）青海黄土的基本物理力学性质。青海黄土因成土物质来源及成土环境的独特性，其各项物理力学指标（见表2-6）与中国其他地区黄土不尽相同，阶地区黄土和低山丘陵区黄土各项指标差异明显。

表2-6 青海东部黄土物理力学性质指标

地区	天然重度 /kN·m^{-3}		干重度 /kN·m^{-3}		天然含水率 /%		孔隙比		饱和度/%		塑限/%		液限/%		塑性指数
	范围	均值	范围	均值	范围	均值	范围	均值	范围	均值	范围	均值	范围	均值	范围
青海阶地区	14.5~17.9	16.0	13.1~15.5	15.0	9.33~25.5	15.6	0.74~1.21	0.91	16.26~58.89	37.8	15.9~16.8	16.3	23.7~26.5	25.1	7.9~10.1
青海低山区	12.4~16.5	14.2	11.9~14.4	13.1	4.7~12.4	8.1	0.88~1.26	1.10	12.29~33.61	22.8	14.1~17.2	16.3	23.6~26.2	24.9	6.2~9.6
甘肃	10.0~15.0	14.0	10.2~14.0	12.5	2.2~25.0	12.0	0.70~1.80	1.02	11~50	30.0	13~26	18.0	20~45	28.0	4~12
陕西关中	12.7~16.0	15.7	12.0~15.6	15.0	10.0~25.0	15.0	0.70~1.45	0.95	20~65	62	13~26	18	27~47	37	9~13
山西	13.0~15.8	14.9	12.0~14.0	13.4	3.7~19.0	11.6	0.60~1.10	1.00	30~50	43	18~21	19	25~30	28	10~13

从表2-6中可以看出：①同中国其他地区典型黄土相比，青海地区黄土天然含水率和饱和度较小，阶地区和低山区饱和度均值分别为37.8%和22.8%，和甘肃地区黄土比较接近，这与甘青两省气候相对干燥，水分蒸发量远大于降水量有关；塑性指数较中国其他地区黄土较低，这与青海黄土黏粒含量少，砂性颗粒较多相吻合；其他各项物理指标基本同其他地区黄土接近；②青海阶地区黄土同低山丘陵区黄土相比，天然重度、干重度、天然含水率、饱和度均较大，孔隙比相对较小，液限、塑限、塑性指数基本相当。这表明青海地区黄土物理性质与所处地貌关系较为密切，黄土在垂直方向上存在差异，自上而下颗粒逐渐变细，黏粒含量增加，孔隙变小，黄土湿度变大。

（4）青海黄土的湿陷性。青海黄土的湿陷性同其所处的地貌单元密切相关，其湿陷性同地貌单元类型的关系如表2-7所示。

表2-7 不同地貌单元场地湿陷类型统计

地貌类型	Ⅰ级（非）自重/个	Ⅱ级（非）自重/个	Ⅲ级自重/个	Ⅳ级自重/个	总钻孔数目/个
下部阶地	183	96	14	2	295
上部阶地	3	12	32	49	96
低山丘陵区	6	2	3	9	20

注：1. 表中数据主要引用兰州至西宁高速、民和至小峡公路、丹东至拉萨国道西宁过境公路、平安至阿岱高速、西宁至互助公路地质勘查资料及课题地质勘查数据。
2. Ⅰ级（非）自重包括Ⅰ级自重和Ⅰ级非自重；Ⅱ级（非）自重包括Ⅱ级自重和Ⅱ级非自重。

从表2-7中可以看出：①青海黄土湿陷程度受其所处地貌类型和成因的影响，一般低阶地（河漫滩、Ⅰ级、Ⅱ级阶地）黄土由于土层较薄，且受地表径流影响较大，含水率较高，黄土湿陷性较弱，场地湿陷类型和地基湿陷等级一般以Ⅰ级非自重和Ⅱ级自重，局部厚层处可达Ⅲ级自重。②高阶地（Ⅲ级及以上阶地）黄土湿陷性较强，以中等和强湿陷为主，场地湿陷类型和地基湿陷等级一般为Ⅱ级自重到Ⅳ级自重。③青海低山丘陵区黄土湿陷性受古地貌影响较大，青海东部地处青藏高原边缘，地质构造活动强烈，低山区地势起伏较大，山麓斜坡较为陡峻，古地貌岩体较为破碎，不利于黄土的沉积和保存，因此黄土厚度和湿陷等级差别很大，场地湿陷类型和地基湿陷等级从Ⅰ~Ⅳ级不等。但总体上来说，低山区黄土属风积坡积黄土，黄土颗粒较粗、孔隙比较大，湿陷性较强，而河流阶地区的水成黄土湿陷性一般较弱，对工程的影响也相对较小。

2.7 环保要求高

青海是三江之源、"中华水塔"，是我国极其重要的水源保护地和生态屏障，在维护国家生态安全中具有独特而不可替代的战略地位。青海最大的价值在生态、最大的贡献在生态、最大的责任也在生态，保护好青海的生态环境既是服务全国大局的需要，也是青海自身可持续发展的需要。近年来，青海省高度重视生态环境保护工作，先后提出了"生态立省"与建设"全国生态文明建设先行区"的重要战略。

（1）青海特有的生态地位及脆弱、敏感的生态环境，要求基础设施建设更加注重环境保护与生态修复。

青海是长江、黄河、澜沧江等江河的发源地及水源涵养区，是国家重要的生态安全屏障，在维护国家生态安全中占有独特而不可替代的战略地位。随着环境承载力日益减弱，自然生态环境越加脆弱，保护好青海的生态环境既是服务全国大局的需要，也是青海自身可持续发展的需要。推进青海生态文明建设，要求在基础设施规划、设计、建设、养护和运营管理全过程贯彻生态保护和绿色发展理念，坚持保护与修复相结合、保护优先的发展原则；积极推进公路边坡和取弃土场植被恢复、动物通道和生态修复等工程；倡导路面材料等废旧材料再生综合利用等，实现交通基础设施与自然环境和谐共处。

（2）有限的可利用土地资源，要求交通运输集约、节约发展。青海省大部分国土均为自然保护区、重要湿地、风景名胜区、水源保护地等，限制开发区41.41万平方公里，禁止开发区23.04万平方公里，两者共占全省总面积的89.8%。交通运输行业要实现可持续发展，必须以转变交通发展方式为主线，节约集约利用土地资源、通道资源，通过结构调整提高交通运输整体效率，以创新挖掘综合运输潜力，并把资源节约和环境保护落实到综合运输发展的各环节中，实现交通运输节约集约发展。

2.8 抗震要求高

2015年5月15日，新修订的强制性国家标准GB 18305—2015《中国地震动参数区划图》发布，于2016年6月1日起正式实施。该标准以地震动参数（如地震动峰值加速度和地震动反应谱特征周期）为指标，将我国国土划分为不同抗震设计要求的区域。相较现行的第四代区划图有两大变化：一是取消了不设防地区，二是在附录中将地震动参数明确到乡镇。对青海而言，新一代区划图标准，处于地震烈度Ⅶ度或Ⅶ度以上的高烈度设防区占该省国土面积的97.3%，其中Ⅶ度区占该省国土面积的77.5%，Ⅷ度区以上（含Ⅷ度）占该省国土面积的19.8%，青海全省整体设防水平有所提高。

综上所述，青海省全省范围均处于地震活动区域，故公路设计时应重点考虑抗震设计，尤其应重视桥涵、隧道等结构物的抗震设计。

另外，据青海省地震局资料及相关文献统计，省内晚更新世以来的活动断裂带共24条，其中，晚更新世有过活动并在全新世无明显活动的断裂带有4条，分别为疏勒南山—大通山断裂带（F2）、拉脊山断裂带（F4）、青海南山北麓—倒淌河—循化南山断裂带（F5）、西金乌兰湖—歇武断裂带（F20），其余20条均为全新世活动断裂带。

青海省共24条活动断裂带与公路工程错综交会：国道大多数路段与断裂大角度相交，仅青藏公路一线就有12处交会；由于青南高原各断裂带在东部的分支较多，造成与国道的交会点最多，约有12处。其次是315国道6处，215国道由于横跨柴达木盆地，共有4处与活动断裂交会，227国道1处。

2.9 青海省公路常见地质灾害

青海省公路沿线发育的、影响公路建设和交通运营的边坡病害主要有：滑坡、崩塌、坡面流、冻融等，分述如下。

（1）滑坡。自1995年甘肃、青海公路交界处享堂滑坡成功实施勘察设计施工开始，青海省公路沿线发育的滑坡随着公路建设的发展而增加，分布范围广，滑坡类型众多，可以分为以下三类：土质滑坡、岩石滑坡、半成岩滑坡。滑坡的危害是多方面的，最终结果是增加建设投资规模（见表2-8）。

表2-8 青海省公路沿线滑坡概况

滑坡类型		典型滑坡	危害性	位置	主要治理措施
土质滑坡	黄土滑坡	甘青公路享堂滑坡	危及公路的安全运营以及兰青铁路湟水河1号特大桥	109国道	普通抗滑桩、刷方
		李坎公路4#滑坡	危及李坎公路的安全运营	李家峡至坎布拉旅游公路	预应力锚索抗滑桩
	堆积层滑坡	互助北山K33滑坡	掩埋公路、堵塞边沟排水系统，有可能摧毁公路路基	互助北山旅游公路	截、排水沟，仰斜疏干排水孔
	黏性土滑坡	互助北山K34滑坡、互助北山十二盘2#滑坡	掩埋公路、堵塞边沟排水系统，有可能摧毁公路路基	互助北山旅游公路	支撑渗沟、挡墙
岩石滑坡	顺层滑坡	李坎公路1#滑坡	危及李坎公路的安全运营	李坎旅游公路	预应力锚索框架
	切层滑坡	李坎公路3#滑坡	危及李坎公路的安全运营	李坎旅游公路	预应力锚索抗滑桩
	破碎岩石滑坡	青沙山隧道进口段滑坡	危及青沙山隧道的安全以及现有公路	平阿高速公路	预应力锚索抗滑桩
半成岩滑坡		109国道K1928滑坡	挡墙开裂外移、路面鼓起，危及兰州～西宁通讯光缆	109国道	预应力锚索框架

（2）崩塌。青海省公路沿线发育的崩塌点多面广，尤其在祁连山脉和西秦岭山脉（积石山）的山区公路，由于地势陡峭，岩层破碎，高边坡路段比重大，崩塌灾害频繁发生。

互助北山旅游公路崩塌路段有：K25+250~940，K63+740~760，K64+700~750，K64+108~140。这些路段的边坡高约20m，组成边坡的岩石受祁连山构造带的影响，构造面极其发育，岩层破碎，公路施工开挖形成临空面，在地应力释放过程中，大气降雨沿着张开裂缝下渗至坡体中，岩石沿着倾向公路的构造面崩塌，破坏既有建筑物，大量堆积物阻塞交通。2003年4~6月崩塌频率为3~4天一次，最大的块石约1m³。

平安至大力加山公路崩塌路段有：K128+000，K129+150~170，该路段地处大力加山北坡，构造面极其发育，岩层破碎，坡体长期裸露，在自然营力作用下局部崩塌。

化隆至循化公路拉木峡崩塌路段有：K0+200~350，K3+790~900，K8+000，K10+200~260，K11+520等处，该路段地处拉脊山南坡，受拉脊山断裂带的控制以及强烈的河流切割作用，自然坡陡峻，局部呈飞岩状。该路段自古以来崩塌即频繁发生，公路改建时为满足路面宽度的需要，坡体开挖形成高边坡。

湟源至倒淌河高速公路崩塌路段为日月山东坡峡谷路段，受拉脊山断裂带和日月山岗察寺断裂带的控制，组成坡体的花岗岩构造面极其发育，岩层破碎；尤其在线路右侧，倾向公路的两组构造面（倾角为37°和74°）张开明显，易于产生崩塌。

平安至阿岱高速公路崩塌路段为K28+000~K29+150，受拉脊山断裂带的控制，组成坡体的砾岩构造面极其发育，岩层破碎；倾向公路的两组构造面NW70／°SW80°、NW40／°SW64张°开明显，在边坡坡顶易于产生崩塌。

（3）坡面流。各类松散堆积物在水的作用下沿着石质岩层或隔水的黏性土层向下运动，称为坡面流。坡面流的形成受地质、降雨、地形坡度影响。坡度大于30°，植被条件差或坡面裸露的地区发生坡面流的概率大。

青海省公路沿线的坡面流发育于大小大坂山、拉脊山和积石山东段区域，如大通河沿岸的岗青路、穿越大坂山西段的227国道、穿越大坂山东段的互助北山旅游公路以及平大公路，这些区域雨季较长，小区域气候恶劣，暴雨常常诱发坡面流病害。互助北山旅游公路K58路段线路左侧在2003年4月中旬暴雨诱发坡面流，约1000m³的碎石土自30m的边坡坡顶滑落，掩埋了约40m长的公路路基，影响公路施工，其他路段小范围的坡面流在此期间也频繁发生。

（4）冻土病害。109国道有约320km地处青南高原多年冻土地区，不良冻土病害种类多、分布广，边坡病害以融冻泥流、寒冻泥流、热融滑塌为主。边坡形成后冻土上限随坡形改变而改变，且上限下移，上限内土体中大量固态冰融化为液态水，土体强度降低，在重力作用下边坡变形破坏。祁连山高海拔区域季节性冻土呈零星分布，边坡冻土病害在每年春夏之际常常发生。

另外，根据相关文献，青海省公路沿线地质灾害易发区主要分布于4个区域，即①东部河湟谷地区，位于黄河干支流基岩峡谷带和期间的黄土红层丘陵区，这是地质灾害最关键的分布区和承载区。如国道G109京拉线的马场垣—西宁—平安段、西宁—湟源—倒淌河段，国道G0611张文高速的牙什尕—同仁段，国道G227张孟线的大通—青石嘴、贵德—大武段，省道S102西宁普通绕城线的互助—大通段，省道S103西岗线的互助—甘禅口段。②西部环柴达木盆地山前带，位于南缘昆仑山的片理化侵入岩、火山岩沟谷带。该区域主要以泥石流为主，虽然盆地气候干旱、少雨，但承载能力弱，泥石流灾害较为严重。如国道G215马宁线的格尔木—曲麻莱段，国道G315西吐线的乌兰—德令哈、小柴旦—老茫崖省界段。③南部峡谷区包括澜沧江干支流，位于澜沧江干支流灰岩、泥岩峡谷区，多发生在公路沿线高陡斜坡带及峡谷地带，以崩塌、滑坡、泥石流灾害为主，巨型崩塌体常造成交通堵塞。如国道G0613西丽高速的共和—玉树段，国道G0615德马高速的花石峡—久治段以及国道G214西澜线的共和—花石峡、歇武—结古段。④北部祁连山地区，位于北大河和疏勒河片理化火山岩、砂岩山地峡谷区，以崩塌、泥石流灾害，如国道G227张孟线的扁都口—城关段，国道G109京拉线的黑马河—茶卡段（见表2-9）。

表2-9 青海省主要公路沿线地质灾害易发路段

路线名称	路段	路线名称	路段
G227	大通—青石嘴，黑泉水库—达板山，扁都口—城关，贵德—大武	G0615	花石峡—久治，大武
S206	化隆—同仁，平安—阿岱，合群峡，柴沟	G6	湟源—倒淌河，共和—茶卡，扎麻隆—倒淌河
G214	倒淌河—共和，共和—花石峡，歇武—结古，囊谦—多普玛省界	S202	平安—阿岱，循化—大力加山
S306	街子—贵德，柴沟，化隆—扎巴镇，黑城村	G0611	隆务峡2号隧道，牙什珠—同仁
S203	平安—阿岱，尖扎—同仁，同仁—泽库	S101	贵德—大武
S201	循化—关门，贵德—尖扎，民和—大河家，官亭	S204	祁连—热水，二指哈拉山—祁连
G109	黑马河—茶卡，橡皮山，旺粟秀，湟源—倒淌河	G0612	德令哈—大柴旦，茶卡—德令哈
S302	岗子沟—卡子洵桥，卡子沟—青石嘴，峨堡—祁连	S2013	茶卡—德令哈段

2.10 冻结深度

根据青海省住房和城乡建设厅、青海省气象局《关于发布青海省市（县）标准冻探值的通知》（青建设〔2016〕280号）文件，以青海省各地1996—2010年冻深数据为资料，对原标准冻深值进行了重新审核和修订，于2016年9月1日执行（见表2-10）。

表2-10 青海省市、县标准冻深一览表

地区	市、县	原标准冻结深度（cm）	修订后标准冻结深度（cm）	最大冻土深度（cm）	海拔高度（m）	台站信息		备注
						地址	地理环境	
西宁市	1.西宁	—	118	132	2295.2	西宁市甘里铺莫家泉湾宁大路255号	市郊	—
	2.大通	—	92	114	2450.0	大通县桥头镇园林路6号	城镇	—
	3.湟中	—	85	101	2667.5	湟中县鲁沙镇和平路381号	城镇	—
	4.湟源	—	93	150	2675.0	湟源县城关镇北大路632号	城镇	—
	5.海马泉	130	—	—				撤站

续表

地区	市、县	原标准冻结深度（cm）	修订后标准冻结深度（cm）	最大冻土深度（cm）	海拔高度（m）	台站信息 地址	台站信息 地理环境	备注
海东市	1.平安	—	91	105	2125.0	平安县平安镇湟源路84号	城镇	—
	2.民和	—	85	116	1813.9	民和县川口镇东垣滩杨家大庄	乡村	—
	3.乐都	77	49	87	1980.9	乐都县碾伯镇西关街13号	城镇	—
	4.互助	—	73	80	2480.0	互助县威远镇南郊8号	城镇	—
	5.化隆	—	116	135	2834.7	化隆县巴燕镇西大街59号	城镇	—
	6.循化	—	55	73	1921.0	循化县积石镇沙坝塘村西沟坪	城郊	—
海西州	1.格尔木	—	70	105	2807.6	格尔木市大众路17号	市区	—
	2.德令哈	—	127	142	2981.5	德令哈市柴达木东路12号	市区	—
	3.乌兰	—	144	159	2950.0	乌兰县希里沟镇东小街13号	城镇	—
	4.都兰	—	134	160	3189.0	都兰县察汗乌苏镇南新街12号	城镇	—
	5.天峻	—	186	224	3417.1	天峻县新源镇迎宾路8号	城镇	—
	6.大柴旦	—	125	163	3173.2	大柴旦行委大柴旦镇团结路17号	草原	—
	7.冷湖行委	—	189	227	2770.0	冷湖行委冷湖镇建设路7号	戈壁	—
	8.茫崖行委	—	155	179	2944.8	茫崖行委花土沟镇创业路148号	戈壁	—
	9.诺木洪	—	98	117	2790.4	都兰县诺木洪镇诺木洪农场	乡村	—
	10.茶卡	—	121	132	3087.6	乌兰县茶卡镇西街10号	草原	—
	11.小社火	—	69	103	2767.0	格尔木市乌图美仁乡小灶火	乡村	新增
	12.香日德	166	—	—	—	—	—	撤站
海南州	1.共和	—	107	150	2835.0	共和县恰卜恰镇贵德路2号	城镇	—
	2.同德	—	121	134	3148.2	同德县尕巴松多镇东关路441号	城镇	—
	3.贵德	—	64	82	2237.1	贵德县河阴镇郭拉村	乡村	—
	4.兴海	—	153	187	3323.2	兴海县子科滩镇西大街7号	城镇	—
	5.贵南	—	136	151	3120.0	贵南县茫曲镇南台路431号	城镇	—
	6.黑马河	240	—	—	—	—	—	撤站
	7.河卡	191	—	—	—	—	—	撤站
	8.江西沟	164	—	—	—	—	—	撤站
	9.铁卜加	210	—	—	—	—	—	撤站
海北州	1.门源	—	109	125	2850.0	门源县浩门镇环城西路2号	城镇	—
	2.野牛沟	—	281	300	3320.0	祁连县野牛沟乡黄草梁	草原	—
	3.海晏	—	134	153	3010.0	海晏县三角城大街1号	城镇	—
	4.刚察	—	195	247	3301.5	刚察县沙柳河镇刚北巷16号	城镇	—
	5.祁连	—	184	214	2787.4	祁连县八宝镇八宝西路89号	城镇	新增
	6.二寺滩	250	—	—	—	—	—	撤站
	7.西海镇	181	—	—	—	—	—	撤站
黄南州	1.同仁	—	94	113	2491.4	同仁县隆务镇泽库路9号	城镇	—
	2.尖扎	—	63	76	2085.7	尖扎县马克唐镇商业西街22号	城镇	—
	3.泽库	—	169	193	3662.8	泽库县泽曲镇平安路23号	城镇	—
	4.河南	—	114	135	3500.0	河南县优干宁镇西大街325号	城镇	—

续表

地区	市、县	原标准冻结深度（cm）	修订后标准冻结深度（cm）	最大冻土深度（cm）	海拔高度（m）	台站信息		备注
						地址	地理环境	
果洛州	1. 玛沁	—	158	184	3719.0	玛沁县大武镇广场路	城镇	—
	2. 班玛	—	68	82	3530.0	班玛县赛莱塘镇环城东路40号	城镇	—
	3. 甘德	—	148	164	4050.0	甘德县柯曲镇吾勤西路160号	城镇	—
	4. 达日	—	188	212	3967.5	达日县吉迈镇黄河西路44号	城镇	—
	5. 久治	—	83	100	3628.5	久治县治青松多镇黄河路297号	城镇	—
	6. 玛多	—	214	230	4272.3	玛多县玛查理镇玛查理路6号	城镇	—
玉树州	1. 治多	—	173	203	4179.1	治多县加吉博洛镇治渠街55号	城镇	—
	2. 囊谦	—	59	71	3643.7	囊谦县香达镇香达东街71号	城镇	—
	3. 杂多	—	145	190	4066.4	杂多县萨呼腾镇萨呼腾路139号	城镇	—
	4. 曲麻莱	—	204	260	4175.0	曲麻莱县约改镇长江路47号	城镇	—
	5. 清水河	—	218	239	4415.4	称多县清水河镇214国道23号	草原	—
	6. 玉树	—	80	99	3716.9	玉树县结古镇扎西科湿地公园	城镇	—

注：1. 对撒站地区仍采用原标准冻结深度值。

2. 乐都县城修正后标准冻结深度值仅适用于一级阶地前缘及河漫滩，其余地区仍采用原标准冻结深度值。

第3章 高原寒区公路常见养护技术

3.1 青海省典型养护措施梳理

（1）青海省高速公路典型病害（见表3-1、图3-1）。

表3-1 各路线沥青路面每公里病害统计

路线名称	每公里龟裂面积（m²）	每公里纵缝长度（m）	每公里横缝隙当量数（条）	每公里修补面积（m²）	路面损坏PCI
G572/贵乌线	0	9.23	2.51	3926	93.2
S104/西宁贵德公路	0.88	12.62	1.62	5 1.60	92.2
G0612/西宁至和田	6.52	29.64	27.55	1420	89.9
G6/京藏线	8.75	63.27	25.97	15.08	87.0
G0611/张掖—汶川	1.02	57.28	23.91	1.99	86.7
G3011/柳格高速	0.53	50.90	36.70	51.86	85.4

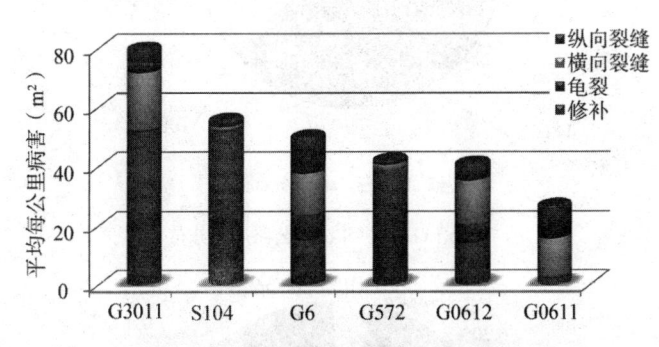

图3-1 青海省公路主要病害情况图

（2）多年冻土区典型病害。对109国道、214国道等青藏地区主要交通干道进行调研，对青藏地区公路路面典型病害进行了调查总结，路面病害类型主要以裂缝、变形、车辙、坑槽等为主（见图3-2）。

（a）纵向裂缝　　　　（b）波浪变形　　　　（c）横裂缝

图3-2

（d）网裂　　　　　　　（e）车辙　　　　　　　（f）坑槽

图 3-2　多年冻土公路病害表现

根据 G109 沿线多年冻土分布的情况，选择 K2876~K3595 段为典型路段，对该路段的路面病害进行统计调查，见图 3-3（a）。

通过调查共玉高速后统计发现，路面病害主要以变形、横向裂缝、泛油、麻面、坑槽、机械刻痕、油污为主，其中横向裂缝为路面主要病害，历次调查所占病害数量比例均在 60% 以上。见图 3-3（b）。

（a）G109 多年冻土公路病害分布

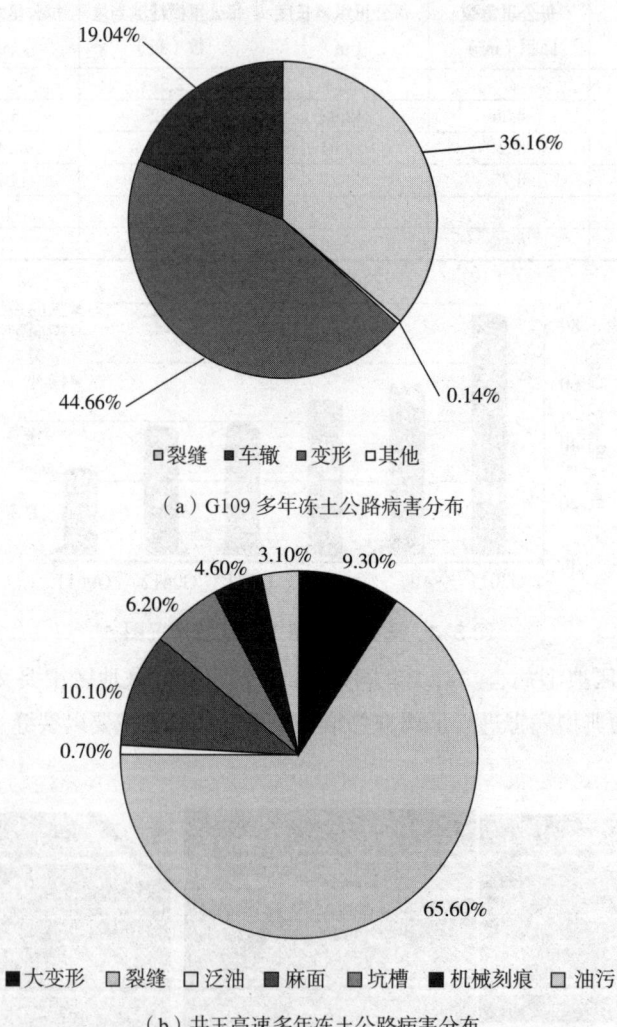

（b）共玉高速多年冻土公路病害分布

图 3-3　青海省两条代表性多年冻土公路病害情况

（3）典型养护技术。青海省高速公路建设和养护具有其特色，路面结构类型、养护维修强度与其他省市存在较多不同之处，主要表现在：①青海省毗邻新疆、西藏自治区，具有重要的战略意义，因此要求青海省高速公路具有良好的通达性。②青海省具有丰富的矿物资源，对物流等交通运输要求较高，且渠化交通明显，因此需要在高速公路养护和管理中，科学合理地综合考虑交通量等因素对路面技术状况的影响。③青海省地处青藏高原，气候特点及地理位置均不同于全国其他省市，多年冻土地区较多，因此在养护施工工艺上要求更高，不仅要承受路面荷载的作用，而且要经受气候环境的考验。根据调研资料，整理出青海省历年各养护工程典型养护措施，如表3-2所示。大中修及预防性养护路段明细如表3-3所示。

表3-2 典型养护措施

路面类型	养护性质	养护措施	养护方案说明	适用条件
沥青路面	小修保养	灌封	开槽热沥青灌封或贴缝带	原路面出现早期裂缝类病害
		局部挖补	如局部路段结构强度不足需要补强	局部龟网裂、坑槽及沉陷路段
	预防性养护	微表处	原沥青路面局部处理	路况整体较好，但抗滑能力不足，路面存在少量微小裂缝
		碎石封层		路面存在部分裂缝，且裂缝属于非活动性
		超薄磨耗层		路况整体较好，但抗滑能力不足，路面存在少量微小裂缝
		薄层罩面		路面病害中等，存在小及中等车辙措施
	中修	就地沥青砼热再生4cm	就地热再生4cm沥青混凝土	平整度较好，但路面损坏状况不佳
		4cmAC-13罩面	1.铣刨原路面；2.加铺4cmAC-13	路面损坏或平整度指标任意一项指标不佳
		4cmAC-13+1cm碎石封层	1.铣刨原路面；2.加铺4cmAC-13+1cm碎石封层	路况整体较差
		车辙处置	铣刨旧路面深4cm，回铺改性沥青混凝土	路面损坏、平整度指标较好，车辙指标不佳
水泥路面	中修	中修换板（10%）	凿除原24cm水泥混凝土路面，基层病害处置后回铺26cm水泥混凝土路面（含找平）	路况整体较好，局部水泥板损坏严重

表3-3 大中修及预防性养护路段明细

养护措施	路线编码	施工方向	施工车道	起点桩号	终点桩号	交通量等级	施工时间	养护工艺
预防性养护	G3011	下行	全幅	527.527	530.256	轻	2017.7	微表处
	G3011	上行	行车道	523.5	524.8	轻	2017.9	微表处
	G3011	下行	超车道	570	590.8	轻	2017.4	薄层罩面
	G3011	上行	行车道	471.08	484	轻	2017.4	薄层罩面
	G0612	上行	行车道	477	499.661	重	2017.6	微占处
	G0611	上行	行车道	183.175	203	轻	2014.04	微表处
中修	S104	上、下行	行车道	28	63.488	中	2013.3	4cmAC-13罩面
	G0611	上行	行车道	246.559	287.318	中	2015	就地热再生
	G6	上、下行	全幅	1766	1801.95	极重	2016.6	4cmAC-13+1cm碎石封层
	G6	上、下行	全幅	1886	1898.586	特重	2014.6	就地再热生
	G6	上、下行	全幅	1744	1766	特重	2017.06	4cmAC-13+1cm碎石封层

根据调研资料可知，选取路线中，2013—2017年实施中修工程的典型养护工艺为就地热再生、4cmAC-13+1cm碎石封层罩面和及4cmAC-13罩面三大类。

3.2 高海拔地区对养护机械要求

由于青海大部分面积处于高海拔地区，导致许多养护机械无法正常工作，需要进行相关技术改造。

[工程示例] 对青海省现有沥青路面综合养护车的技术改进

由于摊铺沥青凝混土拌合料路面具有平整度好、行车舒适、施工工艺相对简单，抗滑构造易于形成和施工时开放交通快等诸多优点，已被国内外公路施工中广泛采用。青海省目前通车里程中，沥青路面已达20000 km以上，但沥青路面亦有对基层承载能力要求高、路面面层易于损坏及使用工艺较为繁杂的特点，近几年大吨位车辆逐年增加，超载车辆屡禁不止，对路面破坏起了关键作用。在养护施工中，必须根据沥青路面的这些特点制定合适的施工工艺，才能使沥青路面的养护作业产生事半功倍的效果。20世纪90年代初，我国沥青路面基本实现了机械化养护作业，青海省近几年也基本实现了机械化养护作业，其中的关键设备就是路面综合养护车。近年来，给每个公路总段购置了一台DFLH60BX路面综合养护车，由于它将沥青路面养护工程的基本工作装置集于一身，并能使用再生拌合料，而且具有自行功能，因此具有一机多能和机动性能好的特点。多年来，综合养护车的采用为青海省沥青路面的快速高质量养护发挥了重要作用。

随着公路建设的不断发展，青海省公路养护的工作量也在逐年增多。尤其是近几年来，随着西部大开发的脚步，公路养护生产面临着巨大压力，有关方面每年投入大量养护机械，对提高生产效率起了关键作用，笔者长期从事养护机械的使用及保养工作，发现许多问题。本书就DFLH60BX综合路面养护车存在的问题，分析并提出了解决方案，并对果洛公路总段现有的沥青综合养护车进行了改造，取得了满意的效果。

（1）青海省DFLH60BX沥青路面综合养护车现状及存在的问题。青海省公路建设虽然有很大发展，公路养护机械逐年增加，但与公路建设速度并不吻合，近几年，大量摊铺沥青混凝土路面建成，但配套的摊铺养护设备很少，每个公路总段只有一台路面综合养护车，虽然使用非常方便，可采用再生沥青施工，但青海省大部地区海拔高、气候寒冷，综合养护车使用起来存在不少问题。

1）打火系统不点火。2008年，夏季果洛公路总段的沥青路面综合养护车到班玛公路段进行养护施工，工作过程中，此车经常打不着火，经分析发现，此车电控系统为德国生产，国内市场无售，花了不少钱，通过厂家购入电控模块后，打火系统还是不好用，误了不少工期，对生产影响很大。图3-4为DFHL60BX整车外形；图3-5为DFLH60BX工作装置系统，分析原因有以下几点：①高原缺氧，燃油不易点燃；②车辆自备发电系统，高原缺氧动力不足导致发电电压达不到额定值220 V，从而导致点火温度偏低或不打火。

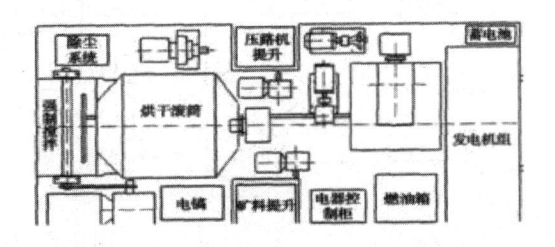

图 3-4　DFHL60BX 整车外形　　　　图 3-5　DFLH60BX 工作装置系统

2）喷燃器不喷油或断续喷油自行熄火。原因和上述基本相似，但有时打着火后自行熄灭，分析原因发现：DFLH60BX 型德国进口模块，电压适应范围很窄，经测试电压波动范围在 206~232V，尚能正常工作，而 DFHL60BX 型车发电机为 W4105 柴油发电机，在高海拔地区，电压波动范围在 180~240V，不能确保电控系统正常工作，表 3-4 为实测电压值。

表 3-4　实测电压值

发动机输出电压	点火继电器线圈端	点火工作端	喷油继电器线圈端	喷油器工作端Ⅰ	喷油器工作端Ⅱ
180	0	0	0	0	0
205	0~24	0~205	0~24	0~205	0~205
220	24	220	24	220	220
232	24	232	24	232	232
240	0	0	0	0	0

3）改进综合养护车温度控制。利用再生沥青拌料加热温度不易掌握，而加热基本温度往往高于 100 ℃以上，所以沥青材料易于老化。而原路面病害部分的材料本已出现问题，同时再与新料混合后更难以掌握油石配比及强度指标，所以经加热修补后的部分易于损坏是必然的，故而对 DFHL60BX 路面综合养护车的温度控制的改进是关键。

（2）DFLH60BX 路面综合养护车的改进。由于综合养护车存在问题的根源是进口模块与国产设备及青海省地理气候不适应，应从问题的根源入手逐一解决这些问题。首先检查发电机组是否正常，检查电气控制柜中各执行元件的操纵开关的动作是否有效、可靠，检查各接头、导线、点火工作装置、喷油工作装置是否完好，在完好的基础上作业。

1）确保喷油点火装置稳定工作。将进口模块 4 个直流继电器的控制点电压断开，分别接入 4 个如图 3-6 所示的稳压电路，改为直控后，由于有继电器致点火装置三端稳压 LM7824 的稳定工作，继电器不受模块控制，从而确保了喷油点火装置的稳定工作。LM7824 是我国电子工业中稳压表现很出色的一个部件，成本低，装配简单。改进后的实测电压如表 3-5 所示，发电机在 180~240 V 时系统仍能正常工作。上述改进过程中可以独立制作 4 个控制电路：点火、喷油泵Ⅰ、喷油泵Ⅱ、供油泵，也可以用一组整流稳压，接出 4 个 LM7824 三端稳压块加以 K1、K2、K3、K4 进行控制，操作简便。

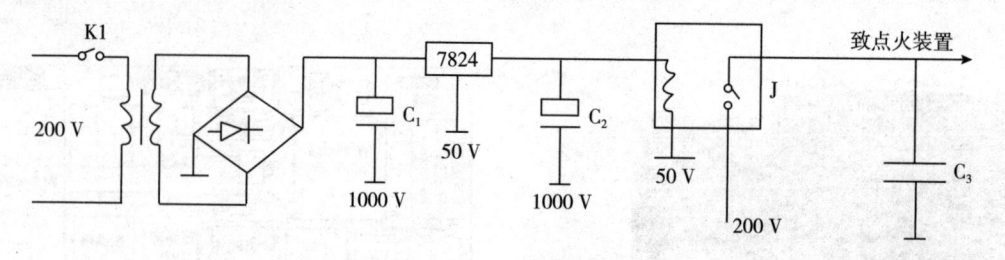

图 3-6 稳压电路图

表 3-5 实测电压值

发动机输出电压	点火继电器线圈端	点火工作端	喷油继电器线圈端	喷油器工作端Ⅰ	喷油器工作端Ⅱ
180	24	180	24	180	180
205	24	205	24	205	205
220	24	220	24	220	220
232	24	232	24	232	232
240	24	240	24	240	240

2）加装废气涡轮增压机。由于发电设备的条件限制，电压控制相对难一点，在发电机组的发动机上也可以加以改进，就这台DFLH60BX综合养护车而言，对W4105柴油机加装了废气涡轮增压机，使其动力性能在高原地区达到了正常功率，故而发电机亦能正常工作，可以确保输出电压稳定。

3）确保沥青拌和料的温度控制。由于喷油温度不易掌握，故而拌出的沥青拌和料其温度也难以控制，利用市售泛用型可调WSR温控器在烘干搅拌桶内设置温度感应塞，使WSR温控器触点串入喷油器Ⅱ 220V供电电路中可有效对温度加以控制且任意可调。确保沥青拌料的温度控制取得了事半功倍的效果。通过以上改进，DFLH60BX型综合养护车再没有出现不点火、点火断续不喷油、不供油的现象，而且温度控制良好，2009年此车在西久线拉脊山海拔3800m路段多次施工，没有出现上述故障，工作良好。

（3）结语。高海拔地区，由于受条件限制，公路养护往往效率低，养护时间短，机械设备不相适应是很自然的，靠厂家提供维修和供配件也不现实和浪费时间，影响施工工期，能从根源上对养护机械加以改进，使其适应青海的地理环境特点，对提高养护质量，降低养护成本，发挥出沥青路面平整度好、行车舒适，易于形成抗滑的优良特点，使我国的养护机械不断完善发展。

3.3 路面自动化检测技术

"检测自动化"是现代公路养护发展的趋势。目前，青海省国省干线已普遍采用CICS进行路面快速检测。2021年，青海省农村公路首次采用CICS开展检测工作。

路面技术状况自动化检测应符合现行《多功能路况快速检测设备》（GB/T 26764）和《公路路面技术状况自动化检测规程》（JTG/T E61）的规定。路面技术状况检测应采用自动化检测设备，每个检测方向应至少检测一个主要行车道。二、三、四级公路的路面技术状况检测宜选择技术状况相对较差的方向。路面技术状况自动化检测指标应包括路面破损率 DR、平整度指数 IRI、路面车辙深度 RD、路面跳车 PB、路面构造深度 MPD、横向力系数 SFC 和路面弯沉 l_0。其中，路面构造深度 MPD 和横向力系数 SFC 应为二选一指标。

（1）路面损坏自动化检测应满足下列要求：检测指标应为路面破损率 DR，每 10m 应计算 1 个统计值。路面损坏应纵向连续检测，横向检测宽度不应小于车道宽度的 70%。检测设备应能分辨约 1mm 的路面裂缝，检测数据宜采用机器自动识别，识别准确率应达到 90% 以上。

（2）路面平整度自动化检测应满足下列要求：①应采用断面类检测设备。②检测指标应为平整度指数 IRI，每 10m 应计算 1 个统计值。③超出设备有效检测速度或有效减速度范围的数据应为无效数据。

（3）路面车辙自动化检测应满足下列要求：①应采用断面类检测设备。②检测指标应为路面车辙深度 RD，每 10m 应计算 1 个统计值。③当横断面数据出现异常或横断面数据不完整时，该检测断面应为无效数据。

（4）路面跳车自动化检测应满足下列要求：①应采用断面类检测设备。②检测指标应为路面跳车 PB，每 10m 应计算 1 个统计值。

（5）路面磨耗自动化检测应满足下列要求：①应采用断面类检测设备。②检测位置应为车道的左轮迹带、右轮迹带和无磨损的车道中线。③检测指标应为路面构造深度 MPD，每 10m 应计算 1 个统计值。

（6）路面抗滑性能自动化检测应满足下列要求：①应采用横向力系数检测设备或其他具有有效相关关系的自动化检测设备，相关系数不应小于 0.95。②检测指标应为横向力系数 SFC，每 10m 应计算 1 个统计值。

（7）路面结构强度自动化检测应满足下列要求：①应采用与贝克曼梁具有有效相关关系的高效自动化弯沉检测设备，相关系数不应小于 0.95。②检测指标应为路面弯沉 10，每 20m 应计算 1 个统计值。③路面弯沉检测应满足现行《公路路基路面现场测试规程》（JTG E60）的规定。

[工程实例] 路面快速检测技术——以青海省 2016 年度公路养护报告为例

（1）检测道路基本情况。为及时了解和全面掌握青海省普通干线公路的路面技术状况及使用性能，客观分析青海省普通国省干线公路路面养护需求，提高养护工作和管理决策的科学性，受青海省公路局委托，公路养护技术国家工程研究中心（中公高科养护科技股份有限公司，以下简称"养护国家中心"）、青海省公路工程检测鉴定中心（以下简称"鉴定中心"）及青海省交通科学研究院（以下简称"省科研院"）对青海省普通国省干线公路开展了路面技术状况检测评定工作，根据现时路况对全省普通国省干线公路网进行了养护需求分析，通过不同养护方案的效果评估，分析"十三五"期间养护规划，结合当前路况及历年投资情况，提出 2017 年度养护建议计划。

本次检测评定共计 25 条普通国省干线，检评长度（上下行均进行检测）总计 12842.115 公里。全省检测里程占青海省公路局管养的 7545.4 公里普通国省干线（除在建及保通里程）85.18%，未检测路段主要为砂石路面、改建路段及现场施工等。其中，普通国道 5 条，检评长度（上下行合计）为 5867.440 公里，占比为 45.69%；普通省道 20 条，检评长度（上下行合计）

为 6974.675 公里，占比为 54.31%（见图 3-7、表 3-6）。

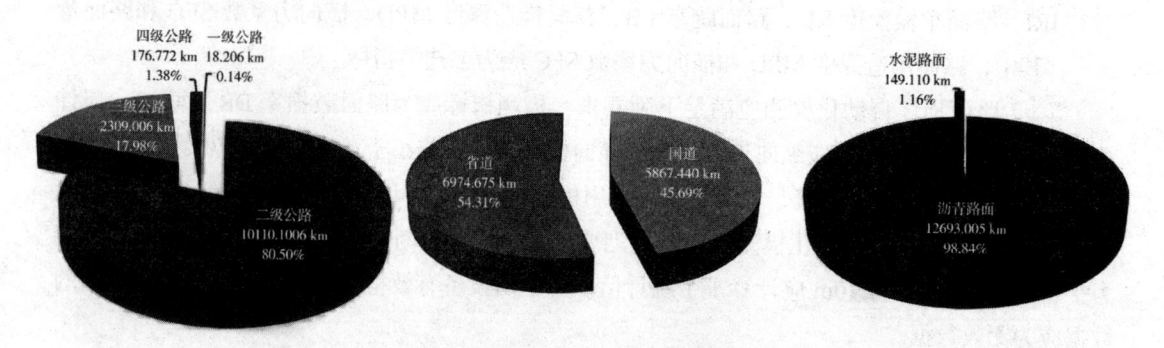

图 3-7 青海省普通国省干线公路技术状况检测的路面构成

表 3-6 青海省普通国省干线公路技术状况等级构成及路面类型分类

养管单位	检测长度（上下行合计，km）	技术等级				路面类型	
		一级公路	二级公路	三级公路	四级公路	沥青路面	水泥路面
格尔木公路总段	1803.006	0	1803.006	0	0	1803.006	0
果洛公路总段	1571.524	0	631.680	764.490	175.354	1541.058	30.466
海东公路总段	2095.853	0	1708.007	387.846	0	2015.163	80.690
海西公路总段	2667.012	18.206	2507.924	140.882	0	2667.012	0
湟源公路总段	2360.840	0	2032.300	327.122	1.418	2345.680	15.160
青海收费公路管理处	2.638	0	2.638	0	0	1.358	1.280
玉树公路总段	2341.242	0	1652.576	688.666	0	2319.728	21.514
总计	12842.115	18.206	10338.131	2309.006	176.772	12693.005	149.110

（2）检测依据的标准规范、检测指标及主要检测设备。本次路面技术状况检测评定和养护分析工作主要依据下列标准、规范和文件：①《公路技术状况评定标准》（JTG H20—2007）；②《公路沥青路面养护技术规范》（JTJ073.2—2001）；③《公路水泥混凝土路面养护技术规范》（JTJ073.1—2001）；④《公路路基路面现场测试规程》（JTG E60—2008）；⑤《公路路面技术状况自动化检测规程》（JTG/T E61—2014）；⑥《多功能路况快速检测设备》（GB/T 26764—2011）；⑦国家及交通运输部颁布的相关规范、规程、办法等。

本次路面检测指标主要包括 4 项：①路面破损；②路面平整度；③路面车辙；④公路前方景观图像。

检测设备采用目前国内先进的"多功能路况快速检测系统（CiCS）"，如图 3-8、图 3-9、表 3-7 所示。它是我国第一套具有完全自主知识产权和世界先进水平的多功能路况快速检测设备，能在正常车流速度下，一次性完成路面破损状况、路面平整度和前方图像等多项技术指标的检测工作。

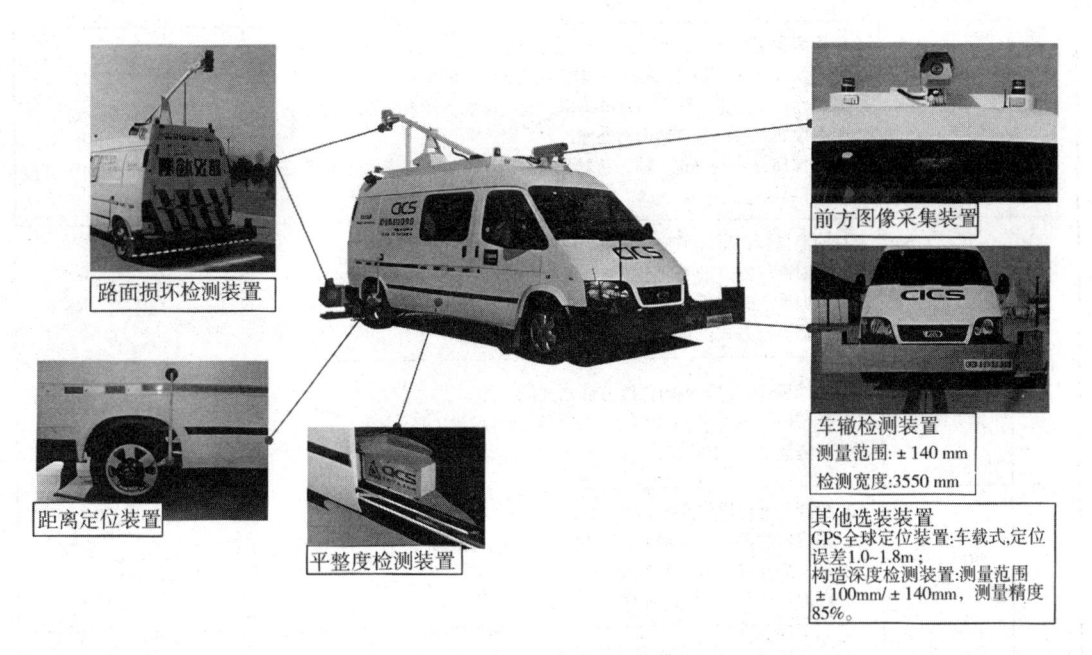

图 3-8 多功能路况快速检测系统（CiCS）

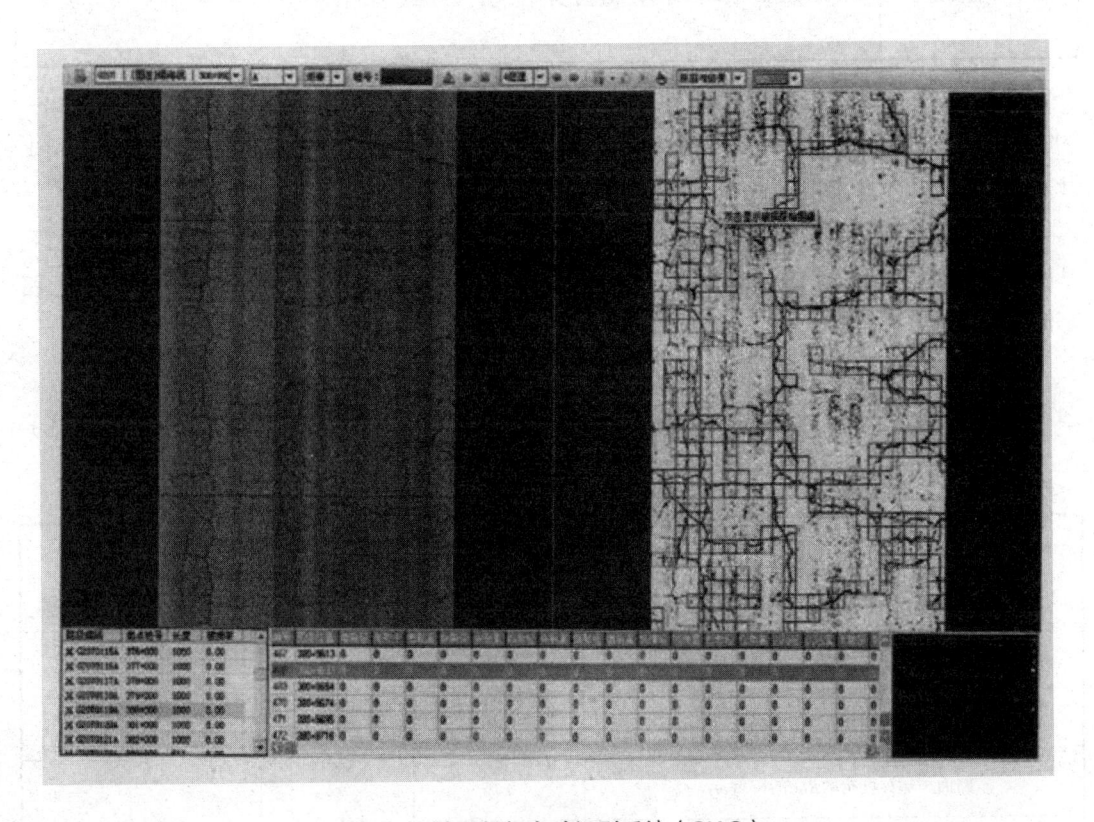

图 3-9 路面损坏自动识别系统（CiAS）

表 3-7 CICS 主要性能技术指标

序号	检测指标	技术性能
1	路面损坏	1. 检测宽度 265cm、290cm、360cm，标准配置为 265cm； 2. 图像分辨率：1±0.05mm（能够分辨的裂缝宽度）； 3. 识别精度：正常路面识别准确率达到《标准》要求的 90% 以上； 4. 图像处理：机器自动识别处理； 5. 图像储存：约 2m 一帧，每帧图像不小于 2048 像素（纵向）×2698 像素（265cm 横向），按 JPG 格式纵向连续存储
2	道路平整度	1. 检测指标：国际平整度指数（IRI）； 2. 相对高程测点准确率小于 0.5mm； 3. 纵向测点间距不大于 10cm； 4. 数据处理方式：实时处理并显示路面平整度
3	前方图像	1. 图像格式：以彩色图像按 JPG 格式储存； 2. 分辨率：不小于 1440 像素（宽）×1080 像素（高）； 3. 检测频率 50~100 帧/公里，可设定
4	路面车辙	1. 检测宽度：检测宽度≥350cm； 2. 传感器数量：13 个激光传感器，非均匀对称分布，平均测点间距小于 25cm； 3. 纵向测点密度不大于 25cm； 4. 数据处理方式：实时处理
5	检测速度	1~100km/h，实际运营速度取决于路面状况、交通流量和线形条件

（3）检测评定方法。路面技术状况评定依据《公路技术状况评定标准》（JTG H20—2007），采用评定工具为公路养护技术国家工程研究中心（中公高科养护科技股份有限公司）开发的"公路技术状况评定系统（MQI）"。

沥青路面使用性能评价包含路面破损、平整度、车辙、抗滑性能、结构强度五项技术内容。其中，路面结构强度为抽样评定指标，单独计算评定，评定范围根据路面大中修养护需求、路基的地质条件等自行确定。

路面综合使用性能采用 PQI 指标（见表 3-8、表 3-9）来表征，计算方法如下：

$$PQI = \omega_{PCI} \cdot PCI + \omega_{RQI} \cdot RQI + \omega_{RDI} \cdot RDI + \omega_{SRI} \cdot SRI \tag{3-1}$$

表 3-8 *PQI* 分项指标计算权重

PQI 权重系数	高速公路、一级公路		二、三、四级公路	
	沥青路面	水泥路面	沥青路面	水泥路面
路面损坏状况指数的 PCI 权重 ω_{PCI}	0.35	0.50	0.60	0.60
路面行驶质量指数 RQI 的权重 ω_{RQI}	0.40	0.40	0.40	0.40
路面车辙深度指数 RDI 的权重 ω_{RDI}	0.15	—	—	—
路面抗滑性能指数 SRI 的权重 ω_{SRI}	0.10	0.10	—	—

表 3-9 路面技术状况评价等级和评价标准

评价等级	优	良	中	次	差
PQI	≥90	≥80，<90	≥70，80	≥60，70	<60
PCI	≥90	≥80，<90	≥70，80	≥60，70	<60
$DR_{沥青路面}$	≤0.4	>0.4，≤2.0	>2.0，≤5.5	>5.5，≤11.0	>11.0
$DR_{水泥路面}$	≤0.8	>0.8，≤4.0	>4.0，≤9.5	>9.5，≤18.0	>18.0
$DR_{砂石路面}$	≤1.0	>1.0，≤4.0	>4.0，≤9.5	>9.5，≤17.0	>17.0
RQI	≥90	≥80，<90	≥70，80	≥60，70	<60
$IRI_{高速、一级公路}$	≤2.3	>2.3，≤3.5	>3.5，≤4.3	>4.3，≤5.0	>5.0
$IRI_{其他等级公路}$	≤3.0	>3.0，≤4.5	>4.5，≤5.4	>5.4，≤6.2	>6.2
RDI	≥90	≥80，<90	≥70，80	≥60，70	<60
RD	≤5	>5，≤10	>10，≤15	>15，≤20	>20
SRI	≥90	≥80，<90	≥70，80	≥60，70	<60
SFC	≥48	≥40，<48	≥33.5，<40	≥27.5，<33.5	<27.5
$PSSI$	≥90	≥80，<90	≥70，80	≥60，70	<60
SSI	≥0.95	≥0.80，<0.95	≥0.69，<0.80	≥0.61，<0.69	<0.61

注：DR 为路面破损率，为各种损坏的折合损坏面积之和与路面调查面积之百分比（%）；IRI 为国际平整度指数；RD 为车辙深度（mm）；SFC 为横向力系数；SSI 为路面结构强度系数，为路面设计弯沉与实测代表弯沉之比。

（4）检测结果。在本次检测评定中，青海省普通围省干线公路中沥青路面路况水平明显好于水泥路面，其中沥青路面的路面性能 PQI 均值为 84.0，水泥路面仅为 59.1。沥青路面的路面性能 PQI 优良路率为 76.54%，好于水泥路面的 7.69%；沥青路面的次差路率为 9.26%，好于水泥路面的 75.53%。分项指标中，沥青路面的路面破损 PCI 均值为 81.2，好于水泥路面的 64.2。沥青路面的平整度 RQI 均值为 88.1，好于水泥路面的 51.6（见表 3-10）。

虽然水泥路面在本次检测中长度比例仅为 1.16%，但水泥路面的路面性能 PQI 仅为 59.1，评定为差等，建议应集中整治水泥路面路况较差路段，提升水泥路段的路况水平（见图 3-10、图 3-11、表 3-11）。

表 3-10 各路面类型路面 PQI 及分项指标评定表

路面类型	路面性能 PQI			路面破损 PCI	平整度 RQI	检评长度（上下行合计，km）
	均值	优良路率（%）	次路率（%）			
沥青路面	84.0（良）	76.54	9.26	81.2（良）	88.1（良）	12693.005
水泥路面	59.1（差）	7.69	75.53	64.2（次）	51.6（差）	149.110

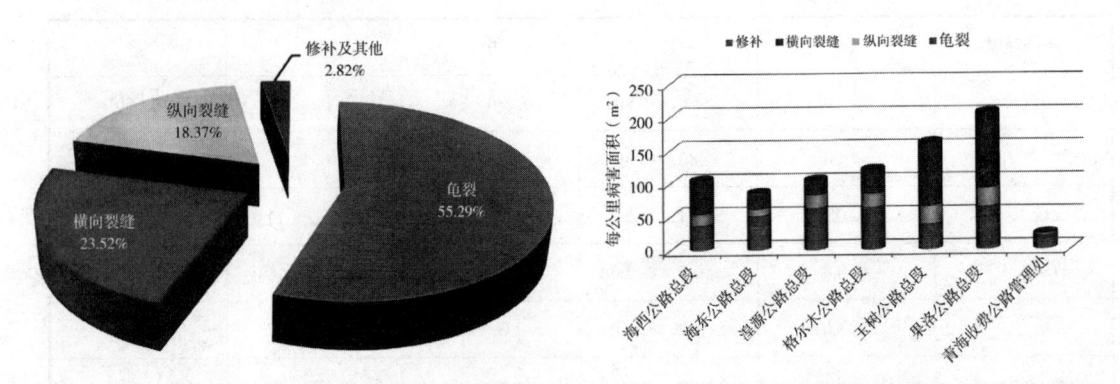

图 3-10 青海省普通干线公路沥青路面病害分布图

图 3-11 青海省各管养单位平均每公里病害情况统计图

表 3-11 青海省干线公路沥青路面破损统计表

养管单位	每公里龟裂面积（m²）	每公里纵缝长度（m）	每公里横缝当量数（条）	每公里修补面积（m²）	PCI 分值
海西公路总段	51.22	77.60	40.72	16.89	84.5
海东公路总段	24.73	43.79	32.48	35.02	83.1
湟源公路总段	23.61	88.63	54.32	34.92	81.1
格尔木公路总段	37.04	94.93	69.03	27.64	80.2
玉树公路总段	96.41	130.09	39.02	17.94	79.0
果洛公路总段	114.56	131.44	34.58	46.56	76.4
青海收费公路管理处	1.11	9.80	12.56	13.67	76.2
全省平均	55.79	92.67	44.77	28.48	81.0

（5）相应的养护对策。总结青海省公路养护的常见技术，分析梳理得到表 3-12 的结果，对各条路线的养护工作提出具体的指导策略，如表 3-12、表 3-13 所示。

表 3-12 大中修典型养护方案及养护单价表

路面类型	养护性质	养护方案	养护单价（元/平方米）
沥青路面	预防性养护	微表处/薄层罩面/超粘磨耗层等+病害处理	30
	中修	沥青混凝土罩面/4cm+病害处理	100
		沥青混凝土罩面/9cm+病害处理	170
	大修	沥青混凝土罩面/4cm+二灰（水稳）碎石/20~25cm+病害处理	145
		沥青混凝土罩面/9cm+二灰（水稳）碎石/20~25cm+病害处理	180
		沥青混凝土罩面/9cm+二灰（水稳）碎石/20~25cm+垫层	210
水泥路面	中修	水泥路面换板20%/24cm	140
	大修	水泥混凝土/24cm+二灰（水稳）碎石/24cm+病害处理	210

注：1. 表中所列费用不包含路面大中修工程可能涉及的交通设施附加费用；2. 表中所列养护单价来自省公路局调研数据，调研时间为 2016 年；3. 养护费用测算时，各项费用按有效路面面积乘以所采用的大中修及预防性养护方案的单价计算；4. 玉树地区为三江源保护区，无自采石料，材料费根据运距乘以 1.2 系数。

表 3-13 各条线路对应的养护策略（以 G109 线部分数据为例）

路线编码	上下行	起点桩号	长度(m)	PQI	PCI	RQI	养护类型	养护费用（万元）	优先级别
G109	上行	0	1500	66	65.7	66.6	中修	90	B
G109	上行	1916	1000	60	66.3	50.0	大修	87	A
G109	上行	2313.142	858	88.9	87.5	91	预防性养护	12	C
G109	上行	2314	1000	90.5	89.4	92	预防性养护	14	C

注：优先级别分为 A、B、C、D、E、F 共 6 个级别，分别对应国道差等路段、国道次等路段、国道预防性路段、省道差等路段、省道次等路段、省道预防性路段，其养护的优先次序为 A＞B＞C＞D＞E＞F。

3.4 雪害的防治

青海省的主要自然灾害是雪灾，根据 1961—2008 年青海省实际雪灾灾情资料中 188 次雪灾过程的总结分析，得出青海地区雪灾的特点。在雪灾空间分布上，青海高原南部（包括玉树、果洛、黄南南部、海南南部）及海西东部是雪灾发生的频发区；柴达木盆地和青海高原东部地区是低频区。近年来青海高原冬春秋季降水量增多，导致青海地区的雪灾发生频次均为上升趋势。

从青海高原范围来看，柴达木盆地和青海东部地区极少发生雪灾。柴达木盆地是青藏高原最大的沉陷区，气温高，海拔相对较低，又因是干旱气候，降水稀少，所以极少发生雪灾。青海东部区是青海高原海拔最低的地方，虽然冬春季降雪多，但温度较高，所以积雪易融化，很难造成长时间积雪，因此雪灾也发生得很少。而玉树、果洛、黄南南部、海南南部及海西东部是雪灾发生的高频区，特别是以玉树清水河为中心的地区仍然是各类雪灾发生的高频区，其次是海西东部的都兰及德令哈。

另外，省内学者利用青海省主要公路沿线 43 个气象站 2004 年 10 月~2016 年 4 月的地面气象观测资料和 2014—2016 年交通事故、交通管制、道路形态和车流量等资料，在分析青海省公路沿线强降雪时空分布特征、引起交通事故天气类型、路面状况和交通管制气象因素的基础上，研究了青海省公路交通沿线道路孕灾环境、承灾体和致灾因子。采用强降雪致灾因子为基础，加上承灾体、孕灾环境权重系数，最终建立了青海省公路沿线强降雪灾害性天气风险等级区划模型，并绘制了等级区划图。西宁地区、海北地区、都兰县是强降雪灾害性天气高风险区，此外，东部地区强降雪灾害性天气风险显著高于西部地区。

从青海省公路沿线逐月强降雪灾害风险区划可知，除 1 月份强降雪灾害高风险集中在 G227 线的西宁和青石嘴路段、G109 线的都兰路段、G227 线的大柴旦路段、S101 线的大武路段外，其余月份的强降雪灾害高风险主要集中在 G315 线的西宁—阴山桥—湟源—巴燕路段、G109 线的西宁—湟源—倒淌河路段和都兰路段、G214 线的西宁—阴山堂—湟源—倒淌河路段、国道 227 线的西宁—长宁—大通—黑泉水库—大坂山隧道—青石嘴—景阳岭—峨堡镇—门源—扁都口路段、省道 101 线的西宁—申北—上新庄收费站—尕让路段、省道 202 线的化隆县城等路段。这与青海省强降雪分布特征及青海省各路段车流量密切相关。

根据雪害的严重程度采取不同的应对措施。对无雪害区域要注意极端天气下的雪害，平时少量雪害及时清理维护。对于轻度雪害区域,应该以建造临时性防雪措施为主,如在雪害频繁的时期搭建挡雪墙。中度雪害区域,在道路设计阶段就应该考虑路基边坡比例以及路基横断面形式,以导雪为指导思想防治雪害。重度区不仅在道路设计阶段采取减小雪害的道路形式,而且应该种植防护林,建造浅槽风力加速堤通过固雪、输雪、导雪相结合的方式进行防治。

根据《公路路基养护技术规范》(JTG 5150—2020)11.8.1,雪害地段路基养护应保持防雪设施的完好,增设必要的防雪设施,路基两侧各15~20m范围内宜清除障碍,以防止路堤积雪,减轻雪害对公路及交通的危害程度。

另外,风吹雪路段路基及防护工程设施病害处治应符合下列规定:①公路两侧距边坡坡脚不小于30m范围内的障碍物应及时清除,并对地表进行整平,或根据条件设置防雪栅、防雪堤或挡雪墙等防雪设施。养护材料应堆放在路外的堆料台上,堆放高度不应高于路基高度;需堆放在路肩上时,应堆放在下风一侧,并使堆料顶部呈流线形。②防雪栅被雪掩盖或倾倒时,应及时进行清理或维修加固。活动式防雪栅被埋住2/3~3/4高度时,应及时拔出并重新在迎风侧的雪堆顶部安放。若原路基未设置防雪栅或发生缺失时,应及时进行增补。③轮廓标发生损坏或被雪掩埋时,应及时进行清理维护。④及时检修导风板,保持结构和功能完好。其中,下导风板应在雪季终止后进行检修,屋檐式导风板和防雪墙应在雪季前进行维修。⑤防雪林带应指定专人养护管理,并控制林带的高度和透风度。⑥存在雪阻时,应及时用人工、推土机或除雪机等机械清除路面积雪,尽快恢复交通。弃雪应抛掷于下风一侧,以免造成重复雪阻。

[工程示例]新疆塔城地区公路雪害防治技术

位于塔城公路管理局辖区的"老风口"、玛依塔斯路段以强烈的风吹雪灾害闻名于新疆内外(见图3-12)。每年因风吹雪灾害引起的道路阻断达几十次。特别是山区公路的垭口路段更是狂风肆虐,风吹雪形成的积雪最高可达7~8m,车辆无法正常通行,主要雪害防治技术简要介绍如下。

图3-12 省道201线玛依塔斯路段风吹雪、积雪灾害

(1)公路磁诱导装置——保障救援。磁诱导系统由预先埋设在道路上的磁性路标和车载磁性传感器两部分组成,磁性路标即为沿车道离散布设的磁性道钉,形成沿车道行驶方向的诱导磁场,车载磁传感器用于实时探测诱导磁场的信号,为车辆提供诱导信息(见图3-13)。与道路标线、反光突起道钉相比,磁性路标具有不受恶劣气候条件及路面积雪的影响、全天候工作的优点,即使冰雪埋没路面也一样有效(见图3-14、图3-15)。因此,该技术可以全天候为除雪车辆驾驶员提供视线诱导功能,防止车辆偏离车道,达到安全除雪及抢险的目的。从2004年至2013年,对S201线K27+675~K76+400(风吹雪灾害严重路段)共计48.8km进行了磁道钉布设。

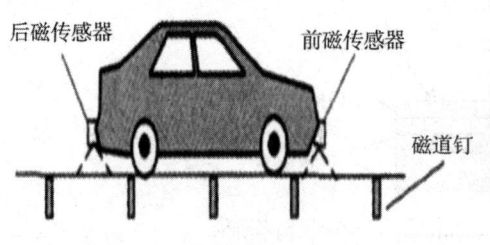

| 图 3-13 车载磁感应器 | 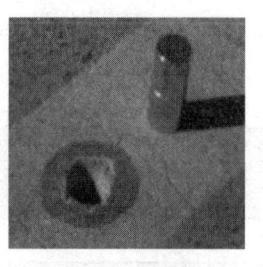 图 3-14 磁道钉 |  图 3-15 磁传感器确定车辆位置 |

实施效果评价：实践证明，"磁诱导"技术能提高救援效率，为及时抢险提供了有力的技术保障，减少了因封路带来的负面影响和经济损失。在能见度接近零的情况，在救援被风雪围困人员的过程中，该系统在磁道钉铺设区能够提供扫雪车相对道路的具体位置，并可以显示前方障碍物相对位置和距离信息，有效地保障了车辆及驾驶员自身的安全，在桥梁区域、垭口区域及深边沟区域进行危险路段报警提示，进一步提高了安全性，充分体现了该系统在风雪天的作用，大大提高了救援工作效率。

（2）风雪灾害防治工程——安全保障。自 2012 年 11 月至 2013 年 10 月，在 S221 线玛依塔斯路段实施了风雪灾害防治工程一期工程，主要有视线诱导标、挡雪板、管式化风墙、敞开式路基断面等综合治理措施（见表 3-14）。

表 3-14 实施项目一览

序号	项目	位置	工程量	作用
1	视线诱导标	S201 线额敏至铁厂沟路段	8 处 / 491 根	低能见度情况下，确定路面位置
2	挡雪板	S201 线 K38+946~K39+294	1 处 / 360m	阻雪作用，阻雪高度与挡雪板基本同高达 4m
3	化风墙	S201 线 K50+500~K50+800	1 处 / 300m	减弱风力
4	敞开式路基	S201 线 K68+178~K68+656	1 处 / 478m	拓宽路基，减少路面积雪

太阳能视线诱导标为全疆首度较大规模地安装使用，挡雪板、管式化风墙为首度使用。社会各界群众特别是司驾人员，普遍反映已完成的防风雪工程设施在大风、能见度极差条件下，能减少路面积雪、提高驾驶人员的可视度，安全系数大为提高。

（3）防风林。为确保老风口路段冬季道路畅通，减少风灾雪害的发生。1983 年在 S221 线 K113+500~K117+400 路段进行了防风林带的种植实验，防风林设置在 S221 线前进方向左侧，距离公路边缘线 155m，由 3 个林带组成，林带间隔为 12~17m 不等，每个林带由 6~8 道树林组成，树种为杨树、榆树、沙枣树，排列顺序是榆树和沙枣树在两侧，杨树在中间，起到层层阻雪的作用。由于效果明显，1993—2004 年塔城地区对老风口开展了生态治理二期工程，目前已形成 23km 的防雪林（见图 3-16）。

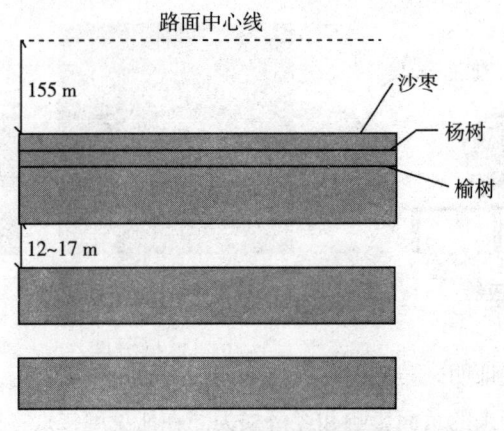

图 3-16　防风林布设示意

根据实地调查发现，风遇到林带后减速，风中夹带的雪粒在林带中堆积：①每个防风林带的 1 道、2 道树林阻雪量达到 20%~30%；②3 道、4 道林带的阻雪量达到 50%~60%；③5 道、6 道林带的阻雪量达到 5%~10%；当风吹雪经过 3 个防风林带后，到达路面的积雪大大减少，能明显减小冬季老风口路段的风吹雪灾害，保障该路段的畅通。

3.5　路面主动除冰雪技术

中国 80% 的道路位于冰雪影响区，路面的积雪结冰问题是影响寒区道路运行安全和运输效率的关键瓶颈，目前，道路除雪方法主要采用人工除雪、机械除雪以及撒布融雪盐等方式。

（1）人工与机械清除法。人工与机械清除法是最典型也是最传统的道路除冰方法。人工清除法一般使用铲子、镐头等比较简易的工具进行除冰雪工作。人工清除法清除冰雪较干净彻底，对设备要求低，但是效率极低，费用较高，工作时影响车辆通行，无法长时间作业。因此，人工清除法通常在公路路面除冰雪过程中起协助作用，并且通常在难以进行机械除冰的难点路段使用。

机械除冰雪方法效率高，效果比较明显，是中国道路主要使用的冬季除冰雪方法。几十年来，机械除冰雪设备有了长足发展，有专用的除雪机或与汽车、拖拉机配套的除雪机具。如德国的 VF5 型专用除雪机，除雪能力达 4500 $t \cdot h^{-1}$；日本的小松 RSS6S Ⅲ 除雪机，除雪能力为 35 $t \cdot h^{-1}$，在家庭、庭院、社区街道均可使用。机械除雪过程会阻碍交通，除净率不理想，而且容易损伤路面结构。目前，国内生产的铲雪机功能比较单一，设备利用率低，而国外综合性的除雪机械价格昂贵，维修保养费用高。

（2）热力融冰雪技术。热力融冰雪技术利用外部热源加热路面，使路面温度高于水的冰点，从而延缓路面冰雪的形成，并清除已形成的冰雪。

1）发热电缆除冰雪技术。在路面下方铺设发热电缆或电热丝，以电力为能源，将产生的热量传导至路面以融化冰雪。该技术无污染，除冰性能稳定，操作方便易控制。但该方法尚未进行大规模应用，原因主要有：耗能较大，运营费用高；安装、维修复杂，初期投资大；电缆强度难以保证。

2）流体循环加热技术。流体循环加热道路融雪除冰技术是指将管道铺装在路面结构中，热流体经过管道时释放热量，使路面温度保持在一定范围内，防止道路结冰或者融化道路冰雪，加热源常有地热、温泉水、太阳能、天然气及城市余热等。

流体循环加热道路融雪除（防）冰是一项很有前景的技术，可以因地制宜地利用可再生资源，或者与楼宇空调、城市供热相结合，节能功效明显，便于实现自动化处理。中国关于这方面的研究还处于起步阶段，且由于成本较高尚未进行实际推广，但在理论研究上取得了一些不错的成果，这为中国流体循环加热道路融雪除（防）冰技术的发展及应用奠定了坚实基础。

3）导电混凝土技术。导电混凝土技术是指在路面材料中加入导电碳纤维、石墨等导电物质，提高混凝土的导电性能。在通过电流时，利用其热效应加热道路，达到预防或融化冰雪的目的。

国内对于导电混凝土技术仍处于理论研究和室内试验阶段。唐祖全等以短切聚丙烯腈（PAN）基碳纤维为导电材料制备了碳纤维混凝土薄板，通过不同的电热层布置方式，对其融雪除冰性能进行研究。结果表明：采用导电混凝土覆层的形式设置电热层可以减少能耗，并高效率地融雪除冰。吴学伟以石墨、碳纤维为主要导电材料制备了导电沥青路面，进行融雪除冰方面的探索。结果表明，掺入导电材料可以有效降低导电 SMA 的电阻率，从而提高其功率，融冰除雪效果良好。

4）微波除冰技术。美国于 20 世纪 80 年代提出了利用微波加热并结合机械除冰装置来清除道路积冰的理论。长安大学研究发现，微波与磁铁具有较强的耦合发热效应，进一步提出了将磁铁矿石破碎成集料铺筑沥青路面以提高道路微波除冰效率的研究设想。由于微波除冰效率较低，难以实现快速除冰的目的，因此，微波除冰技术尚未能实现的真正大规模应用。

5）相变储能除冰雪技术。该技术利用一种特殊的有机物相变材料（PCM）固液态转变时释放的热量来融化冰雪。先在路面下方铺设管道，管道中封装着相变材料。当温度较高时，固体材料吸热转化为液态；当温度降至冰点左右时，材料开始放热，由液态往固态转化，释放的热能使路面温度长时间保持在冰点以上，从而抑制路面结冰，并融化积雪。

此种技术于 2012 年 11 月首次应用于湖南省某高速公路连接线匝道桥面上。试验结果表明，其融冰效果较好。这项技术对路面无损害，不会对环境产生影响。但由于该技术存在成本较高、尚不成熟、养护困难以及对路面材料、结构和施工要求过高等局限性，并未得到大规模应用。

（3）融雪剂。撒布融雪剂是目前国际上较为流行的一种路面除冰手段，但是在路面出现积雪结冰的情况下采用，会影响道路通行能力。此外，融雪剂渗入路面结构中，会对路材料产生不同程度的化学腐蚀，引起路面材料与结构的破坏，缩短路面使用寿命，且污染周围环境。截至目前，在中国道路冬季除冰雪工作中，融雪剂被广泛使用，研究低成本、高效率且无环境污染的融雪剂成为当务之急。

（4）析出式蓄盐混合料技术。蓄盐混合料技术是用一种以盐化物材料代替部分或全部矿粉而形成的沥青混合料铺筑路面（见图 3-17、图 3-18），混合料内部盐化物有效成分不断析出，降低冰点，融化积雪，达到防冻目的。中国于 2008 年在陕西蓝商高速上采用该材料铺筑了长约 1 km 的融雪化冰试验路，效果较为显著，但是，盐化物的融雪寿命较短，从而限制了其大面积应用。

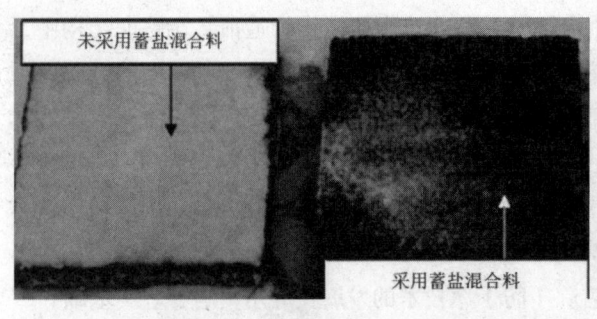

图 3-17　蓄盐型沥青混合料融雪效果　　　图 3-18　弹性破冰混合料

（5）自应力弹性路面。该技术利用废旧轮胎橡胶颗粒的弹性，当橡胶颗粒受到外力作用时，产生较大形变，从而破坏路面冰层，该技术主要包括橡胶颗粒沥青路面和镶嵌类铺装技术。

使用自应力路面进行除冰理论可行，但是目前缺乏试验路的相关数据，实际效果有待验证。另外，大量室内试验结果表明，仅靠橡胶颗粒的自应力除冰效果不佳，需要加入除冰盐。但是盐类物质又会对其他路用性能产生不利影响。

（6）路面涂层技术。利用超疏水材料制备的抗凝冰涂层，已经被广泛应用于航天、电力等领域，可有效降低基质表面的覆冰量及冰与基质表面间的附着力，是一种有效的除冰雪方法。超疏水涂层应用于公路路面具有良好的防冰除冰效果，但是在车轮反复碾压、阳光和雨雪等复杂外界因素的综合作用下，容易从道路表面脱离，逐步丧失疏水疏冰效果。此外，大规模生产超疏水材料的工艺及施工设备尚未取得技术突破，生产成本过高，这大大限制了涂层的推广应用。

综上所述，目前国内外常见冰雪路面处治技术见表 3-15。

表 3-15　国内外抗冰雪路面处治情况对比

除冰雪方法	优点	缺点	适用范围
缓释型盐化物	日本马飞龙 MFL 瑞士路丽美 国产拓普路等	已国产化，价格较低后期养护较方便	使用年限有限	轻度区、暗冰区
热融化法	碳纤维加热法	除冰雪效果明显，无污染	前期投入成本高，会导致沥青混合料老化，能耗大，制造工艺复杂	适用于桥面和隧道进出口、长下坡等重点路段
自动喷类	自动喷洒系统＋环保型融雪剂	防二次结冰性能强，环保对路用性能影响小	前期投入成本高，融雪剂消耗大	有条件设置机房和存储罐的桥面和路基

3.6　公路涎流冰防治

涎流冰与冻胀、雪阻等冰冻问题一样，都是寒冷地区尤其是高寒地区公路建设中所面临的常见病害与特有难题。公路涎流冰主要出现在我国寒温带、中温带和高原气候区。

在寒冷气候条件下，山区公路挖方边坡截断地下含水层，随着气温的降低，地表向下冻结，季节冻融层发生变化，使原来的冻结层上潜水变成承压水。承压水随着上部冻结层的加厚和过水断面的减小，其压力逐渐增大，在地表盖层薄弱处被挤出或在水头压力下破坏盖层，使地下水流出，漫流在路面上，从下而上逐层冻结，漫延整个路幅，形成可达数十米乃至百余米冰体，这样的冰体在道路工程中称为涎流冰，而形成涎流冰的水称为涎流水（见图3-19、表3-16）。

图3-19　G219线K2862+800、G318线K5068+100涎流冰示意

表3-16　近年来发生涎流冰病害公路的不完全统计

公路名称	等级	病害路段	病害情况
吉（林）延（吉）	高速	K60+100~K60+800	K60处沟渠排水不畅形成涎流冰，K61处涵洞孔
青海省道西（宁）-久（治）线	三级	K480+000~K492+000	此路段涎流冰有几十处之多，小则面积为几十平方米，大则可达两千平方米，厚度为十几厘米至两米涎流冰覆盖道路，造成道路光滑、不平、冰坎、冰槽等
国道315线	二级	K315+200~K316+700	河水涎流冰漫路，路面淤冰长达160米，给过往车辆带来行车隐患
玉树地区结古公路	三级	K668+300~K669+721	边坡开挖导致地下水出露，在路面上形成涎流冰，导致交通中断
延安至吴起高速	高速	K93+400~K93+600	隧道内涎流冰纵向绵延数十米，横向半幅车道被冰体覆盖，消防栓被冻坏
呼伦贝尔公路	三级	K20+000~K35+000	路线穿过密林，水位埋深很浅，地下水遭到破坏，地下水露头漫延形成几十米的公路涎流冰
国道216线阿勒泰段	二级	K40+350~K40+850	公路左侧边坡面常年处于渗水状态，冬季形成规模较大的坡积冰
西藏山南地区环线公路	三级	K5+500~K5+640 K5+750~K5+900 K99+560~K99+700	地表径流水产生的涎流冰较严重，主要有两处泉水涎流冰和3处溪水涎流冰

3.6.1　《公路路基养护技术规范》（JTG 5150—2020）相关规定

（1）涎流冰地段路基病害可选用聚冰坑（沟）、挡冰墙（堤）、冻结沟等工程措施进行处治，并应符合下列规定：①挡冰墙（堤）应设在边沟外侧；当聚冰量大时，可在挡冰墙（堤）外侧设置聚冰坑（沟）。挡冰墙（堤）可采用浆砌片、块石砌筑，高度宜为1~2m。②聚冰坑（沟）的底宽宜为1.5~3.0m。土质地段的聚冰坑（沟）可根据坡面渗水和土质情况，在边坡坡脚设置干砌片石矮墙。③冻结沟应采用浆砌片石防护。

（2）涎流冰地段路基应加强排水设施的养护、保温处理及融冰水的清理，必要时应进行增设，并应符合下列规定：①山坡涎流冰地段的路基应设置完善的排水系统，必要时可加宽、加深边沟，或设置挡冰墙（堤）、聚冰坑（沟）等设施。聚冰坑（沟）处应设置净空较高的涵洞排除融冰水。当山坡地下水量较大时，可设置渗沟、暗沟等地下排水设施。②冲积扇或缓山坡上的涎流冰地段，可在路基边坡外设置聚冰沟，聚冰沟的下方宜设置挡冰堤。聚冰沟横断面应根据地形、地质、水量、聚冰量确定，沟深和底宽宜为0.8~1.2m，并做好聚冰沟与排水设施的衔接处理。挡冰堤高度宜为0.8~1.2m，堤顶宽度宜为0.6~1.0m，边坡坡率不宜陡于1：1.5；

采用干砌片石铺砌时，边坡可陡至1∶0.5。③采取排、挡、截等防治措施时，应保证自然排水系统的畅通。

（3）涎流冰地段路基病害处治施工应符合下列规定：①涎流冰地段路基排水系统、挡冰墙（堤）等出现破损，或截水沟、排水沟淤堵时，应及时修复、清理疏通。②对涎流冰加重或原有处治措施失效的情况，应及时采取措施进行增强处理。③秋末冬初对需要保温的部位应采用人工堆放积雪、干草等增强保温措施，并可根据需要增设临时挡雪堤。④地下排水设施应设在冻结深度以下，出水口高出地面不应小于0.5m，并应做好出水口的保温措施，或采用开挖纵坡大于10%的排水沟措施。

（4）特殊气候应加强冬季巡查，对临时出现的涎流冰，应及时人工刨除；对有可能威胁公路运营的涎流冰，应采取临时排水、排冰措施。

3.6.2 涎流冰防治相关示例

[工程示例] 宁果公路涎流冰概况

宁果公路区域内地形地貌与水文地质复杂，由于公路施工破坏了地下水的平衡，在冬季时，涎流冰病害非常严重，且持续时间很长，从10月底持续到来年4月初。由于路线处于高海拔地区，这里昼夜温差非常大。涎流冰白天消融，夜间冻结，整个冬季一直处于融冻交替状态，对行车和路基路面的危害非常大（见表3-17）。

表3-17　果洛地区主要气候指标

最冷月（一月）平均气温/℃	极端最低气温/℃	年平均气温/℃	最热月（七月）平均气温/℃	年平均降水量/mm	土壤冻结时间
-11.5	-35.9	1	25.4	505	10月中旬

通过资料查阅和病害区调查，针对该地区公路涎流冰的危害，采取的主要防治措施有以下几个。

（1）绕避。在寒冷地区道路修筑时，应详细勘察当地水文地质情况，标记河流位置，调查植被覆盖情况，走访附近居民，寻找水源，尽量避免在近河、水源充沛、喜水植物生长茂盛的地带修筑公路。

（2）拦截。若地形较平坦，在路基上游一定的距离修建截水防冰墙，地上部分冬季可以阻挡冰体，地下部分可阻拦地下水，如图3-20所示，使冻结期内形成的涎流冰全部储存在防冰墙内，达到阻拦涎流冰上路的目的。待到春融时，再通过坝内的泄水孔将融化的冰雪水排出路基外。例如，K354+146处，原有小桥一座，八字墙两侧设有草皮砂石土坝。由于建桥时对孔径和淤冰高度考虑不足，冬季桥下积冰漫过桥面，在路面上形成长达500m的涎流冰，严重影响行车安全。最后，经综合考虑，在该处做了一道总长340m的挡冰坝，将该挡冰坝做成U形，两侧为草皮砂石场，中间为铅丝石笼，并留有2m宽的泄水孔，以保证雨季泄洪和常流水的排出。

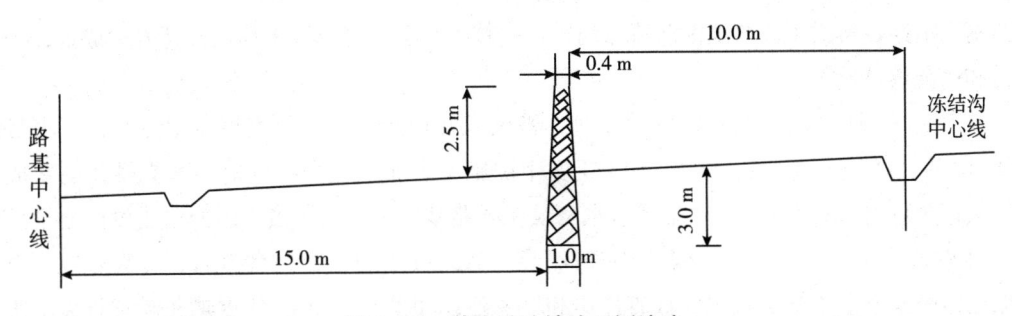

图 3-20　截水防冰墙治理涎流冰

（3）引导。存在泉水涎流冰的路段，将泉水通过一定的人工构造物从地下引导出路基，即在泉水源头修筑渗池集水，通过保温盲沟，穿越路基排出。对比较分散的水源可以修一道或两道铅丝石笼，背后填筑红黏土将水截住，铅丝石笼缝隙排水，上侧为铅丝石笼，下侧为保温盲沟，也可做成浆砌片石的工程结构物，利用碎卵石将水排出。例如，果洛公路 K374+000 处，有一处泉水，处理前冬季有 10m 长的涎流冰漫涎公路，采用水源集中修建渗池集水，再由保温盲沟将泉水引出路基以外。K420+713 处泉水流量较小，为 0.5~0.8m/h。对于这种涎流冰，采用引导和渗流的方法。首先确定水的发源地，找出"泉眼"位置，如果是单个泉眼，可做保温渗沟，排至路基下方，如果是多个泉眼，必须依地形条件将所有泉眼的水顺坡向或横坡向用截水墙或保温渗沟降低水位的方法，将水汇集到一个较大的渗池内，然后用保温盲沟或保温暗管排到路基的下方。三年观测效果较好，解决了涎流冰漫涎公路问题，保证了冬季交通运输安全。

[工程示例] 高寒地区潜水型涎流冰路基施工工法（黑龙江省龙建路桥第四工程有限公司申报）

1　前言

自 2009 年以来，黑龙江省在小兴安岭北麓高寒地区吉黑高速公路北安至黑河段工程建设项目中，因纵断设计需要，挖方路堑部分开挖造成层间潜流外露，因内外水压力的差异，造成潜水外流，冬季气温下降，地下潜水扇形溢处，漫流到路面上，自下而上逐层冻结，形成涎流冰，因层间潜流出水量的不同，形成体积不等的涎流冰冰体，浸泡路基路面，严重影响路面的使用寿命，对冬季车辆通行构成严重安全威胁。潜水扇形溢处，漫流到路面上，从下而上逐层冻结，形成涎流冰，因层间潜流出水量的不同，形成体积不等的涎流冰冰体，浸泡路基路面，严重影响路面的使用寿命，对冬季车辆通行构成严重安全威胁。

为了解决涎流冰病害，保证冬季行车安全，我们公司成立技术研发小组，专项研究高寒地区潜水型涎流冰路基施工技术方案。经过技术研究和现场实践解决了高寒地区潜水型涎流冰路基施工的技术问题，通过对涎流冰病害形成原因的分析，层间潜水涎流冰病害的形成是因为路堑开挖后，切断潜水层，导致层间水外露，破坏原有自然疏水状况造成的。结合实际情况，制定导、蓄相结合的处理措施，完善地表排水系统，采用设置深层砂砾盲沟、蓄冰池，使地表水、层间潜水远离路基，避免形成涎流冰，导致路基破坏，保证冬季行车安全，确保道路畅通，并在此基础上总结出了高寒地区潜水型涎流冰路基施工工法。

该施工工法先后在吉黑高速公路北安至黑河段工程建设项目和前锋农场至嫩江公路伊春至嫩江段工程建设项目的工程实践中得以应用和完善。以上两个工程都取得了良好的效果，提高了路基稳定性，解决了高寒地区涎流冰病害这一技术难题，降低了工程造价及养护成本，经济效益和社会效益显著。

本工法关键技术于2014年12月3日，被国家知识产权局授予实用新型专利，证书号第3956572号；2015年10月，荣获2014年度中国施工企业管理协会科学技术奖科技创新成果二等奖；2011年12月，《高寒地区潜水型涎流冰路基施工工法》被中国公路建设协会批准为2011年度公路工程工法，工法编号：GGG（黑）A3014-2011；2016年9月，《高寒地区潜水型涎流冰路基施工工法》被黑龙江省住房和城乡建设厅批准为2015年度黑龙江省省级工法，工法编号：Hgf2014-034。

2 工法特点

2.1 本工法通过对涎流冰病害形成原因的分析，多处层间潜水涎流冰病害的形成是因为路堑开挖后，切断潜水层，导致层间水外露，破坏原有自然疏水状况造成的。结合实际情况，制定导、蓄相结合的处理措施，完善地表排水系统，采用设置深层砂砾盲沟、蓄冰池，使地表水、层间潜水远离路基，避免形成涎流冰，解决了高寒地区涎流冰病害这一技术难题。

2.2 保证了冬季行车安全，确保了道路畅通，降低了工程造价及养护成本，经济效益和社会效益显著。

3 适用范围

本工法适用于高寒地区各级公路潜水型挖方路基施工。

4 工艺原理

通过完善地表排水系统，采用深层砂砾盲沟、蓄冰池，制定导、蓄相结合的处理措施，将潜水涎流冰引至远离路基范围外，以保证路基稳定。

5 施工工艺流程及操作要点

5.1 施工工艺流程

施工工艺流程见工艺流程图（见图3-21）

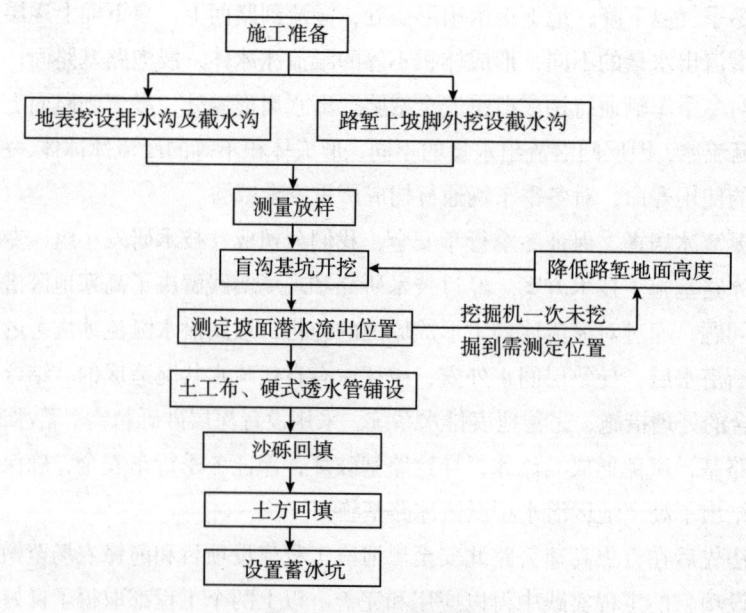

图3-21 施工流程图

5.2 操作要点

5.2.1 完善地表排水设施，排除路基地势较高一侧的坑洼地积水。

坑洼地积水是地下层间潜水补偿的主要来源之一，通过在地表挖设排水沟及截水沟，将汇水及时排放到远离路基的河流或洼地，减少地下层间潜水补给源，降低层间潜水的出口流量。

5.2.2 在路堑上坡脚外侧设置较大尺寸截水沟，及时排除地表汇水。

在路堑上坡脚外5m，根据汇水面积计算，设置纵坡较大，断面尺寸较大的截水沟，确保夏季地表水、春季融化冰雪水及时排放，最大限度地减少潜水补给源。

5.2.3 在路堑上坡脚外10~15m设置深层砂砾盲沟，将层间潜水导到路基范围外。

（1）测定坡面潜水流出位置，确定盲沟沟底纵断高程。根据坡面潜水流出位置，测定出水位置距离地表高度，设计盲沟沟底纵坡，一般不小于2%，盲沟沟底以低于出水位置50~100cm为宜（实际施工时，以保证沟底纵坡为准，根据纵坡需要确定），开挖时严格按照设计的沟底高程开挖，保证汇集于盲沟内的潜水顺利排出。

（2）根据测定层间潜水流量，确定盲沟断面几何尺寸。通过长期对不同断面观测，掌握层间潜水流量，根据层间潜水流量大小，查看当地气象部门历年的降水量，兼顾安全原则，确定盲沟断面尺寸，宜比最大层间潜水流量大10%~20%，保证层间潜水顺利排出。

（3）降低路堑地面高度。盲沟底部位于潜水出水面以下，挖掘机无法一次挖掘沟底高度，因此，采用降低路堑高度，然后进行盲沟基坑开挖。

（4）塌方段落处理。在开挖盲沟基坑过程中，局部砂层较厚、潜水流量较大部位极易塌方，如遇到这种情况，采用梯形断面，侧面坡度采用1∶1.5（根据实际情况而定），采用砂砾回填。

（5）土工布、硬式透水管铺设及砂砾回填。盲沟基坑开挖完成后，人工清理基坑底部洒落土方，并整修沟底及边部，保证土工布与盲沟基坑边部平顺接触，先在沟底及靠近路基侧基坑侧面铺设隔渗土工布，两个部位土工布必须为一个整体，土工布与土工布相连接处搭接20cm，采用专用胶连接，避免渗水；之后铺设硬式透水管，透水管铺设要顺直，间距一致，管与管间用管箍连接，然后铺设反滤土工布，方式与隔渗土工布铺设一致，最后回填砂砾，砂砾回填采用挖掘机回填，严禁采用装载机或自卸汽车直接倾倒，防止损坏透水管及土工布，回包反滤土工布于砂砾顶面上，防止回填土进入砂砾，影响潜水渗透效果。

（6）土方回填。在砂砾回填、反滤土工布回包完毕后，分层回填土方，采用履带式设备压实。

5.2.4 设置蓄冰池

在盲沟出水口根据潜水流量，在沟槽及洼地设置蓄冰池，蓄冰池大小根据潜水流量确定。

5.2.5 劳动力组织

劳动力配备见表3-18。

表 3-18 劳动力配备表

序号	工种	人数	作业内容
1	工长	1	施工现场的管理、安排
2	质检员	1	施工过程监控、工程质量检验
3	测量员	1	施工作业面放样
4	试验员	1	试验检测
5	机械操作手	8	整平、碾压等
6	民工	10	作业面辅助生产

6 材料与设备

6.1 材料

6.1.1 砂砾

采用粒径大于 4.75mm 砂砾，洁净、无杂物、含泥量不大于 3%。

6.1.2 土工布

盲沟底部及靠近路基边部一侧铺设长丝隔渗土工布，单位重量不小于 $500g/m^2$，纵横向断裂强度不小于 12kN/m，CBR 顶破强力不小于 2.0kN，纵横向撕破强力不小于 0.4kN，膜厚 0.25~0.35mm。

盲沟砂砾顶部及与潜水流出侧设置短丝反滤土工布，单位重量不小于 $300g/m^2$，纵横向断裂强度不小于 9.5kN/m，CBR 顶破强力不小于 1.5kN，纵横向撕破强力不小于 0.24kN，布厚不小于 2.4mm。

6.1.3 硬式透水管

在盲沟底部，隔渗土工布上铺设两根硬式透水管，间距 50~100cm（根据盲沟宽度来确定），直径 200mm，上半部分 2/3 带有小孔，下半部分 1/3 为不带孔，集水部分 65%~75%，排水部分 25%~35%，主孔径＞3mm，主孔面积＞$7.5mm^2$，开孔率＞8000 个/平方米（展开），环刚度＞1.0kPa。

6.2 主要机械设备配备（见表 3-19）

表 3-19 主要机械设备配备表

序号	机械设备名称	规格型号	单位	数量	备注
1	装载机	ZL50	台	3	
2	挖掘机	日立 300	台	2	
3	自卸汽车	15T 以内	台	5	

7 质量控制

7.1 质量控制标准

7.1.1 《公路路基施工技术规范》JTG F10—2006

7.1.2 《公路工程质量检验评定标准》（JTG F80/1—2004）

7.2 施工过程中的质量控制

7.2.1 保证材料砂砾、土工布、硬式透水管符合质量要求。

7.2.2 对潜水存在位置、潜水体积（流量）严格测定，保证深层砂砾盲沟尺寸准确、设置位置准确。

7.2.3 专人负责沟底高程控制，保证沟底纵坡坡度，以便潜水顺利排除。

7.2.4 专人负责保证硬式透水管布设位置准确。

7.2.5 土工布铺设准确、满足搭接宽度，防止覆盖土进入，影响潜水排放效果。

8 安全措施

8.1 应遵照中华人民共和国行业现行标准《公路工程施工安全技术规程》及《公路项目安全性评价指南》的要求进行。

8.2 应遵照国家颁布的有关安全技术规程和安全操作规程办理。

8.3 加强安全教育，提高施工人员的安全意识，同时在开工前由技术主管向全体施工人员进行工程技术及安全交底。

8.3 施工区出入道路安排设置明显安全标志，安排专人指挥交通，保证施工安全。

8.4 施工现场指挥人员着安全服装，旗语明确。

9 环保措施

9.1 认真贯彻执行国家相关环境保护的法律法规。

9.2 具体的环保措施

9.2.1 挖除弃方运输至弃土场。

9.2.2 盲沟完成后，重新覆盖腐殖土，恢复地表植被。

9.2.3 盲沟出水口直接引至桥涵等原有构造物。

10 资源节约

本工法的应用取得了良好的效果，提高了路基稳定性，解决了高寒地区涎流冰病害这一技术难题，降低了工程造价及养护成本，节约了大量资源。

11 效益分析

11.1 经济效益

使用深层砂砾盲沟、蓄冰池，将路堑涎流冰引至路基范围外，避免因涎流冰上路，浸泡路基，造成路基、路面使用性能下降，影响其使用寿命，保证行车安全。

每米涎流冰治理费用约900元，每年每米路基路面重新修复费用约需要7200元，一次修复费用是治理涎流冰费用的8倍左右，修复次数越多费用越高，涎流冰每个冻融期出现一次，安全隐患、公路性能影响等因素考虑进来后，经济效益影响更大。

11.2 社会效益

采用本工法施工有效解决了涎流冰对路基路面的破坏，行车安全、舒适，受到来社会各界的赞誉，社会信誉很高，因此社会效益显著。

12 工程应用实例

12.1 应用实例一

黑龙江省龙建路桥第四工程有限公司承建的吉黑高速公路北安至黑河段A7合同段路基工程，自2009年6月开工，2011年3月完成，在施工过程中，为解决涎流冰病害对路基造成的不利影响，采用《高寒地区潜水型涎流冰路基施工工法》对涎流冰段落路基进行治理，避免形成涎流冰导致路基破坏，保证冬季行车安全，确保道路畅通，收到了良好的效果。工程在6年多的运营过程中，未出现冬季涎流冰上路、造成交通中断、路基路面因涎流冰病害影响进行修护等情况的发生。路面使用性能良好,养护费用大大降低。应用该处理措施对高寒地区涎流冰病害处理,因其适应性强、工艺简单、可靠、环保、成本相对较低,正被广泛采用,应用前景广泛。

12.2 应用实例二

黑龙江省龙建路桥第四工程有限公司承建的吉黑高速公路北安至黑河段FD2标段路基工程,2011年5月开工,2012年6月完成,在施工过程中,为解决涎流冰病害对路基造成的不利影响,采用《高寒地区潜水型涎流冰路基施工工法》对涎流冰段落路基进行治理,避免形成涎流冰导致路基破坏,保证冬季行车安全,确保道路畅通,收到了良好的效果。工程在5年多的运营过程中,未出现冬季涎流冰上路、造成交通中断、路基路面因涎流冰病害影响进行修护等情况的发生。路面使用性能良好,养护费用大大降低,受到业主和社会的高度评价。

12.3 应用实例三

黑龙江省龙建路桥第四工程有限公司承建的前锋农场至嫩江公路伊春至嫩江段A5标段路基工程,于2012年5月开工,2014年6月完成,在施工过程中,为解决涎流冰病害对路基造成的不利影响,采用《高寒地区潜水型涎流冰路基施工工法》对涎流冰段落路基进行治理,避免形成涎流冰导致路基破坏,保证冬季行车安全,确保道路畅通,收到了良好的效果。工程在3年多的运营过程中,未出现冬季涎流冰上路,造成交通中断,路基路面因涎流冰病害影响进行修护等情况的发生。路面使用性能良好,养护费用大大降低,得到业主和社会的高度评价。

[工程示例] 改建中的羊八井至大竹卡公路涎流冰防治

改建中的羊八井至大竹卡公路沿线涎流冰病害9处,病害程度很严重3处,严重4处,中等1处,轻微1处,影响长度1277.7 m。项目处于高原冻土地区,平均海拔在4600 m以上,最高为5500 m,涎流冰主要由于施工边坡开挖的裂隙水、地下水和地面水漫溢、高山冰雪融水等冻结产生。

1. 边坡开挖的裂隙水

裂隙水是存在于岩石裂隙中的水源,一般在边坡开挖面处沿裂隙出水成冰,根据所在位置又分为潜水、承压水和上层滞水。高原冻土地区永冻层一般可以视作隔水层,使得活动层的水只能在浅层运移,随着温度的降低,覆盖层冻结,形成上下不透水的夹层构造。由边坡数值模拟可知:边坡涎流冰的主要出水或成冰位置是某一较为软弱的层面,而且边坡内部孔隙水压力的大小与孔隙水所处位置有关,距离土体表面的距离越大,孔隙水压力值越大。所以,这种夹层构造冻结越深,中间含水层受压就越大,在人工开挖的影响下,薄弱层被破坏,受压力驱使,裂隙水外溢,在路面或坡面形成凸起状涎流冰。路堑开挖诱发的涎流冰病害如图3-22所示。

2. 地下水和地表水漫溢

在寒冷气候条件下,地下水和地表水漫溢到地面、路面或冰面上,并从下到上逐层冻结,形成面积在数平方米至数百平方米、厚度在几厘米至几十厘米的冰块。区域内季节性冻土分布广泛,天寒地冻之时,地下水侵入公路路基内形成暗冰。由边坡数值模拟可知:土体内部孔隙水水平向渗流流速主要取决于坡体水源含量和渗流面,而且水在薄弱层的水平渗流流速一般比其他土层或岩层的水平向渗流流速快。所以,暗冰层的厚度将影响涎流冰的发育规模,通常暗冰层较厚的坡体,涎流冰病害也相对严重。这些暗冰层经施工开挖或其他原因扰动后暴露,漫溢形成山坡型涎流冰，如图 3-23 所示。

3. 高山冰雪融水

本项目地处青藏高原地区，山地多且海拔高，高山冰雪融水也会诱发涎流冰病害。本地区冬季漫长，11 月至次年 3 月为冬季积雪频发期，自然积雪高度一般为 0.2~0.4m，极端气候条件下积雪厚度可达 1.0m 以上，积雪天数达 40~80d。融雪水主要出现在冬季白天午后气温较高时段和春夏换季时期，山顶积雪融化顺坡体流向公路，当温度低于 0℃时，融雪水在路面冻结成冰，形成公路涎流冰，山顶积雪如图 3-24 所示。

图 3-22 路堑开挖诱发的涎流冰病害　　图 3-23 山坡型涎流冰　　图 3-24 山顶积雪

4. 涎流冰的防治措施

本工程处于高原冻土地区，施工中通过设置挡冰墙、聚冰坑、盲沟、桥涵跨越、钢波纹管涵、截水沟以及调整原有导流槽形式等综合措施防治公路涎流冰。

（1）挡冰墙（路肩墙）和聚冰坑。针对挖方路段坡面地表水漫流、挖方边坡地下水以及边坡开挖的裂隙水引起的山坡涎流冰，可以采用在边沟外侧设置挡冰墙和聚冰坑加以解决。采用浸水路肩墙，可以有效防止涎流冰入侵路基。冰量较小时，可加大边沟形成聚冰坑；冰量较大时，聚冰坑与挡冰墙配合使用，如图 3-25 所示。

（2）盲沟。采用盲沟排除地下水，降低地下水位，可以有效防止地表水漫溢和地下水可能形成的涎流冰。盲沟底部采用浆砌片石沟底，坐浆浆砌，安装聚氯乙烯（polyvinyl chloride，PVC）排水管后，按照设计要求回填碎石等渗水材料。地表加盖保温层，减少冻融层的冻结深度和潜水的冻结压力，提高潜水温度，使其可以从路基顺利穿越，盲沟如图 3-26 所示。

（3）桥涵跨越。针对沟谷型涎流冰冬季冻胀破坏桥涵，夏季融化冲毁路基，堵塞桥涵，可以抬高路基、设置或增大桥涵孔径，必要时增高净空。桥涵孔径除按最大洪水量设计外，还需要以历年最高涎流冰水位进行验算，并考虑可能的蓄冰高度，桥涵如图 3-27 所示。

图 3-25 挡冰墙和聚冰坑配合　　图 3-26 盲沟　　图 3-27 桥涵

（4）钢波纹管涵。针对高山冰雪融水和边坡开挖的裂隙水大量涌出，流入涵洞冻结形成涎流冰的现象，可以采用在公路下的涵洞铺设钢波纹管涵，有效解决涎流冰对涵洞结构的破坏。

由于埋设于一般土质地基上的钢波纹管经过一段时间后，常会产生一定程度的下沉，而且往往是管道中部大于两端，因此，铺设于路堤下的波纹管管身要设置预留拱度。

（5）截水沟。针对公路两侧边坡内部渗水或山顶积雪融水沿坡体流向路面，形成公路涎流冰的现象，可以在坡面出水处设置截水沟，将边坡渗水截断或使冰雪融水沿固定的方向流淌，避免涎流冰上路，影响行车安全，截水沟如图 3-28 所示。

（6）调整原有导流槽形式。本项目工程在 K68+644 盖板涵处，针对高山冰雪融水流入涵洞内，蓄水冻结形成涎流冰破坏桥涵的现象，采取片石混凝土施工工艺，将原设计导流槽形式进行调整。通过增大开口宽度，将涎流冰引流入新的导流槽内，从盖板涵内排出，导流槽如图 3-29 所示。

图 3-28　截水沟

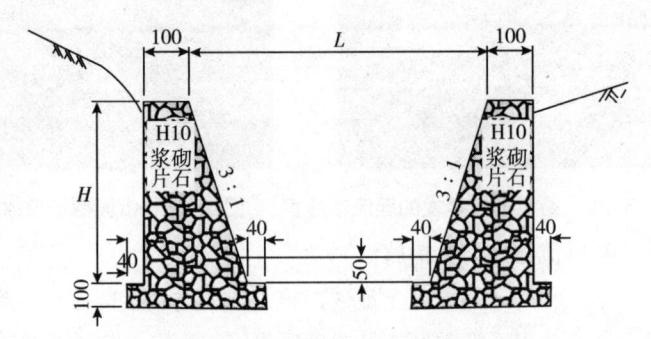

图 3-29　导流槽（单位：cm）

5. 结论

（1）高原冻土地区，涎流冰主要由于施工边坡开挖的裂隙水、地下水和地面水漫溢、高山冰雪融水等冻结产生。

（2）在边坡开挖过程中碎石层内部孔隙水渗流，边坡内总水头从上往下顺坡向依次递减，在薄弱层呈锐减趋势。边坡孔隙水压力从上往下呈递增趋势，顺坡向呈递减趋势，在坡脚处达到最小值。孔隙水平向流速大小取决于坡体水源含量大小和土层渗流面大小，薄弱层水平向流速一般比其他土层或岩层水平向流速快。

（3）通过设置挡冰墙、聚冰坑、盲沟和截水沟等，可以有效地防治挖方路段坡面地表水和地下水漫流、高山冰雪融水以及边坡开挖的裂隙水引起的山坡涎流冰。

（4）针对盖板涵处形成涎流冰引起桥涵结构变形，可以采取加设钢波纹管涵和调整原有导流槽形式，有效防治桥涵处涎流冰。

（5）对本项目采取的防治措施进行了跟踪观测，公路涎流冰治理效果明显，达到预期目的，适合在依托工程沿线推广使用。

[工程示例] 铜黄高速公路边坡涎流冰的病害与防治

铜川—黄陵高速公路地处陕北黄土高原与关中断陷盆地过渡区，属于寒冷与温和气候的过渡带，黄土丘陵地貌，覆盖土层厚度分布不均匀，基岩斜倾破碎，地下水分布运移规律复杂，地表水疏导防排难度大。该区域的地质构造、地形地貌及水文地质非常特殊，综合防排水系统及防冰设施不成熟是导致涎流冰病害的主要原因。山区高速公路主要由半填半挖式及部分路堑式路基构成，导致公路在修筑时需要开挖大断面的山坡体，破坏地下含水层，使含水层悬空于边坡坡面,在寒冷的冬天极易形成边坡坡面涎流冰病害。当春季气温回升,涎流冰融化会引发边坡的不稳定。

调查路段涎流冰病害普遍存在,在K110＋000~K116＋040、K130＋000~K130＋950、K154＋020~K155＋450段的病害尤其严重。经实地调研,上述部分路段为沿河走向,如漆水河、马场川河及其支流。该区域出露的地层上部为冲洪积的粉质黏土、中粗砂、卵砾石,下部为砂岩、泥岩。地下水主要为潜水,水位埋藏较浅,蓄水丰富。春季气温回升,涎流冰融化会引发边坡水毁。发源于公路上侧边坡的涎流冰伴随气温回升渐渐融化,融化的水缓慢地沿着边坡流下,轻者诱发边坡剥落(见图3-30、图3-31)。

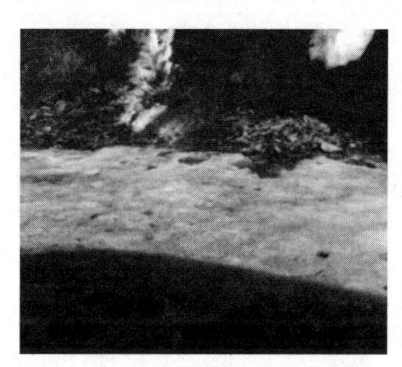

图3-30　岩质边坡剥落　　图3-31　土质边坡剥落

1. 边坡涎流冰的形成条件

涎流冰的形成是水源与地形地貌、水文地质、气候等多种因素综合作用的产物。根据对中温带典型病害路段的调查,可以总结得出涎流冰形成所必须具备的条件,大体分为三种:水、低温、薄弱层或活动层,如图3-32边坡涎流冰的形成示意图。

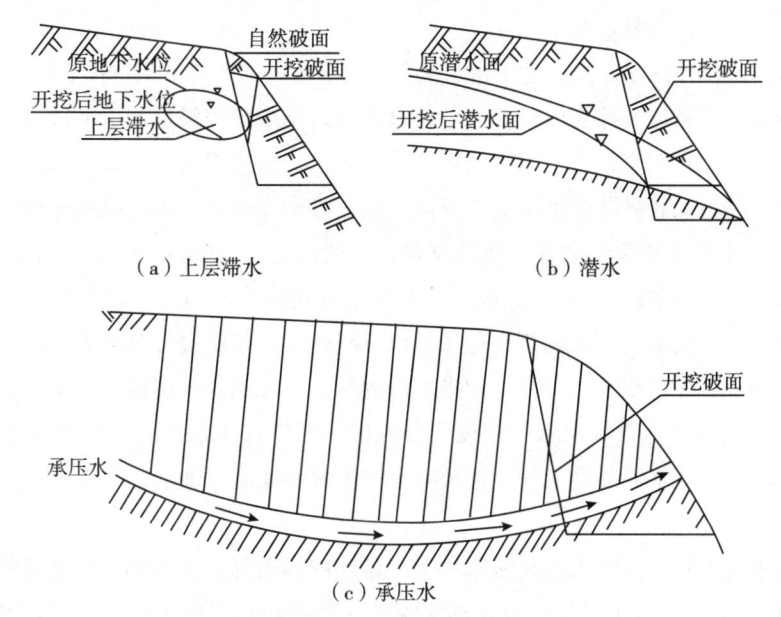

(a) 上层滞水　　(b) 潜水

(c) 承压水

图3-32　边坡涎流冰形成示意图

其形成可具体分为:①水源;②水的运移路径;③水流的驱动力;④寒冷外部环境;⑤存

在冻土层或不透水层。

2.铜黄公路 K130＋655~K130＋950 段渗沟与仰斜式排水孔综合防治

渗沟与仰斜式排水孔结合主要用于防治挖方（路堑）边坡裂隙水、孔隙水发育形成的边坡涎流冰病害。通过边坡渗沟与坡体内仰斜式排水孔汇集坡体内的地下水，将水引流到渗沟内的排水管内，然后同渗沟汇集的水一同排至坡体外，消除边坡表层内地下水，以避免地下水露头于边坡表面，从而防止边坡涎流冰病害的发生。

（1）边坡渗沟。边坡渗沟能够截断边坡坡体表层内的地下水，阻止边坡内地下水流出坡体表面，从而防止边坡涎流冰病害的发生。渗沟的宽度为 1.0~1.5m。按照渗沟构造方式的不同，大致可分为两种形式。图 3-33 为填石渗沟，也称盲渗沟；图 3-34 为下部设置排水管的渗沟。两种渗沟均由排水沟（石缝或管、洞）、封闭层和反滤层构成。

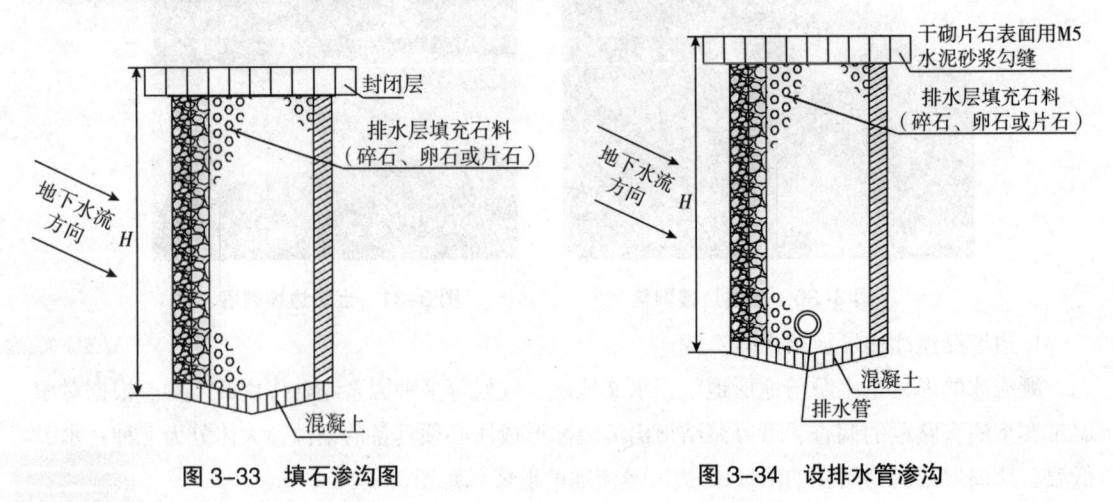

图 3-33　填石渗沟图　　　　图 3-34　设排水管渗沟

渗沟构造设计与材料要求如下。

①路基渗沟的设计深度应按照地下水位高程、地下水位需要降低的深度、年冻结最大深度、含水层岩土体的渗透系数等综合因素确定。②对于管式排水渗沟设置于地下排水较长的路段，当排水渗沟设置过长时，应在路基下埋设横向排水管，将纵向渗沟内汇集的水流，迅速分段排出路基边坡外。渗沟沟底纵坡坡度取决于设计流速，渗沟设计最大流速应考虑到渗水管的构造及寿命年限，而且不能冲毁渗水管下垫枕材料，一般以小于 1.0m/s 为宜，且不应低于最小渗流速度。纵坡宜大于 0.5%，以免造成淤积。③对于洞式排水渗沟，在地下水位较高的路段或缺乏水管材料时，可以采用石块砌筑洞身、洞口。洞径大小依据设计排水流量而定，沟底纵坡坡度的大小取决于设计水流速。④在设计排水渗沟时，考虑到含水层渗流出来的水携带土颗粒会堵塞渗沟，因而需要在渗沟出水一侧设置反滤层。⑤管式排水渗沟，可采用带槽孔的 PVC 塑料管或者现场制作的水泥混凝土管，管径大小按水流设计流量确定。

（2）仰斜式排水孔。

仰斜式排水孔可有效预防边坡涎流冰病害，排除坡体内部的地下水。常见的仰斜式排水设施主要有 PVC 排水管、排水平洞、软式排水管等。采用仰斜式排水管排出边坡内的地下水，具有施工方便、工期短、节约材料和人力等特点，是一种经济有效的边坡地下排水措施。仰斜式排水管可以单独使用，也可以与渗沟或集水渗井联合使用。边坡坡面排水孔能起到显著降低坡体内地下水位的作用，而且能够有效拦截引流坡体内表层地下水，对防治边坡涎流冰病害起到至关重要的作用（见图 3-35、图 3-36）。

图 3-35　仰斜式排水管引流出坡体左视图 　　图 3-36　仰斜式排水管引流出坡体正视图

最佳的坡面排水孔位置应是排水量最大类似于泉眼的地方或最易降低坡体地下水位的方向，即应该是排水孔能穿过最多最宽岩土体裂隙的方向。排水孔的倾斜坡度一般采用 5%~15%。排水孔的间距一般根据坡体渗流出来水的流量来确定。排水斜孔的孔口距坡体表面垂直距离应低于需要降低坡面内地下水位的最低标高。斜孔深入坡体内的斜深度 L 可按下式计算。

$$L = \frac{H-h}{\sin\alpha} \tag{3-2}$$

式中：H 为要求降低坡体表层地下水位的最低标高；h 为排水斜孔的孔口标高；α 为排水孔的倾角。

排水孔可以采用安装带槽孔的塑料 PVC 渗水管。渗水管上的槽孔直径为 10mm，槽孔沿渗水管长度方向的间距为 100mm，而且沿渗水管上半侧分 5 排均匀布置，一排在渗水管顶部，两排分布在渗水管左右水平直径处的两侧，其余两排设置在顶排与水平直径之间，相邻两排渗水管孔槽相互交错设置。在靠近地表出水口 1~2m 的范围内，应布设不带槽孔的排水管，在靠近地表出水口 0.5~1m 长的范围内，应用黏土堵塞孔壁与排水管之间的空隙，防止地下水从空隙处外渗，形成边坡涎流冰病害。

铜黄高速公路 K130+680~K130+950 标段拟采用平台渗沟与仰斜式排水管结合法治理此处边坡涎流冰病害。平台渗沟与仰斜式排水管结合法一般适用于公路高边坡，而且在边坡上有平台，沿平台坡脚下修建渗沟，渗沟内填入碎石，将坡面仰斜式排水管与渗沟内排水管相连接，将边坡表层地下水排到坡体外，以防治边坡涎流冰，具体见图 3-37~图 3-41。

图 3-37　防治边坡涎流冰病害远视图 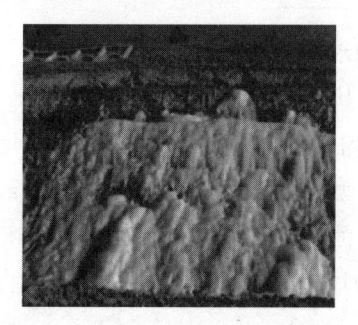　　图 3-38　防治边坡涎流冰病害近视图

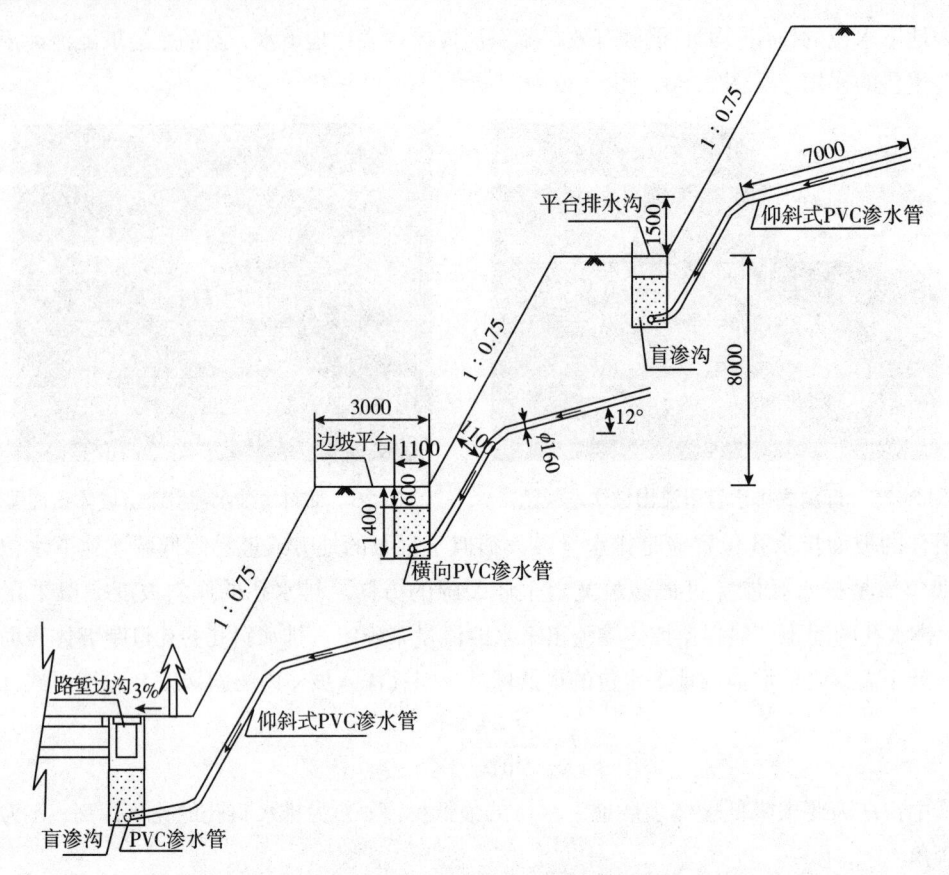

图 3-39 渗沟与仰斜式排水管结合防治边坡涎流冰（单位：mm）

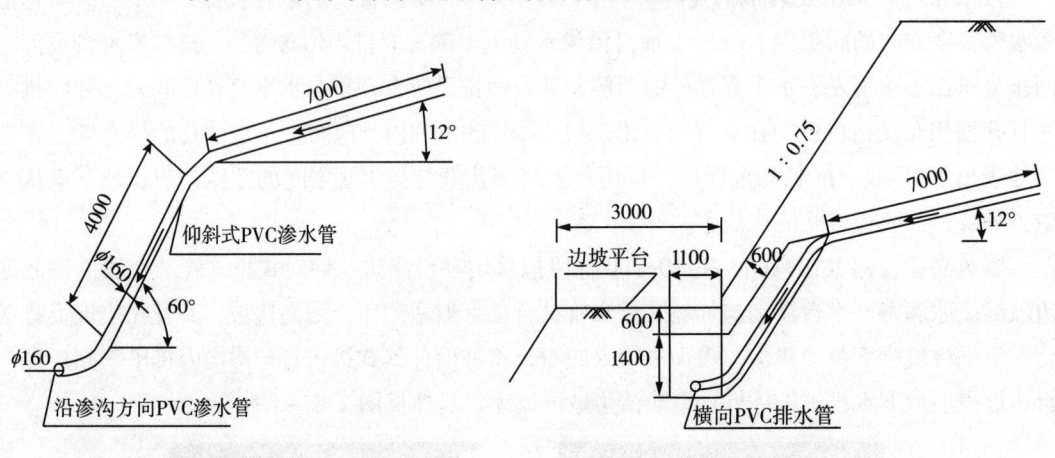

图 3-40 边坡渗水管大样（单位：mm）

图 3-41 平台渗沟布置（单位：mm）

3. 渗井结构

渗井按其汇集水流的方式不同，可分为集水渗井与排水渗井两类。根据对寒温带、中温带、高原气候区典型病害路段涎流冰病害的防治经验，依托工程铜川—黄陵高速公路沿线实际情况，依据"保温引流"防治思路，故提出多排水口防冰系统，来更好地实现集水、排水效果，达到防治涎流冰的目的。根据渗井理论分别设计了两种新型保温集水结构和出水结构，如图3-42~图3-44所示。

图 3-42　新型渗井集排水防冰系统平面示意

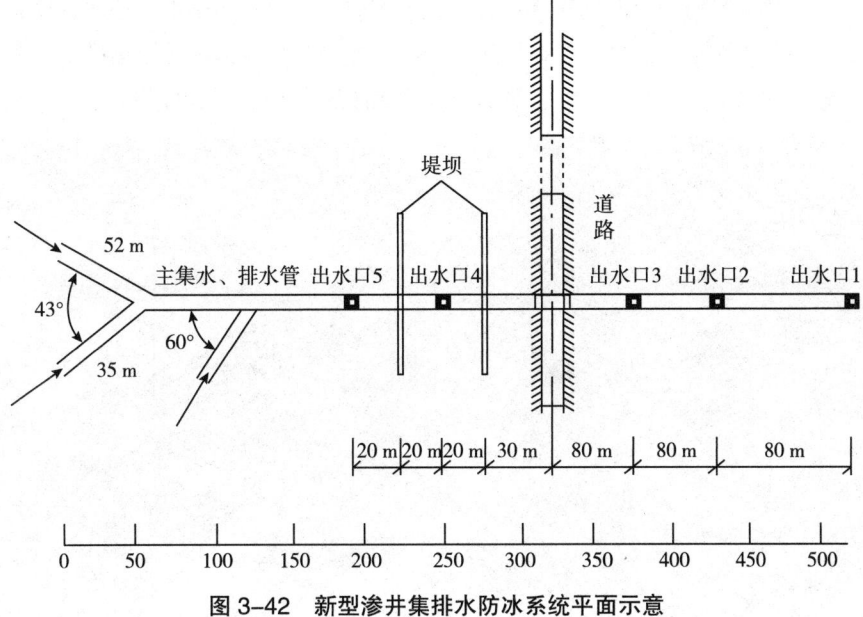

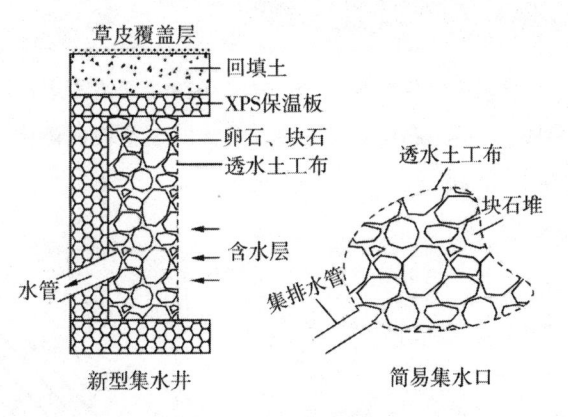

图 3-43　集水结构

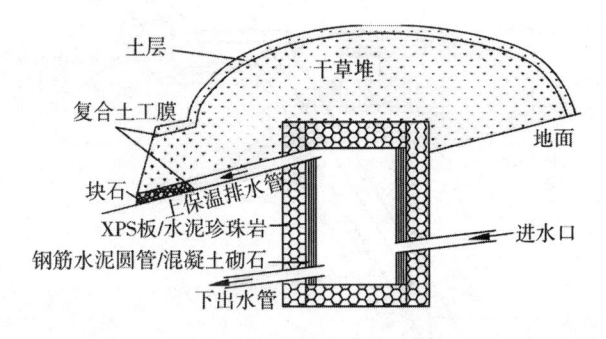

图 3-44　新型保温出水井

结合铜黄高速公路两个典型段的工程实例，在K155+750桩号右侧边坡提出了渗沟与仰斜式排水孔综合防治，在K155+450桩号右侧边坡提出了新型渗井集排水防治。

4. 铜黄高速公路K130+655~K130+675标段防治方案

坡面渗沟与仰斜式排水管结合法治理边坡涎流冰病害，一般适用于公路低边坡，沿坡顶至路堑边沟底设置竖向渗沟，渗沟内填入碎石，在渗沟内插入仰斜式排水管，通过仰斜式排水管将边坡内的水导入边坡渗沟内，再将边坡渗沟内的水导入路堑坡脚内的渗沟排水管里，这样就可以将边坡表层的地下水排到坡体外，防治边坡涎流冰病害发生（见图3-45）。

图3-45 铜黄高速公路K130+655~K130+675标段边坡涎流冰发育状况

对K130+655~K130+675标段提出以下防治方案，即设置坡面渗沟与仰斜式排水管结合防治方案，设计渗沟构造如图3-46~图3-48所示。

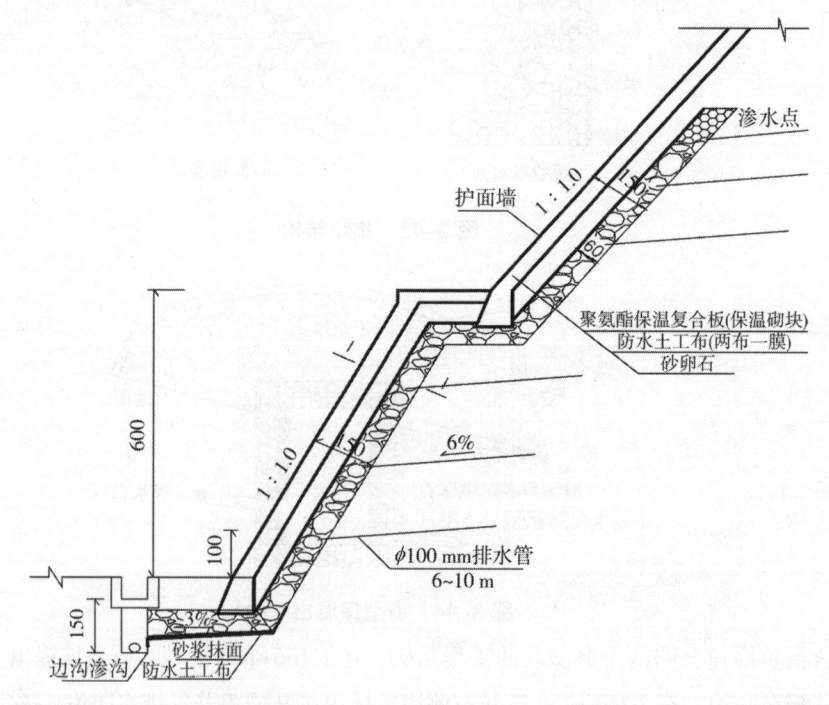

图3-46 铜黄高速公路K130+655~K130+675处低边坡渗沟与仰斜式排水孔联合治理边坡涎流冰病害图

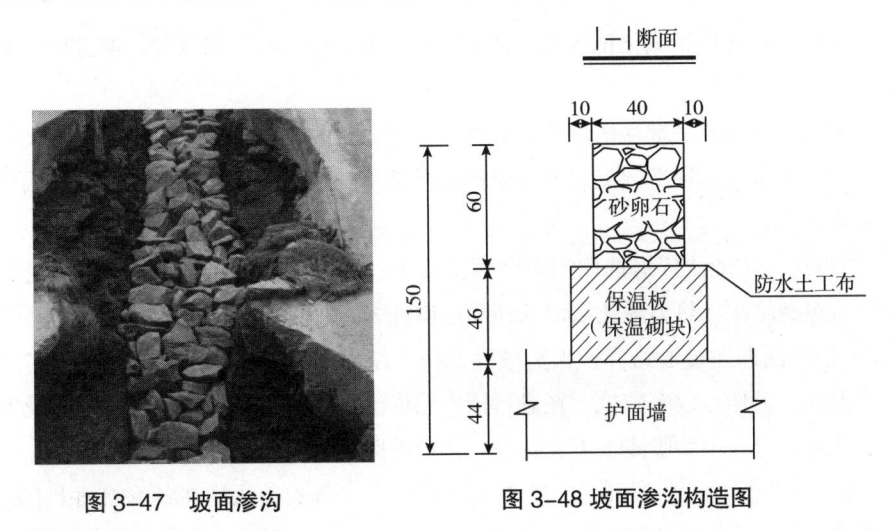

图 3-47　坡面渗沟　　　　图 3-48　坡面渗沟构造图

5.路面淌流冰病害防治措施

铜黄高速公路冬季气候寒冷，道路积雪在太阳照射和车辆共同作用下融化，而融雪水不能及时排出路面形成了融雪水淌流冰（见图 3-49），河谷淌流冰与路堑边坡淌流冰漫溢到路面（见图 3-50）。淌流冰病害对公路发展和交通安全运营的制约因素越来越受道路管理养护部门的重视。为了保障公路运输畅通和车辆安全，杜绝道路交通事故发生，提高道路通行能力和运营效益，必须采取有效可行的措施清除路面淌流冰。目前，国内外在清除道路表面淌流冰时常用的方法如图 3-51 所示。

图 3-49　冬季温度过低融雪水形成淌流冰　　　　图 3-50　泉水溢出涵洞到路面

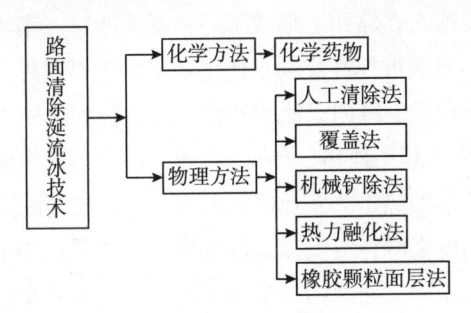

图 3-51　路面清除淌流冰方法

（1）化学法。化学法治理公路淌流冰病害是对已经上路的淌流冰通过在路面上抛洒化学药剂来降低淌流冰的融点，使其融化，进而清除路面上的淌流冰。抛洒药剂是目前国内外较为通用的一种路面清除淌流冰病害的手段，具有使用方便、快捷等特点。国际上通常用的化学融涎流冰药剂主要有氯化钙、氯化钠等各种盐类、乙二醇、丙二醇、尿素类、醋酸钠、醋酸钾、甲酸钠类等。

化学法清除涎流冰效果常受区域环境温度、交通流量和车辆行驶快慢等的影响比较大，效果也差别很大。如果当地环境气温过低或是路面涎流冰过厚，都会严重影响它的使用效果，使用时应该综合考虑。

（2）物理法。物理法依据选取治理路面涎流冰具体手段的不同，可分为人工清除法、岩土覆盖法、机械清除法、热力融化法以及在面层内加入橡胶骨料等。

1）人工清除法即通过道路养护人员破除聚积在路面上的涎流冰。该方法可以将路面上的涎流冰清除彻底，但作业效率较低，在进行清除路面涎流冰时会影响车辆正常通行及安全，通常用于涎流冰聚积量较小路段或上下坡路段或转弯处路段清除。

2）沙砾石、沙土（见图3-52）、炉渣（见图3-53）等覆盖法指在冬季路面上有涎流冰出现时，在路面上通过人工或机械抛撒沙土、沙砾石，让车辆行驶在上面，避免车辆直接行驶在涎流冰上。这种清除路面涎流冰方法实施起来较为容易，且原材料丰富，但利用效率很低，大约经过8~12辆车的碾压后撒铺的材料已不在涎流冰表面，需要材料较多，对环境的污染严重。

图3-52 抛撒沙土　　　　图3-53 抛撒炉渣

3）机械清除方法主要为机械铲除路面聚积的涎流冰。机械铲除路面上的涎流冰是采用机械设备对路面上生成的涎流冰进行铲、推、扫，设备利用效率较高，适合路面上聚积的大面积涎流冰。该方法虽然清除了路面上聚积的大量涎流冰，但当该区域温度较低时，由于涎流冰与路面的粘结较为紧密，其清除涎流冰效果并不佳。从宏观上看，路面已经裸露，但从微观上看，路面构造深度处仍积满涎流冰，在路面上形成了一个涎流冰层，车辆在路面上行驶，汽车轮胎与路面的附着力仍然很低，车辆可控性及刹车使用效果仍然不理想，通常还要在路面上再抛撒一些抗滑剂或加快溶解路面构造裂缝内涎流冰的化学药物等配合使用。

4）热力融化涎流冰方法是利用地热、燃气、电或太阳能等产生的热量使路面涎流冰融化，如地热管法、电热丝法、流体加热法、发热电缆法等。该方法清除路面涎流冰主要是通过在涎流冰表面上或路面内提高温度来融化涎流冰，涎流冰上一般采取热水、电烤等融化涎流冰，流入公路两边的排水沟，予以排除。路面内的清除措施主要是预先在有涎流冰出没的路段安装能量储存和转化设备，将热能平时储存在该设备内，一旦路面出现涎流冰病害，立即将热能释放出来，使路面聚积的涎流冰融化以水蒸气的形式排除。

5）在沥青面层内或水泥混凝土面层内将橡胶颗粒以面层骨料的形式直接配制到面层材料内形成自应力路面，清除涎流冰。该方法优于前面所提到的一切措施，机械化施工程度高，工后运营期间养护管理投入少。

①自应力弹性铺装路面是指在路面材料内添加一定的弹性材料，通过弹性材料的高变形特性使得路面冰雪层在车辆荷载作用下受力不均匀而破碎、融化，从而有效地抑制路面积雪结冰。

根据弹性材料布置于路面位置的不同，可分为镶嵌式铺装路面和填充式铺装路面，其中镶嵌式铺装路面是在普通沥青混凝土路面摊铺完成后，在其上方铺撒一定厚度的弹性颗粒并采用施工机械进行压实；填充式铺装路面主要是将废旧轮胎制成橡胶颗粒并掺入沥青混合料中替代部分集料，橡胶颗粒先与石料拌和，再与沥青拌和而制成，也称为"干法"橡胶颗粒沥青混合料，如图3-54~图3-56所示。

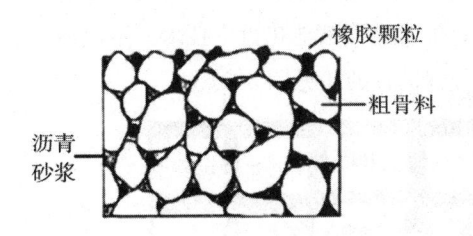

图3-54 镶嵌式铺装路面结构示意

图3-55 低冰点路面融雪化冰效果

图3-56 大兴国际机场热管加热停机坪融雪

②低冰点沥青路面是指预先将低冰点添加剂加入沥青混合料中，使其在渗透与毛细作用下逐渐析出，达到融冰化雪的目的。由于冰点下降剂随时间延长浓度逐渐降低，使得其融雪化冰性能存在一定的衰减。

③能量转化式融雪化冰路面是指在路面结构内部埋设一定数量的传热管线或导热体，将外部能量转化为热能输入路面，并通过路面内部热量传导加热路面表面，进而融雪化冰，该项技术提高了能源利用效率，而且清洁环保。目前的能量转化式融雪化冰路面主要包括流体加热路面、热管加热路面及电加热路面等。

表3-20 不同路面主动融雪化冰技术性能对比

主动除冰雪路面类型	除冰雪效果	温度范围	系统可控性	长期稳定性	节能环保性	建设成本	运行成本
自应力弹性铺装路面	中	中	中	中	优	优	优
低冰点路面	良	良	良	良	良	良	优
能量转化式路面	优	优	优	优	良	中	良

3.7 沥青路面就地热再生技术

热再生养护技术，让青海的路面预防性养护水平得到显著提升。沥青路面就地热再生技术，是用就地热再生机组将旧沥青路面加热、翻松、添加再生剂、新沥青混合料，然后重新搅拌后摊铺、压实成型的路面维修工艺。这种施工方法可以在路面的损坏程度还没波及基层时，改善沥青路面已产生的裂缝、坑槽、车辙等病害。引进沥青路面就地热再生技术，不但提高了青海道路的养护效率，还达到了降低养护成本、节能环保的目的（见图 3-57）。

图 3-57 沥青路面热再生技术机组工作流程示意

近年来，青海省高速公路管理局积极引进就地热再生技术，消除和预防路面病害。2012年至2015年，青海省高管局在马（场垣）平（安）高速公路、平（安）西（宁）高速公路、平（安）阿（岱）高速公路、（西）宁大（通）高速公路及西（宁）湟（源）公路等西宁周边路龄较长的公路，进行了就地热再生沥青混凝土路面处治。510公里内，共处理路面车辙、网裂、平整度差的路面材料198.74万立方米，热再生里程占到了西宁周边公路总里程的77.4%，投入养护资金1.17亿元。其间共节约了沥青7800多吨、矿粉将近5万吨、集料超过15万吨，节约了大量固体废弃物运输、堆放等费用。热再生后的路面表面既平整又密实，没有泛油、松散、裂缝、粗细集料离析等现象；公路技术状况指数（MQI）从最初的87.8提高到了93.1，路面使用性能指数（PQI）从85.5提高到了91.7，优良路率从95.3提高到了99.7，经济效益和社会效益都十分鲜明，极大地提高了青海省高等级路面的路况水平。

青海省高等级公路建设管理局养护处列举了该技术的优点："在旧的路面上进行混合料就地再生利用，不需要把废料搬走，再找废弃物堆放的场地，不仅节省了运费，还省去了租场地的费用；不但旧路面的混合料能够实现100%再利用，而且可以节省新混合料的用量；与传统的维修方法相比，就地热再生对交通和沿途居民的影响程度比较小，施工结束就可以开放通行。另外，这种技术在施工过程中产生的振动比较小，所以噪音也比其他施工法小很多，即使在市区也可以在夜间进行作业。"

另外，青海省地方标准《高等级公路沥青路面就地热再生施工技术指南》（DB63/T 1855—2020）已正式发布，就地热再生施工主要技术参数见表 3-21~ 表 3-23，具体包括三种情况如下。

（1）就地热再生：采用专用设备对旧沥青路面加热、耙松，掺入适量的新沥青混合料、新沥青、沥青再生剂等，经拌和均匀后现场摊铺碾压成型的技术。

（2）复拌就地热再生：将旧沥青路面加热、耙松，就地掺加适量的沥青再生剂、新沥青（需要时）、新沥青混合料，经热态拌和、摊铺、压实成型。

（3）加铺就地热再生：将旧沥青路面加热、耙松，就地掺加适量的沥青再生剂、新沥青（需要时），拌和形成再生沥青混合料，利用再生复拌机的第一熨平板摊铺再生沥青混合料，利用再生复拌机的第二熨平板，同时将新沥青混合料摊铺在再生混合料上，两层一起压实成型。

表3-21 就地热再生施工设计路段适用条件

参数		适用范围	应用要点
路面结构强度PSSI		≥80	路面承载能力满足要求
路面使用性能指数PQI		≥70	表面功能性修复
原沥青路面的平均厚度/mm		≥70	确保耙松时不得将非沥青混合料耙松
车辙深度	沥青混合料向两侧的挤压变形/mm	≤50	1.采用加铺法施工时，沥青混合料向两侧挤压所形成车辙深度上限一般为30mm； 2.采用复拌法施工时，沥青混合料向两侧挤压所形成车辙深度30mm~50mm时，应事先将超过30 mm的突出部分进行铣刨
	磨耗/mm	≤25	部分铣刨或者整平时，车辙上限可达50mm
原路面沥青针入度（25℃，0.1mm）		≥20	采用加铺法施工时，针入度下限为30mm

表3-22 沥青再生剂的质量要求

检验项目	RA-1	RA-5	RA-25	RA-75	RA-250	RA-500	试验方法
60℃动度黏度（mm^2/s）	50~175	176~900	901~4500	4501~12500	12501~37500	37501~60000	JTG E20中T0619
闪点（℃）	≥220	≥220	≥220	≥220	≥220	≥220	JTG E20中T0633
饱和分含量（%）	≤30	≤30	≤30	≤30	≤30	≤30	JTG E20中T0618
芳香分含量（%）	实测记录	实测记录	实测记录	实测记录	实测记录	实测记录	JTG E20中T0618
薄膜烘箱实验前后黏度比	≤3	≤3	≤3	≤3	≤3	≤3	JTG E20中T0619
薄膜烘箱实验前后质量变化（%）	≤4，≥-4	≤4，≥-4	≤3，≥-3	≤3，≥-3	≤3，≥-3	≤3，≥-3	JTG E20中T0609或T0610
15℃密度（g/cm^3）	实测记录	实测记录	实测记录	实测记录	实测记录	实测记录	JTG E20中T0603

注：薄膜烘箱试验前后黏度比=试样薄膜烘箱试验后黏度/试样薄膜烘箱试验前黏度

表3-23 温度控制

检测项目	控制指标	
	普通沥青	改性沥青
路面预热温度（℃）	120~160	130~180
下承层表面温度（℃）	≥100	≥100
混合料摊铺温度（℃）	≥120	≥130
初始碾压混合料内部温度（℃）	≥120	≥130

3.8 沥青路面就地冷再生技术

就地冷再生（CIR）是指采用专门的就地冷再生设备，对沥青路面进行现场铣刨、破碎，掺入适量的新集料、再生结合料、水及外加剂等，在温度不低于5℃的自然环境条件下，经拌和、摊铺、碾压等工序，一次性实现旧沥青路面的再生技术，分为就地水泥稳定冷再生和就地泡沫沥青冷再生，见图 3-58。

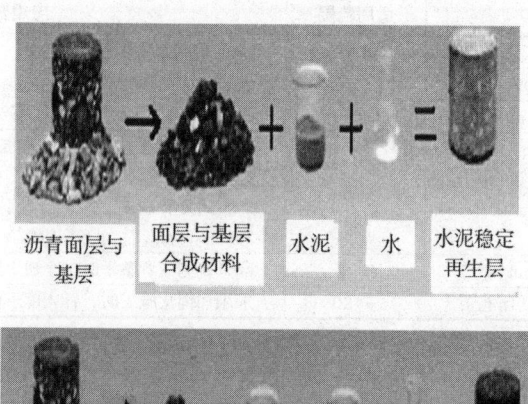

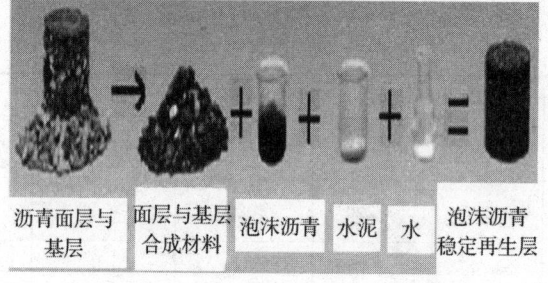

图 3-58 两种沥青路面就地冷再生方式

沥青路面就地冷再生技术按照作业范围分为沥青层就地冷再生和全深式就地冷再生两种，适用于一、二、三级公路沥青路面的再生利用，用于高速公路时应进行论证。对于一、二级公路，再生层可作为下面层、基层；对于三级公路，再生层可作为面层、基层，用作上面层时应采用稀浆封层、碎石封层、微表处等作为上封层。

①沥青层就地冷再生实现旧沥青路面的翻修、重建，再生混合料可用于中下面层或柔性基层（见图 3-59）。

图 3-59 沥青层就地冷再生施工场景

②全深式就地冷再生是将全厚的沥青面层和一定厚度的基层进行再生处理，再生后的混合

料可用于沥青路面的中、下面层或稳定基层（见图 3-60）。

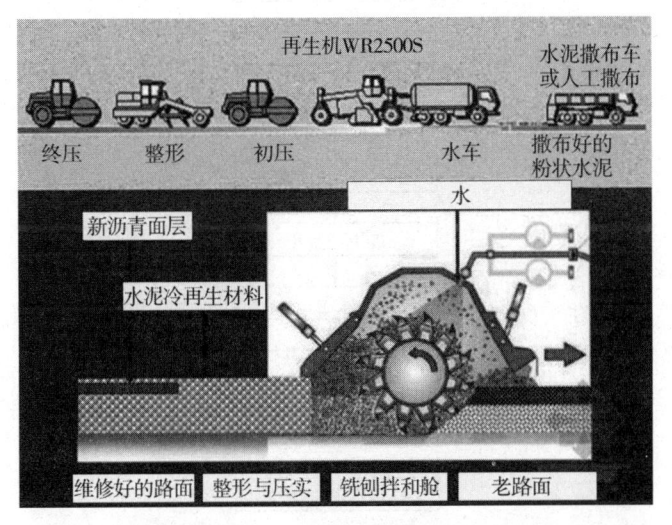

图 3-60　沥青路面冷再生技术设备及泡沫沥青就地再生现场

2015 年 4 月，在青海省交通运输厅和青海省交通科学研究院的支持下，青海省西宁市大通回族土族自治县实施了大通县双新公路（一期）旧油路改造工程，该项目总投资 2220.74 万元。为了顺利推进项目，施工队伍对原状路面进行了复测，将原道路高程进行调整，每 20 米便设中心桩及边桩，并且提前两天准备好试验合格水泥。摊铺水泥时，每个方格都有足量合格的水泥，人工拆开封口，用推板刮匀，并且撒布水泥段落长度和冷再生铣刨机速度相适应，避免了因撒布水泥段落过长、水泥被风或行车产生的气流刮走而造成损失。为保证不中断交通施工，同时确保工程成品质量，采用半幅施工半幅通车、左右幅交替施工放行的施工方法。

青海交科院负责人介绍："就地冷再生与传统的路面维修方式相比，能够节约大量的砂石等原材料，节省工程投资，同时有利于废料处理、保护环境，因此，经济效益和社会效益都十分显著。另外，由于双新公路属于农村公路，建设标准较低，设计要求原材料由当地政府协调进行自采，但实际中无法进行自采。自大通县实施'清水入城'项目以来，强制关闭了黄河二级支流北川河、东峡河等其他流域 500 米范围内的砂石厂，砂石材料价格因此不断上涨。就地冷再生技术在保护生态环境的同时，也很好地解决了这些现实问题。"

目前，青海省地方标准《沥青路面就地冷再生基层技术规范》（DB 63/T 2004—2021）已正式发布，将进一步规范该工艺施工，施工工艺图如图 3-61 所示。

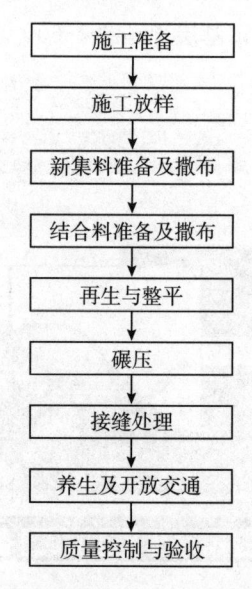

```
施工准备
   ↓
施工放样
   ↓
新集料准备及撒布
   ↓
结合料准备及撒布
   ↓
再生与整平
   ↓
碾压
   ↓
接缝处理
   ↓
养生及开放交通
   ↓
质量控制与验收
```

图 3-61　沥青路面就地冷再生混合料施工工艺图

3.9　温拌沥青路面应用

温拌沥青混合料是指与相同类型热拌沥青混合料相比,在基本不改变沥青混合料配合比和施工工艺的前提下,通过增设发泡装置、添加温拌剂(包括含水矿物添加剂、有机添加剂和表面活性剂,常用的材料有合成沸石、高分子量蜡、低分子量蜡、聚烯烃类改性剂、表面活性剂水溶液、表面活性剂浓缩液等)、采用温拌沥青结合料等技术措施,使沥青混合料的拌和温度相应降低30℃以上,其使用性能达到热拌沥青混合料技术要求的新型沥青混合料。

青海省地方标准《寒区温拌沥青混合料路面技术规范》(DB63/T 812—2009),温拌沥青混合料是指通过添加剂和工艺作用,在比同类型热拌沥青混合料施工温度下降30~60℃的条件下,实现沥青路面施工的沥青混合料。

2007年以来,青海省交通科学研究院的科研人员一直致力于温拌沥青混合料应用技术的调研和室内试验研究工作。2008年年底,在青海省交通运输厅的支持下,进行了温拌沥青路面施工试点,成功铺设了青海省首条温拌沥青混合料试验路—德令哈市纬七路温拌试验路;2009年,出台了关于温拌沥青路面施工的地方规范。在共(和)玉(树)高速公路、花(石峡)久(治)高速公路等项目的建设中,也大面积推广使用了温拌沥青混合料应用技术。

青海交科院负责人表示:"与传统的沥青路面施工技术相比,温拌沥青混合料应用技术除了节能减排、生成有害物较少等优点之外,还更适合青藏高原这样的高寒高海拔地区。因为高寒高海拔地区适宜施工的时间比较短,而相对传统沥青路面施工技术而言,温拌沥青混合料应用技术对温度的要求要低许多,这也就意味着施工时间可以更长。更重要的一点是,路面的施工质量会更有保证。传统的沥青路面施工,如果路面温度不够高,那么压实效果就会大打折扣;压实不好,水分就容易渗入路面之下,从而产生病害,缩短道路的生命周期。相对而言,温拌技术对温度的要求低一些,压实效果会更好,水分不容易渗入路面,也就不容易产生病害,道路的寿命周期就会更长,一般能长达八年。2008年年底,在德令哈市纬七路进行的温拌试验就取得了很好的效果。"

花久高速公路的隧道采用了温拌沥青混合料应用技术。花久高速公路全线共有8座隧道,在各隧道进出口300米范围内以及借赫隧道与那尔洞隧道路段、那尔洞隧道与扎果隧道路段的路面施工中,都采用了温拌沥青混合料应用技术,共计40多公里,效果显著。

[工程示例]温拌沥青混合料在高寒高海拔公路中的应用

我国温拌沥青混合料技术研究起步于2005年,主要引进国外的温拌技术专利消化吸收。2006年,西部交通建设科技项目"温拌沥青混合料应用技术研究"课题正式启动。2005年至今,先后在北京、上海、河北、河南、四川、青海等多个地区铺筑温拌试验路。2009年先后出台了《北京市温拌沥青混合料路面技术指南》、河北省地方标准《温拌沥青混合料施工技术指南》(DB13/T 1013—2009)、青海省地方标准《寒区温拌沥青混合料路面技术规范》(DB63/T 812—2009)等一系列标准指南,温拌沥青技术成为近年来沥青路面材料领域一项很有前景的新兴技术。

温拌沥青技术符合低碳环保的发展理念,根据国内有关研究,在不牺牲沥青混合料路用性能的前提下,温拌混合料拌和温度可降低至110~130℃,碾压温度可降低至70~110℃;温拌混合料能降低对环境的污染和对施工人员健康的损害,可以节省20%~30%燃料,减少排放50%以上;温拌混合料能减轻热拌过程中沥青的老化,施工中采用温拌混合料进行摊铺,既可适用于低温地区、低温季节施工,又不至于使混合料中的沥青过于老化,有利于延长沥青混凝土路面的使用寿命和施工季节。

1. 项目概况

为验证温拌沥青在高寒高海拔地区的应用效果,在G214线选取长1km路段范围内,道路左右两幅分别采用表面活性型温拌沥青混合料(E-WMA,沥青路面10cm上面层采用表面活性型温拌沥青混合料ATB-25)和热拌沥青混合料(HMA)铺筑。本试验段地处寒区,施工路段海拔接近4600米,地属山岭区,早晚环境温度不足10℃(在气温低于10℃条件下进行的温拌混合料施工称为低温施工)。施工时天晴,气温变化范围为4~24℃。

为对比两者性能,先对E-WMA进行配合比设计,然后对HMA采用与E-WMA相同的配合比配制(JTG F40—2004和DB63/T 812—2009中ATB-25的矿料级配范围完全一致)。E-WMA配合比设计方法除拌和、成型温度与HMA有所区别外,其余和HMA并无不同。

2. 生产配合比设计结果

试验路施工所用拌和楼为无锡大通2000型间歇式拌和楼,每小时产量约为90吨,拌和楼生产由计算机全程自动控制,计量准确。上面层试验路拌和楼所采用的矿料比例为4#仓∶3#仓∶2#仓∶1#仓∶矿粉=44.0%∶18.0%∶10.0%∶24.0%∶4.0%,沥青用量为3.93%,试件成型温度采用135℃,各项指标均满足《公路沥青路面施工技术规范》(JTG F40—2004)要求。

相比之下,空隙率和稳定度的主要影响因素均为拌和温度,流值和冻融劈裂强度的主要影响因素均为温拌剂类型及掺量,动稳定度的影响因素为击实温度,混合料的各项体积指标别见表3-24。

表 3-24 最佳沥青用量下试验结果

主要技术性能指标	沥青用量（%）	毛体积相对密度	实测最大理论密度	饱和度（%）	VMA（%）	空隙率（%）	稳定度（KN）	流值（mm）
第1次试验	3.98	2.497	2.384	69.58	14.86	4.5	8.69	3.62
第2次试验	3.98	2.497	2.385	70.48	14.84	4.4	8.35	3.40
技术要求	—	—	—	65~75	≥14	3~6	≥5	2~4.5

3.试验路铺筑情况

（1）拌和楼控制。ATB-25表面活性型温拌沥青混合料采用的青海省公路工程建设总公司自加工的石灰岩集料、本地河砂和新疆克拉玛依生产的"昆仑"牌AH-110道路石油沥青，施工过程中拌和楼出料正常，沥青裹附均匀，无花白料。现场实测，热拌沥青混合料出料温度约152.3℃，温拌沥青混合料出料温度控制在130~135℃。

试验路施工所用拌和楼为无锡大通2000型间歇式拌和楼，其参数设置如下：骨料温度145℃，沥青温度165℃，温拌剂采用常温，干拌拌和时间8s，湿拌拌和时间35s，单盘料质量1700kg，每小时产量约为90吨，每盘料的生产周期约为55秒。拌和楼生产过程中各料仓计量基本稳定，2#仓（6~11mm）、3#仓（11~16mm）有轻微溢料现象。

（2）混合料运输。混合料运输采用大吨位自卸汽车，运料车前后移动，分前、后、中三次堆料，以减少集料离析现象。在运输前，检查出料温度，满足要求后用蓬布覆盖并扣牢后运输。

（3）现场摊铺。摊铺机就位后，按计算的松铺厚度调整熨平板高度，将熨平板预热至100℃以上。

摊铺采用一台徐工RP952摊铺机进行摊铺，摊铺速度控制在3.0m/min左右，摊铺机熨平板夯锤振级设置为中级。从摊铺现场来看，铺面整体均匀性良好，碾压时混合料无推移。

检测人员在施工现场选取5个位置进行温度检测，其对应的温拌摊铺温度与热拌摊铺温度分别为128℃、145℃、126℃、155℃、132℃、158℃、125℃、149℃、130℃、152℃。E-WMA摊铺温度平均值为128.2℃，其温度变化范围为125℃~132℃；HMA摊铺温度平均值为151.8℃，其温度变化范围为145℃~158℃。

（4）碾压。保证碾压质量是温拌沥青施工的关键。根据国内相关研究，温拌沥青混合料降温速率影响主要因素包括：层厚、风速、大气温度、下卧层温度、太阳辐射（云层）等。

结合工地现场实际，表面活性型温拌试验路采用的碾压组合方式及温度如下：

①初压：采用徐工YZC12压路机1台，前静后振全幅碾压3遍，碾压速度为3km/h，现场5个位置的初压温度分别为：123℃、122℃、128℃、122℃、127℃；

②复压：采用徐工DP301-Ⅱ压路机1台，全幅碾压4遍，碾压速度为4km/h，现场5个位置的复压温度分别为：118℃、121℃、126℃、119℃、123℃；

③终压：采用徐工YZC12压路机1台，静压1遍光面，碾压速度为4km/h，现场碾压终了温度远高于65℃，符合《寒区温拌沥青混合料路面技术规范》（DB63/T 812—2009）的要求。

从现场5个温度观测点数据来看，E-WMA初压、复压温度平均值分别为124.4℃、121.4℃，HMA初压、复压温度平均值分别为147.4℃、136℃，两者平均值温度差分别为23℃、14.6℃（其中初压最大温差为28℃、复压最大温差为17℃），E-WMA比HMA具有更长的有效压实时间。从现场实际碾压情况来看，E-WMA碾压过程在延长有效压实时间的基础上,更有利于各集料之间的镶嵌作用并且效果优于 HMA。

4. 上面层 ATB-25 试验检测结果

(1) 马歇尔试验结果。E-WMA 采用的沥青用量为 3.93%,试件成型温度采用 140℃。实测试验数据分别为:毛体积相对密度为 2.384,最大理论相对密度为 2.491,饱和度为 70.09,空隙率 4.31%,稳定度 9.23kN,流值 3.1mm。结果表明,试件各项指标均满足《公路沥青路面施工技术规范》(JTG F40-2004)要求。

(2) 抽提试验。从抽提结果来看,当日所取拌和楼表面活性型温拌沥青混合料沥青用量和矿料级配均满足规范控制范围要求,具体见表 3-25。

表 3-25　ATB-25　表面活性型温拌沥青混合料抽提试验结果

	沥青用量(%)	下列筛孔的通过率(%)(方孔筛)											
		31.5	26.5	19.0	16.0	13.2	9.5	4.75	2.36	1.18	0.6	0.3	0.15	0.075
混合料	3.83	100	95.7	72.7	57.5	45.2	42.7	30.3	19.8	16.2	13.6	8.9	5.7	2.6
生产配合比	3.98	100	95.7	69.8	57.6	53.7	42.3	29.2	21.9	17.5	12.2	7.9	5.4	4.1
控制范围	5.2~4.6	100	90~100	60~80	48~68	42~62	32~52	20~40	15~32	10~25	8~18	5~14	3~10	2~6

(3) 现场检测试验结果。表面活性型温拌试验路现场试验采用随机抽检的方式进行,对整层 ATB-25 表面活性温拌试验路段分别进行取芯,共钻取 5 个芯样,芯样高度及压实度如表 3-26 所示。

表 3-26　ATB-25　温拌路面芯样厚度及压实度

芯样编号	芯样高度(cm)	芯样密度(g/cm³)	马歇尔标准密度(g/cm³)	马歇尔标准密度压实度,%	最大理论相对密度	理论密度压实度,%
1#	8.0	2.445	2.381	102.7	2.489	98.2
2#	9.0	2.450		102.9		98.4
3#	9.5	2.409		101.2		96.8
4#	10.5	2.425		101.8		97.4
5#	8.0	2.410		101.2		96.8
平均值	9	2.428		102.0		97.5
要求	≥8	—	—	≥98	—	92~97

检测数据表明,芯样厚度、马歇尔标准密度压实度、最大理论密度压实度单点值均满足《公路沥青路面施工技术规范》(JTG F40—2004)的要求。

5. 主要结论

本次 ATB-25 表面活性型温拌沥青混合料试验段的施工和检测结果表明:在相同级配、相同空隙率下,E-WMA 最佳沥青用量比 HMA 略高,说明 E-WMA 的工作性稍逊于 HMA。另外,表面活性型温拌沥青混合料在大幅降低混合料生产温度的同时,一定程度上提高了沥青混合料的生产效率,平均每小时单位产量可以提高 5%,并可以很好地保证沥青混合料的压实,施工效果优于相应的热拌沥青混合料。

6. 寒区施工中温拌技术中存在的主要问题

虽然温拌技术在寒区施工具有减缓混合料降温速率、保证施工压实时间的优势。但就青海省的实际应用情况来看，温拌技术仍然处在试验阶段，技术上仍存在一定缺陷，体现如下。

（1）成本较高。温拌沥青混合料减少了燃油消耗，但增加了国外专利添加剂的费用。根据本次试验段数据，每铺筑 1km 的 Evotherm 温拌沥青路面，最终约增加 2.7 万 ~3.3 万元。

（2）水稳性差。在低温条件下温拌沥青混合料存在水损害的现象，这主要是由于集料不完全干燥，集料表面膜的水导致水损害。参照欧洲经验，可将集料含水量控制在 1%~2%，通过控制集料初始含水量来保证温拌沥青混合料的水稳性。

（3）缺乏对温拌沥青混合料铺筑路面长期性能的跟踪评测。目前国内所能跟踪到的最早的温拌路面建于 2005 年，至今不过 7 年多时间。另外，个别工程应用温拌技术，效果并不理想，致使许多单位对温拌沥青的技术性能持怀疑态度。

3.10 彩色树脂抗滑薄层罩面技术在青海省道 S103 的应用研究

彩色薄层罩面铺装是指通过胶结料、颜料以及矿料（或者骨料）按照一定的比例，采取合适的工艺过程使原有路面呈现彩色化技术。目前，路面彩色化的途径常常有以下几种。

（1）彩色沥青混合料是指脱色沥青与各种颜色石料或树脂类胶结料、色料和添加剂等材料在特定的温度下拌和形成的具有一定强度和路用性能的新型沥青混凝土路面。

（2）彩色稀浆封层采用适当级配的彩色碎石或浅色碎石、水、配以颜料及添加剂，用改性乳化树脂作为黏结料，按照一定的比例拌和后，用稀浆封层机进行施工，摊铺厚度一般为 4~6mm。

（3）彩色水泥灌浆沥青混凝土路面是以大空隙沥青路面为母体，铺筑完成后将水泥胶浆中掺入色料进行着色，然后将水泥胶浆通过机械灌入母体路面中，经过养生后，即形成彩色灌浆沥青路面。

（4）彩色防滑薄层罩面是用特殊的高分子树脂黏合剂（涂料）和各种粒径的骨料（碎石或陶瓷颗粒）以精确的数量涂覆于各种路面形成的一种新型路面。相比而言，彩色防滑罩面在铺设彩色路面时施工简单、颜色种类丰富、色牢度相对稳定、价格相对便宜，防滑作用突出，所以，该类材料在国内外彩色路面的铺装中用量越来越大（见图 3-62）。

图 3-62 互助十二盘坡彩色罩面

S103线西宁至甘禅口公路工程始于青海西宁市韵家口村团结桥路与付家寨路平交处，所属段落为北山国家地质森林公园旅游线路的一部分，连续的十二道弯道（生肖十二盘）对行车安全提出了更高要求。彩色路面能够起到很好的安全警示和防滑作用，改变路面单一的非黑即白的形式，同时彩色罩面提高了路面的抗滑系数，从整体上提高了路面的安全系数。该项目工程属于原路面加铺彩色沥青薄层罩面，原路面的面层结构为5cm中粒式AC-16C下面层＋4cm细粒式AC-13C上面层。考虑到青海省的气候特征和省道S103生肖十二盘的地势，必须对用于彩色防滑罩面的彩色胶结料进行改性处理，以便适应青海省的高寒以及强紫外线的要求，该工程主要结论如下。

（1）对传统的环氧树脂类材料进行改性，综合低温韧性、拉拔强度和抗紫外线老化性能，适宜的彩色抗滑胶结料的配合比为：（聚氨酯改性环氧树脂）：（E51环氧树脂）的掺配比例为1.5：1，碳黑的掺量为3%，短切纤维的掺量为1%，通过室内加速模拟，其长期抗紫外老化性能优良，与基准样比较，3年期断裂延伸率的衰减率为21.62%，满足技术要求建议值。

（2）试验路铺筑的彩色薄层罩面施工工艺流程为：原路面清扫—施工放样—胶料现场配制和涂刷—撒布骨料（小型压路机碾压）—养生—清扫表面浮粒。

（3）彩色树脂薄层抗滑罩面层的抗滑摩擦系数和构造深度均大幅度优于非罩面沥青混合料面层，其中抗滑系数和构造深度分别较沥青混合料层提高34%和78%，同时平整度满足技术要求，说明采用彩色树脂抗滑薄层罩面在客观上提高了行车的安全系数。

3.11　山区桥梁洪水灾害防御对策与措施

（1）合理选择桥位和确定桥跨布置。桥位选择首先需要慎重布设大角度斜交桥、顺河桥。错孔布置的斜交跨河桥对泄洪非常不利，在山区河流布置顺河桥，虽可减轻山地地灾，却加大了洪灾风险。其次是确定合理桥高，对于山区桥梁，提高桥面标高，为泥石流的通过提供了更大空间，对于消除和减少泥石流灾害中的主梁推挤灾害也能起到很好的作用。最后是跨径适当加大，山洪泥石流对桥墩的推挤，就其本质而言是由于桥墩压缩了山洪泥石流流动的断面，在易爆发山洪、泥石流的桥位适当增大桥梁跨度，减少桥墩数量，可以增大山洪泥石流的下泄空间，也可在一定程度上减轻山洪、泥石流对桥墩的推挤。

（2）合理选择桥梁基础形式及桩基深度。水文灾害区域慎重采用扩大基础，以防基础被山洪、泥石流冲蚀。采用桩基础时，应考虑山洪泥石流的影响，适当加长桩基，缓解河床下切导致的病害，避免因地基冲蚀导致的桩基承载力下降或失效。

（3）桥墩桩基防磨蚀及防撞构造。对于跨越急流的桥梁和顺河桥梁，在常年洪水位至最大冲刷线之间的墩柱桩基外包钢套管或表面喷涂"拜铁膜"的方式进行冲刷、磨蚀防护。河道范围存在较大块石撞击、磨蚀桥墩的情况，可采用外层为增强型纤维耐磨复合材料，内层填充发泡耗能材料与散力结构耗能体系的新型桥墩防护装置，降低对桥墩的冲击力，见图3-63。

（a）缓冲耗能防撞构造　（b）单元块桥墩防护装置　（c）包裹拜铁膜耐磨缓冲材料　（d）桩柱外包钢套管

图 3-63　桥墩桩基防磨、防撞构造措施

（4）采用导流槽。规范泥石流的流动方向无论是桥墩受推挤、桥梁被掩埋，均是泥石流流动沉积的结果，设置导流槽能限制泥石流的流动方向和范围，可以基本消除其对桥墩的推挤的掩埋。在映汶高速的灾后恢复重建中，采用了导流槽（见图 3-64），通过导流槽将泥石流的流动限制在导流槽内，避免泥石流对桥墩的直接冲击和挤压。

（5）分级拦挡，水石分离。对于跨越泥石流沟谷的桥梁，通过拦挡坝（见图 3-65）可拦挡部分大型漂砾、落石，并降低泥石流流速，使固体物沉积，通过多级拦挡后可实现水石分离，极大减少冲击桥梁的漂砾数量，保护桥墩免受冲击和磨蚀。

图 3-64　红椿沟中桥导流槽　　　　　　　图 3-65　拦挡坝

根据《公路桥涵养护规范》（JTG 5120 — 2021）5.5.2：泥石流灾害处治措施，应根据泥石流沟的地形、地质状况、沟槽宽度及坡度、泥石流性质、流势以及泥石流对桥涵危害程度等因素综合考虑，可采取下列措施：①位于频繁发生较大的黏性泥石流区及规模较大的稀性泥石流区的桥梁，可改线绕避。②跨越稀性泥石流或水流中含砂石较多河沟的涵洞，可增加涵洞跨径或改涵为桥。③在泥石流形成区，可采取截水、排水并结合支挡等工程措施控制水土流失和防止滑坍情况的发生。④在泥石流经过区，可在过流沟道内采取护底及护坡措施；在储淤条件较好处，可修建拦挡坝或停淤场。

[工程示例] 青海省察德高速公路泥石流病害防治措施

海西州尕海湖附近察德高速公路泥石流频发，且现有防治工程无法有效避害的问题（见图 3-66）。

（a）尕海湖附近泥石流现场情况照　　　　　（b）泥石流区域道路状况

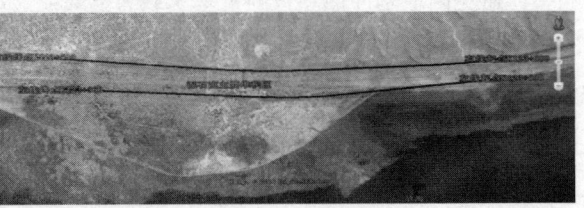

图 3-66　海西州尕海湖附近察德高速公路泥石流

通过水文计算：该区域泥石流属于小型、稀型、高频泥石流，集中发生在6~9月，一次最大冲出量1600 m³，流量13.3 m³/s，跨越泥石流桥梁墩台一般冲刷深度为1.54 m，控制桥下净空4.5 m，桥梁高度和长度由泥石流堆积量来确定。

拟以桥梁形式通过该区域，桥梁上部结构为4×20m装配式预应力混凝土连续箱梁，采用圆柱墩、桩柱式桥台。同时，避免泥石流上路，将左右幅桥梁处的河道进行开挖，拓宽处理，用排洪渠衔接起来，排洪渠横断面见图3-67。

（a）桥梁立面图

（b）泥石流排洪渠横断面

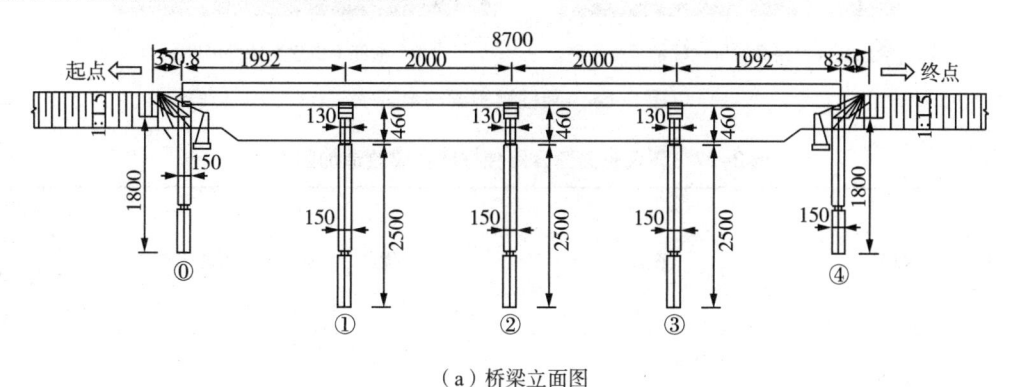

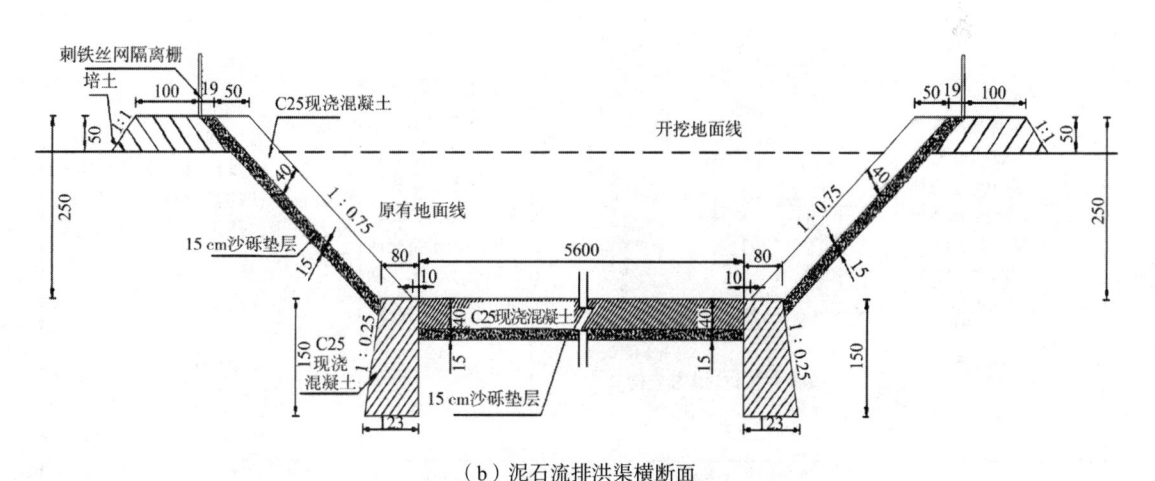

图3-67 察德高速公路泥石流跨越形式

3.12 独柱墩桥梁安全改造

根据《交通运输部关于全面排查独柱墩桥梁安全运行状况的通知》（交公便字〔2019〕426号）的要求，青海省高速公路管养单位委托相关单位对青海省境内的西塔高速公路、湟贵一级公路、京藏高速公路、平阿高速公路和马平高速公路内的连续箱梁桥独柱式桥墩进行了抗倾覆验算。桥梁抗倾覆验算报告共涉及28座独柱墩桥梁，根据抗倾覆验算结果，共有12座桥梁（共19联）抗倾覆性能不满足现行规范要求。其中，互通匝道桥有7座（共14联），跨线天桥有5座（共5联）。经过分析比较，可采用四种加固方案（见图3-68、表3-27）。

(a)哈尔滨群力路高架桥独柱墩桥整体侧翻　　(b)浙江上虞立交桥倒塌事故

图 3-68　独柱墩桥梁安全事故

表 3-27　青海省高速公路独柱墩桥梁改造加固方案

方案	原理	图式	优点	缺点	主要施工内容/施工难度/景观影响/交通影响/适用性评价
1.设抗拔约束装置	通过在边墩与梁体之间设置抗拔约束装置，避免因边支座的脱空而改变结构受力体系，增强横向抗倾覆性能	（a）正视图　（b）侧视图 图1　抗拔约束装置构造	对桥梁原有结构受力模式影响很小；抗拔约束装置构造简单，工程造价低，施工方便，对桥上的正常交通影响很小，施工期间不需要封闭交通	受构造及空间的限制，抗拔约束装置设计的抗拔力有限，使用范围较小	植锚栓，粘钢板/较小/很小/很小/最不利处支座拉力较小时适用
2.独柱墩增设盖梁，横向增加支撑	独柱墩增设盖梁，横向增加支撑	图2　独柱墩增设盖梁，横向增加支撑	按照现行规范要求，通过结构受力计算，将原桥的几个中间墩的单支座改为两个及以上支座，横向增加支撑，使上部结构在最不利荷载工况下不会发生梁体倾覆破坏	独柱墩增设盖梁，横向增加支座后，原桥横梁的受力模式发生了改变，需要验算，可能要对横梁进行加固处理，使其满足改变受力模式后的承载力要求；桥下净空要求有限制时存在一定的影响，需要核实实施时存在增设盖梁和支座等问题，施工过程相对烦琐	植筋，浇筑混凝土，增设支座/较小/较小/较大/桥宽不大，桥下净空不受限制时适用

续表

方案	原理	图式	优点	缺点	主要施工内容/施工难度/景观影响/交通影响/适用性评价
3.1 加强独柱墩，横向增加支撑	桥梁宽度较大时，可在现有桩柱两侧对称增设桩柱	图3 两侧增设墩柱构造	结构可靠、安全，增加横向支撑的同时通过增加桩柱和包裹墩柱的方式提高了墩柱的强度和安全性；一般情况下，一联桥内只处理个别几个墩，就能满足现行规范对抗倾覆的要求；处理后，桥墩外形相对美观；施工过程对桥上交通的影响较小，只是在安装与更换支座时短暂封闭交通；可处理多种形式的独柱，适用范围较广	独柱墩增设盖梁，横向增加支座后，原桥横梁的受力模式发生了改变，需要验算，可能要对横梁进行加固处理，使其满足改变受力模式后的承载力要求；桥下净空要求有限制时存在一定的影响，需要核实；施工过程较为复杂，工期较长；新建桩基施工方法有一定的限制	打桩，浇筑墩身，增设支座/较小/较大/较大/桥宽较大，净空不受限制时适用
3.2 加强独柱墩，横向增加支撑	桥梁宽度较小，不具备现有独柱墩两侧有对称增加桩柱的条件，而且原桥墩不带承台时，可在原桩基周围增设桩基，形成群桩，并设置承台连接，在其上对现有墩柱进行包裹，形成花瓶墩，将单支撑改为多支撑	图4 增设桩基，包裹墩柱构造			打桩，浇筑承台，植筋，浇筑混凝土，增设支座/较小/较小/较大/桥宽较大，净空不受限制时适用
3.3 加强独柱墩，横向增加支撑	原独柱墩本身带有承台，经计算，对桥墩包裹后，原有基础能满足结构受力要求，可对原有独柱墩进行包裹，形成圆端形墩柱，以达到增加桥墩强度和支撑宽度的目的，将单支撑改为多支撑	图5 包裹墩柱，增设支座构造			植筋，浇筑混凝土，增设支座/较小/较大/较大/桥宽较小，净空不受限制时适用

续表

方案	原理	图式	优点	缺点	主要施工内容/施工难度/景观影响/交通影响/适用性评价
4.拉大支撑间距	原桥箱梁底板宽度较小，两支座间距较小，不满足抗倾覆要求时，可增加横梁和盖梁长度，拉大支座间距		根据计算确定支座拉大的距离，可确保梁体不会发生倾覆破坏，满足抗倾覆要求	独柱墩增设盖梁，横向增加支座后，原桥横梁的受力模式发生了改变，需要验算，可能要对横梁进行加固处理，使其满足改变受力模式后的承载力要求；桥下净空要求有限制时存在一定的影响，需要核实；施工过程比较复杂，工期较长	植筋，浇筑混凝土，增设支座/较小/较小/较大/净空不受限制时适用

马平西高速公路K1713+040跨线天桥上跨高速公路。桥梁跨径布置为17 m+2×27 m+17 m，桥梁全长为93.6 m。桥上部结构为预应力钢筋混凝土现浇连续箱梁，下部结构桥墩为无盖梁独柱墩（单支座），桥台为柱式台（双支座），基础采用桩基础。桥面宽度为12.0 m，即0.5 m（防撞护栏）+11.0 m（行车道）+0.5 m（防撞护栏）。该桥于2002年建成通车，设计荷载等级为汽-20、挂-100级，桥梁平面位于直线上，纵断面纵坡为-3.667%，横坡为双向1.5%。经现场调查，除上部结构主梁悬臂底局部渗水泛碱外，桥梁无其他明显病害，下部结构无明显病害，技术状况良好，桥梁整体结构技术状况良好。

根据加固前抗倾覆验算结果，该跨线天桥存在支座脱空及倾覆的可能性，因此该桥需要增设支座来加固，具体方案为：1号墩、3号墩原为单支座，现改为双支座，间距为5 m；2号墩单支座不变，保留原设计；0号墩、4号台双支座不变，保留原设计。

将1号墩、3号墩单墩加盖梁改为多支撑（增设钢盖梁）后，经过抗倾覆验算，能够满足现行规范的要求，保障桥梁结构安全运行。在四种加固方案中，加固设计选择的是方案2。

3.13 高寒高海拔地区桥梁橡胶支座典型病害分析

花久公路全长389km，平均海拔4000m，起点位于玛多县花石峡镇，终点在久治县青川省界，途经玛多、玛沁、甘德、久治4县。年平均气温-4℃，气候条件严酷恶劣、地质结构复杂多样、生态环境敏感脆弱。以花久公路14座桥梁为例进行调查发现：桥梁支座主要病害有开裂、偏位、脱空，分别占支座总数的23.2%、11.0%、9.3%。

橡胶支座病害主要有橡胶开裂、不均匀外鼓与压溃现象、外露钢板、脱空、支座变形等现象（见图3-69）。

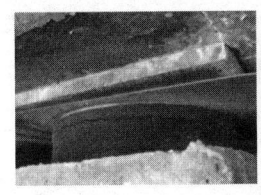

（a）支座开裂　　（b）支座压溃、不均匀鼓凸　　（c）支座脱空　　（d）支座变形

图3-69　花久公路支座病害形式

3.13.1　病害原因分析

（1）支座开裂现象最为普遍，其原因主要有：①支座本身质量不合格，如使用劣质原材料以及加工质量差。②橡胶支座在受力过程中表面不断老化。③橡胶支座未按照要求进行搬运、存放以及安装，导致受到污染甚至损伤。④支座脱空等原因所导致的受力不均现象。

（2）不均匀鼓凸与压溃现象是由于当支座内加劲钢板与橡胶之间粘结效果不好时，载荷作用在板式橡胶支座上使得橡胶与钢板发生脱胶现象，导致支座发生不均匀的鼓凸。

（3）外露钢板指的是在支座加工制作过程中因质量控制不佳或橡胶龟裂，内部钢板发生外露现象。

（4）支座脱空现象产生的原因有：①梁体预制过程中梁端的三角楔形块不平，特别是对于斜交板梁更难控制。②支座垫石标高控制不严使其顶面不平整。③支座垫石强度低，受压之后被压碎，从而引起脱空。④支座安装时，安装温度选择不佳，使得梁体后期伸缩量过大，导致支座产生半脱空现象，此种半脱空在纵向一侧表现得较为明显。

（5）支座变形包括剪切变形和压缩变形，主要原因如下：①支座脱空而使得部分支座受力过大，从而导致其变形增加。②支座安装时环境湿度过高或者过低，随着环境温度的变化，混凝土产生胀缩、徐变，加上汽车制动力的作用，导致剪切变形增加。③桥梁设计纵坡过大，导致支座较大的纵向剪切变形。

3.13.2 相应对策

（1）设计阶段：支座型号的选择合理，若计算应力小于实际使用应力，导致橡胶鼓凸变形增大、橡胶开裂。高寒高海拔地区有着独特的环境特点，具有辐射性强、年温差、昼夜温差大、气候干燥等特点，氯丁橡胶在抗老化性和耐热性方面都优于天然橡胶，建议可以优先使用。

（2）制作阶段：选择合格产品，严禁采用再生胶或硫化橡胶，保证胶片厚度和钢板间距的均匀性。

（3）安装阶段：不重视支座安装环节是支座病害较多的原因之一。支座安装过程常见问题有：①支座垫石不平整及梁体支撑接触面不平整，不满足支座安装的精度要求；②支座方向安装错误；③支座安装出现高差时随意塞垫钢板或砂浆；④四氟滑板支座未安装不锈钢板或不锈钢板与预埋钢板脱开；⑤施工垃圾未清理，导致支座的工作环境恶化，影响支座的耐久性和正常使用；⑥梁板在预施应力后，混凝土徐变时间短，板梁安装没及时整体化，没有及时施工桥面铺装，产生支座脱空现象。因此，在安装过程中要严格按照施工要求和操作规范施工。如果在运营过程中发现任何病害，应及时分析原因，并进行相应的处理，甚至更换等。

（4）养护阶段：养护单位应及时进行支座定期检查，关注支座病害发展动态，把握病害处理的最佳时机；在支座维修过程中，应对支座病害原因进行分析评估，维修处理措施得当。加强橡胶轴承的日常维护工作，及时涂油保养，延缓支座橡胶老化和钢板锈蚀。

3.14 青海省桥梁震害分析

3.14.1 震害形式

北京时间 2021 年 5 月 22 日 02 时 04 分，青海省果洛州玛多县发生了 7.4 级地震，具体情况如下所述。

（1）野马滩大桥

野马滩大桥位于果洛藏族自治州玛多县野马滩，桥址区为低山平原地貌。桥位两侧均为滩地，地形平坦，坡度 2°~5°，地层岩性主要为砂土、粉质黏土、砾砂、圆砾，地下水埋深较浅，局部湖塘中分布小岛，地表积水。该桥平面位于圆曲线半径 R=987.301 m、缓和曲线长 L_s = 150 m、L_s = 160 m 的平曲线内。跨径组成为 5 × (5 × 20) m，与路线前进方向右偏角为 90°，上部结构为先张法预应力混凝土空心板。下部采用柱式墩、柱式台、摩擦桩基础，支座采用橡胶支座。

该桥左右分幅，且距离地震断层非常近，地震发生后，发生连续多跨落梁，其中左幅落梁 19 跨，右幅落梁 18 跨，且每跨落梁方式均为主梁单侧落地，如图 3-70（a）所示。桥台路基过渡段损毁，桥台出现损伤，如图 3-70（b）所示。

(a)多跨落梁形态　　　　　　　(b)桥台路基过渡段损毁

图 3-70　野马滩大桥震害形式

从 1#墩横截面[见图 3-71（a）]和立面图[见图 3-71（b）]可以看出，主梁、盖梁、桥墩均未发生明显破坏，说明构件设计较为合理，但主梁顺桥向位移超过盖梁宽度，仅依靠桥面连续构造无法承担主梁重量而发生断裂，从而导致落梁发生，同时该主梁也撞推相邻主梁，使之也发生超过盖梁宽度的位移，进而导致其相邻桥跨发生落梁，由此形成连续多跨的落梁形态。虽然有些桥跨未发生落梁，但其主梁纵桥向位移已接近盖梁所能支撑宽度极限，如图 3-71（c）所示。另外，从图 3-71（a）还可以看出，因为主梁发生顺桥向大位移，支座无法承受超过其剪切变形的极大剪力，所以导致支座脱落。

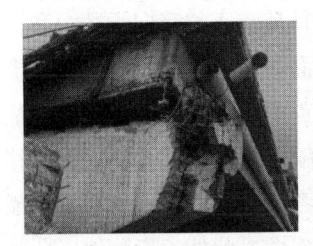

(a) 1#墩处横截面　　　(b) 1#墩处立面图　　　(c)未落梁跨主梁纵桥向位移

图 3-71　野马滩大桥下部结构震害形式

（2）野马滩 2#大桥

该桥位于果洛藏族自治州玛多县查拉坪，桥址区为中山地貌。两岸桥台位于斜坡上，两侧桥岸自然坡角约 5°。桥位处路线平曲线半径 $R=900m$，缓和曲线长 $L_s=130m$，桥孔布置于圆曲线、缓和曲线及直线段内，墩台径向布置。跨径组成为 $9×（5×20）m$，与路线前进方向右偏角为 90°，上部结构为先张法预应力混凝土空心板，下部采用柱式墩、柱式台、摩擦桩基础，支座采用橡胶支座。

该桥也为左右分幅，距离地震断层也很近，但相对野马滩大桥更远，震后左幅未落梁，右幅出现七跨落梁，其落梁形态与野马滩大桥一致，均为如图 3-72（a）所示的主梁单侧落地。

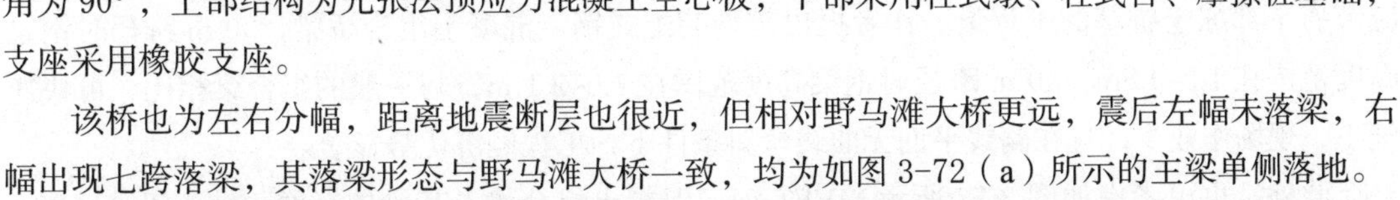

(a) 2#桥落梁形态　　(b)主梁横断面图　　(c)桥墩处立面图　(d)未落梁桥跨主梁顺桥向位移

图 3-72　野马滩 2#大桥震害形式

另外，从图 3-72（b）和图 3-72（c）可以看出，和野马滩大桥类似，该桥也是主梁、盖梁、桥墩均未发生明显破坏，主梁顺桥向位移超过盖梁支承宽度，但该桥距离断层比野马滩大桥远，所以，震害相对小些，且未落梁桥跨也发生较大顺桥向位移，达到已接近落梁的极限状态，如图 3-72（d）所示。

根据现场调研与相关资料，将玛多地震中桥梁的破坏模式分为以下三种。

（1）因桥位处在断裂带附近，强大的脉冲地震力使主梁发生较大的纵桥向位移，直接导致连续落梁和其他震害。同时，几座桥梁的主梁均为结构简支桥面连续的预应力混凝土梁，桥面连续构造层在碰撞过程中起到了传力作用，主梁自重较大，当位移超过盖梁宽度后，单靠桥面连续构造层无法承担其重量而导致断裂。

（2）支座的变形能力已超过其设计剪切变形能力，故其难以承担主梁过大的纵桥向位移，从而导致支座脱落。

（3）在地震作用下，主梁发生的顺桥向的大位移，使得主梁撞击桥台，从而导致桥台损坏和桥台路基过渡段损毁。

3.14.2　探讨关于高寒强震区桥梁总体设计的优化方案

（1）对于上部结构采用预应力混凝土的梁桥，需要采取相应的隔震措施，摩擦摆支座和减震球型支座均能有效地降低顺桥向桥墩内力和位移，而且从支座的竖向承载力和恢复刚度等方面进行考虑，采用钢隔震支座优势显著，故建议预应力混凝土连续梁桥可采用摩擦摆等钢支座作为隔震措施。但同时也必须指出，若采用预应力混凝土上部结构、隔震支座等配套附属构造较为昂贵，会显著增加工程造价。另外，可通过增大伸缩缝间隙以及支座屈服位移的方式减少纵桥向主梁与桥台的碰撞次数。青藏地区属于冻土区，考虑到在冻土区低温对混凝土的不利影响，可以通过掺加抗冻剂和引气剂提高混凝土的低温抗冻性。此外，青藏地区紫外线强烈，会加速混凝土材料的老化，对结构的耐久性产生不利影响，故应采取一定的构造措施，主要有：施加表面防护，如涂漆、砂浆抹面等；进行表面处理。另外，对采用 FRP 片材加固的混凝土结构，还可以通过增大 FRP 粘贴层数、对浸渍树脂进行改性等方式加强结构的耐久性；还有一些学者对整体式桥台和钢管混凝土组合桥墩进行了抗震方面的研究。

（2）对于新建或者改、扩建的桥梁，上部结构可采用较轻的组合梁，减轻上部结构的自重，从而减小地震惯性力，且无须采用专门的隔震支座。此外，采用自重小的上部结构，也将会相应节省下部冻土桩基的工程量。作者提出一种装配式钢－混凝土组合桥梁，30 m 跨径时钢梁高度范围在 1.3~1.8m，40 m 跨径时钢梁高度范围在 1.6~2.1 m，与一般的组合梁相比，可快速施工，现场作业少，且在路线平面无曲线弯斜条件下，工程经济优势显著。

此外，也可考虑如图 3-73 所示 MVFT 钢－混凝土组合梁，其梁体轻便，施工迅速，30m 跨径时钢梁高度范围在 0.7~1.0m，40 m 跨径时钢梁高度范围在 1.2~1.5m。钢梁部分和混凝土板全部在工厂预制，有利于减小混凝土板收缩徐变和快速施工投入使用。现将预应力混凝土梁、整体装配式钢混组合梁、MVFT 组合梁桥型的工程经济指标统计数据列出来。另外，对于小跨径的旱桥（8~16m），拉挤型 GFRP －混凝土组合结构自重轻、强度高、施工快、耐久性好，且造价经济，施工可作为模板，也是一种在高寒强震区具有广阔应用前景的上部结构形式，其混凝土桥面板厚度为 120 mm 左右，组合梁全高大约 680 mm，结构形式如图 3-74 所示。

图 3-73 MVFT 横截面构造

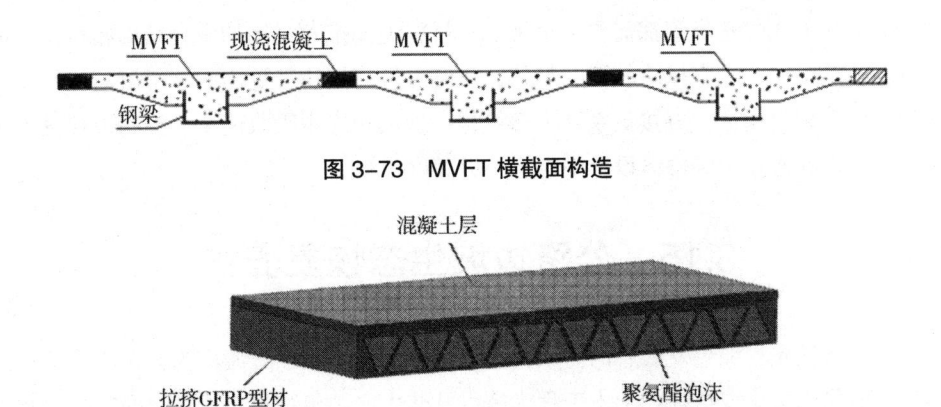

图 3-74 拉挤型 GFRP—混凝土组合梁

（3）此次地震中落梁是较为频发的一种严重震害，应予以高度重视。采用拉索式、钢板式、链式防落梁装置等均为较好的防落梁措施。也可将阻尼器与限位器、模数式伸缩缝与限位器、橡胶缓冲装置与限位器两两组合使用，混合装置结合了多种材料或装置的优点，防落梁和碰撞破坏效果较好。同时，结构简支、桥面连续的构造在强震时，桥面构造层起到了类似刚性连杆的作用，传递了简支梁之间巨大的碰撞力。因此，在设计方法上，桥面连续构造层从配筋、厚度、联长上应通盘考虑；其理想的力学模型为"可熔断的连杆"，如图 3-75 所示，在小震作用下，可熔断的连杆发生弹性变形；强震作用时，结构在巨大的拉力或者压力下自身发生断裂，从而阻止其传递梁与梁之间的力，同时还可以吸收地震的一部分能量；未来可开展大比例尺的实桥模型地震碰撞试验、非线性的振动数值计算以深入研究"可熔断"桥面连续构造层的力学机理。综上所述，需要进一步完善防落梁的构造措施及设计方法。

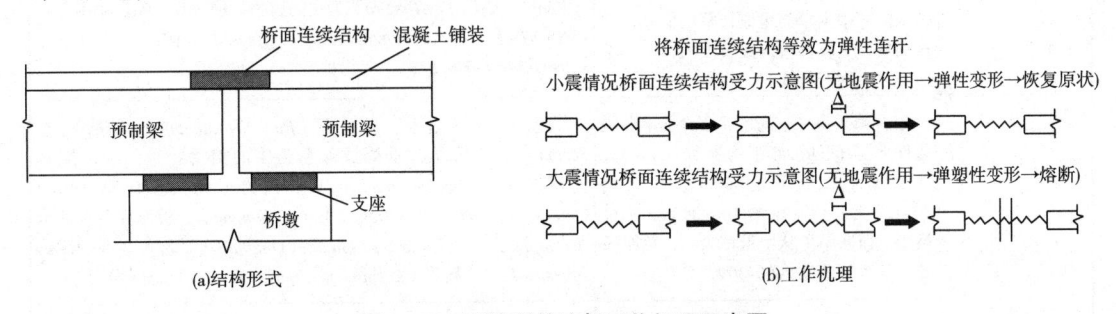

图 3-75 可熔断的连杆工作机理示意图

（4）在此次震害中，路桥过渡段均出现了明显震害，主要包括桥台搭板端部路面出现的挤压隆起和桥台伸缩缝的张裂。实际上，在未发生地震时，由于冻土段路基和桥台的不均匀变形，某些路桥过渡段已经产生了初始病害。在场地允许的情况下，在新、改建时可考虑肋式桥台—片块石路基过渡方案，该方案的优点在于肋式桥台的肋板之间有空隙，使得背墙后路基土体和外界可实现对流，同时，该结构的路基部分采用片块石实现逐渐过渡，与桥台临近的路基整体自身也可保持冻土地温。

3.14.3 结论

高寒强震区环境恶劣，本身就会导致桥台冻害、桩基冻胀、融化下沉等病害，因此对于材料的选用、结构形式的选择等都需要慎重考虑，桥梁上部推荐采用的组合结构相对预应力混凝土梁自重轻、施工快、震害风险较低。另外，支座、抗震挡块、提出的"可熔断"的简支梁桥面连续构造层等附属构造，直接关系到上部结构在地震响应中吸收能量、控制位移等关键功能的实现，故其在高寒强震区桥梁设计中也应予以高度重视。

3.15 公路边坡生态恢复养护

按照"生态优先、绿色发展"的要求，公路生态恢复工程在青海广为分布。其中，边坡的生态恢复主要采用植物或植物与土木工程措施以及非生命的植物材料相结合的方法，起增强坡面稳定性、减少水土流失并恢复边坡植被生物量与多样性的作用。维持边坡生态恢复效果需要科学开展养护，包括日常检查、施肥、浇水灌溉、补植、病虫害和鼠虫害的防治等。青海公路沿线分布有高寒草甸、高寒草原、温性草原、高寒荒漠四种主要草地类型，因此公路养护植被应基于路段可处地区自然、气候条件，选用合适的草地类型。根据《高海拔高寒地区公路边坡生态防护技术设计规范》（DB 63/T 1599—2017）附录，青海省生态防护植物物种推荐如表3-28所示，各推荐植物物种养护要求如表3-29所示。

表3-28 生态防护植物物种推荐表

植被类型	适应范围	推荐植物物种
高寒草甸	在高寒湿润气候条件下发育形成，主要分布于海拔3000m以上，年平均温度在0℃以下，年降水量350mm~550mm，土壤为高山草甸土，植被由寒中生草类组成，草层低矮，结构简单，生长密集，覆盖度大，生长季节短，生物产量低	青海草地早熟禾（*Poa Pratensis L.cv.Qinghai*）、麦宾草（*Elymustangutorum*（*Nevski*）*Hand.-Mazz.*）、垂穗披碱草（*Elymus nutans Griseb.*）或同德短芒披碱草（*Elymus breviaristatus*（*Keng*）*Keng f.cv.Tongde*）为主的植物物种组合，配合使用青海冷地早熟禾（*Poa crymophila Keng cv.Qinghai*）、中华羊茅（*Festuca sinensisKeng ex S. L. Lu*）等物种
高寒草原	在高海拔高原、高山，寒冷干旱多风条件下发育形成，年平均温度-4.4~0℃，≥10℃年积温不足500℃，生长期90~120天，年水量100~300mm，植被组以以寒旱生丛生禾草为主，草原稀疏、低矮覆盖度20%~30%	青海冷地早熟禾、星星草（*Puccinelliatenuiflora*（*Griseb.*）*Scribn.*）、麦宾草、垂穗披碱草为主的植物物种组合，配合使用碱茅（*Puccinelliadistans*）、同德小花碱茅（*Prucinellia tenuiflora*（*Griseb.*）*Scribn.et Merr.cv.Tongde*）、青海扁茎早熟禾（*Poapratensis L.var.anceps Gaud.cv.Qinghai*）、老芒麦（*Elymus sibircius L.*）、赖草（*Leymus secalinus*（*Georgi*）*Tzvel.*）等物种
温性草原	在温带半干旱气候下发育形成，年降水量250~350mm，≥10℃年积温2200~3600℃，湿润系数0.3~0.6，建群种以旱生丛生禾草为主	宜采用灌草结合的配置。草本植物可选青海冷地早熟禾、星星草、麦宾草、垂穗披碱草为主的植物物种组合，配合使用碱茅、同德小花碱茅、青海扁茎早熟禾、老芒麦、赖草等物种。灌木可选择柠条（*Caragana korshinskii Kom*）、沙棘（*Hippophae rhamnoidesL. subsp.sinensis Rousi*）等植物物种
高寒荒漠	在高海拔内陆高山和高原环境下发育形成，≥10℃年积温1000℃或稍多，生长季短，年降水量在100mm以下，日照强，植被由垫状小半灌木组成，草层高度5~7cm	宜选用柽柳（*Tamarix chinensis Lour.*）、沙蒿（*Artemisiadesertorum*）、沙棘（*HippophaerhamnoidesL. subsp. sinensis Rousi*）、柠条、青海固沙草（*Orinuskokonorica*（*Hao*）*Keng*）、冰草（*Agropyron cristatum*）等植物物种

表 3-29 推荐植物物种养护要求

推荐物种	养护要求
早熟禾	充分利用灌溉或降水,确保生长期内能获得足够水量;防治病虫害。生长较快时适当修剪;存在土壤板结和斑秃时及时进行松土与补植
中华羊茅	刚播种时幼苗细弱且生长缓慢,根系扎入土壤较浅,要严加保护,禁止牲畜践踏和采食。在分蘖和拔节期灌水能获得较高产量,适当进行施肥
垂穗披碱草	出苗期生长速度较为缓慢且易受杂草影响,在拔节期注意灌水 1~2 次,确保生长期间水量充足。生长 2~4 年的产量较高,随后产量开始逐渐下降,产量下降时要对其进行松土、切根和补播草籽
星星草	草种播种后,要专门设置管理人员,在播种范围内挖四周,要挖沟,生长初期禁止人畜踩踏。管理人员要在草种生长过程中及时进行灌溉,以保证种子发芽。发现缺苗或者草种未生长的地方,及时进行育苗移栽或补种
麦宾草	苗期生长缓慢,在其生长期间及时消灭杂草。在生长过程中需水量较多,缺水时产量明显下降,应分别在开花期、拔节期、孕穗期及抽穗期进行灌水,如条件允许还应在孕穗期、抽穗期结合灌水追施氮肥
碱茅	碱茅的栽培过程分为旱作栽培和灌溉栽培,在青海地区主要选择旱作栽培,碱茅刚出草后,叶子一般比较纤细,必须加强保护。碱茅还是家畜喜食的牧草,在其生长期间防止家畜进入采食
老芒麦	采用封育管护措施。在草种拔节至孕穗期,有灌溉条件的,应及时灌水 1 次,每公顷灌水 900~1200 立方米,同时,每公顷追施尿素 75~150 千克
柠条	裸根苗造林成活率不高,注意在苗期入秋前进行断根处理,促进须根发育
沙棘	增强树体生长期间的各种必需元素的供给,加大氮磷钾肥的投施。在其生长期间增施有机肥料,并及时进行水量灌溉,保持适度墒情,促进树体强壮的同时;增强其抗病能力。在生长期间出现的病枝、死枝要及时修剪,防止病菌侵袭感染
柽柳	定植后不需要特殊管理,栽培极易成活,在生长期间适当加以浇水、追肥,提高其成活率。夏天温度过高时注意补充水量,否则植物会缺氧枯萎。一定要早晚浇水,不宜过多,土壤中要注意积水,并在生长期间注意剪去过密枝条
沙蒿	第一年后可用犁于春季黄风过后,在行间浅耕一次,以促进根系的生长和发育
冰草	种子生产时可采用滴灌或喷灌,第二年注重浇返青水,根据牧草的需水情况在拔节期、抽穗期、开花期适时浇水,且冬季灌水对植株安全越冬特别有利。滴灌时追施尿素,均分于苗期、拔节期和抽穗期

在青海省公路边坡生态恢复中,应根据边坡坡率及类型,采用不同的生态恢复方法。各生态恢复方法及对应的养护要求如下。

(1) 三维网护坡。三维网护坡是指利用活性植物与土木工程材料相结合在边坡坡面建造具有自身生长能力的防护系统,通过植物自身的生长特性来对边坡进行加固。适用于高海拔地区新建、改扩建的高速公路和一级公路,边坡坡率宜为 1∶2~1∶3 的土质边坡。

养护要求为:在使用三维网护坡时,牧区应该设置围栏,防止牛羊啃食破坏;在草地盖度不满足标准时需及时进行草种补植;在对边坡进行日常检查时,重点关注边坡植物是否健康生长,并及时发现病虫害和鼠害,并协同相关部门共同解决;定时针对性地对三维网内的植物喷洒农药,使植物健康成长。

[工程示例]—西塔高速三维土工网

在路堤南北两侧边坡上各铺设三维土工网 1000m^2(长 200m,宽 5m),施工面积为 2000m^2。

铺设三维网之前进行了清坡处理,去除碎石、平整凹陷,还进行了底土改良,主要是翻松表土,施加有机肥。铺设三维网后采用人工覆土方式向三维网内回填客土,回填厚度为 3~4cm。使用的植物物种为草种占 60%~70%,灌木柠条占 30%~40%;其中草种比例为紫花苜蓿 30%、老芒麦 20%、披碱草 20%、中华羊茅 20%、碱茅 10%;单位面积播种量为 3000 粒/m^2。整个施工在 2006 年 5 月 1 日至 5 月 9 日完成,如图 3-76 所示。

图 3-76 三维土工网及铺设现场

（2）移植草皮。移植草皮是指将受施工影响区域的天然草皮或人工种植的草皮采取挖取、养护、铺设等方法移植于边坡进行生态修复的技术，适用于有天然草皮、边坡坡率缓于 1：1.0 的土质边坡。

养护要求为：对移植草皮的第一次浇水时要尽量浇足浇透，注意单位时间的浇水量不能超过土壤的渗水能力，灌溉水总量不应超过土壤自身的持水量。当草种生长至 10~12cm 时，对其进行修剪，剪至 7~8cm。做好初期的病虫害防治工作，如根腐病、幼苗凋萎病及食茎、食叶害虫的发生（见图 3-77）。

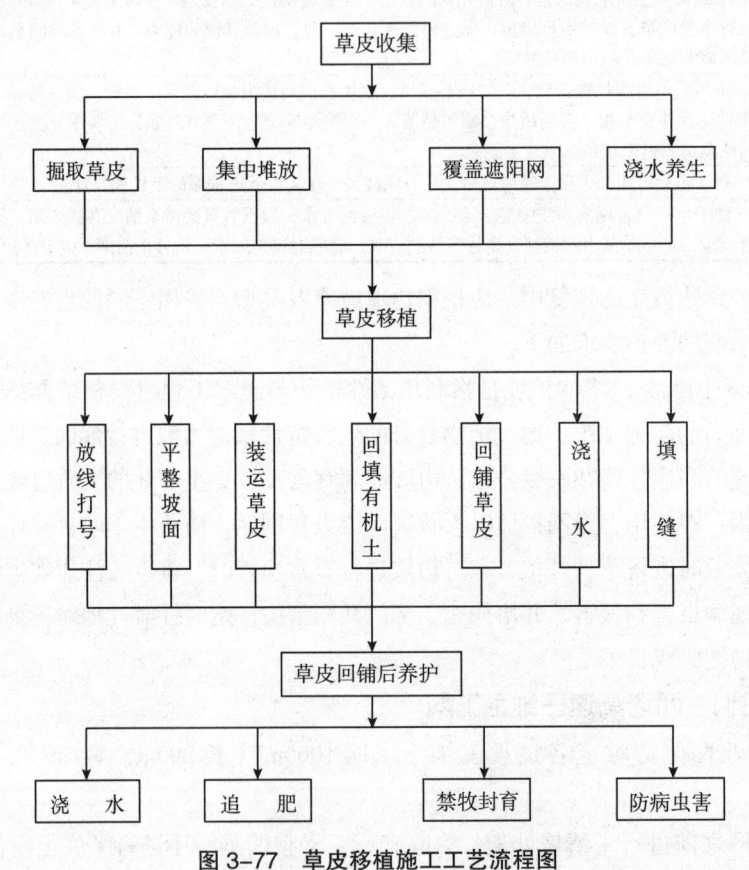

图 3-77 草皮移植施工工艺流程图

（3）植被纤维毯。植被纤维毯是指采用天然或人造纤维等材料制作成纤维毯,将草种、肥料、营养土、保水剂等按一定配比植入纤维毯上，采用针刺、滚压、定位等工序，加工制作成植被纤维毯后，覆盖 1~1.5cm 厚的腐殖土，铺设于工程创面的技术，适用于边坡坡率缓于 1：1.0 的土质边坡（见图 3-78、图 3-79）。

图 3-78 植被纤维毯的形式及铺设

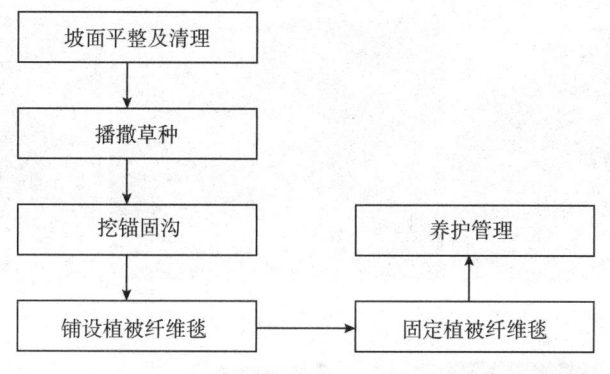

图 3-79 植被纤维毯施工工艺流程图

养护要求为：在种植后适当喷水，避免在强烈光照下进行浇水，否则会造成植物生理性缺水和诱发病虫害。部分地区在生长期间注意清除杂草并根据需要适当施肥，为草种生长提供养分，当植物生长过快时及时进行修剪，保证边坡坡面的平整和美观。确保公路边坡绿化的整体效果，及时对少苗、缺苗地段进行补播，即进行缺陷修复。

（4）撒播混植。撒播混植是指通过设计要求选择的植物种子按照比例混合，与细粒土均匀混合后，撒播在经过改良的表土上，覆盖0.5~1cm厚的细粒腐殖土，并进行滚压所形成的人工建植边坡，适用于边坡坡率缓于1∶1.0的土质边坡（见图3-80）。

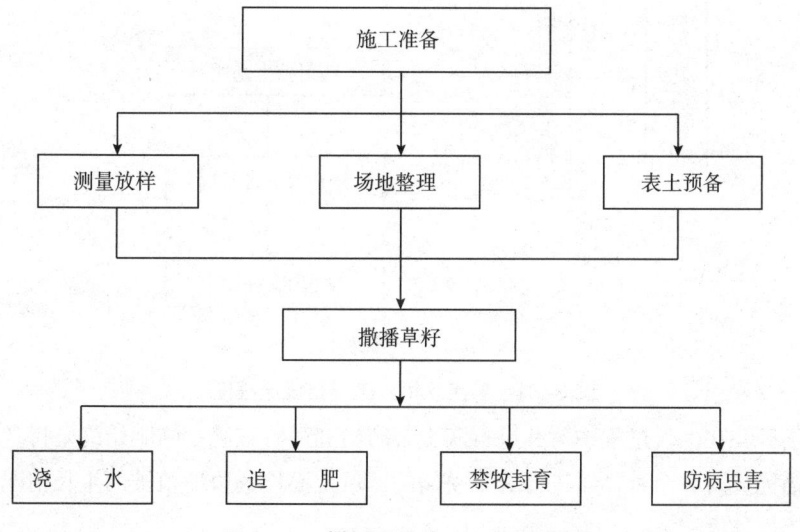

图 3-80 撒播混植施工工艺流程图

养护要求为：播种后及时覆盖可降解无纺布，达到保温、保墒的目的，在冬季可采取覆盖措施进行保温防护。在种子发芽后在其生长季节要求追肥3~4次，追肥原则为少量多次，掌握在3~5克/平方米，应尽量避免追加氮肥，促进根部生长时应追加钾、磷肥。出苗后根据情况按需喷灌，喷灌的时间应掌握在日出后或中午时进行，避免在夜间或傍晚灌水。冷季草在春、秋两个季节生长是比较快的，当植被生长至遮挡标识标牌时，需要及时进行修剪。

（5）客土喷播。客土喷播是指采用合适的土壤，与草籽、纤维材料、黏合剂、保水剂和水按照比例混合形成，采用喷播技术喷附于边坡裸地的一种人工建植技术，适用于边坡坡率缓于1∶1.5的土质或石质边坡。（见图3-81）

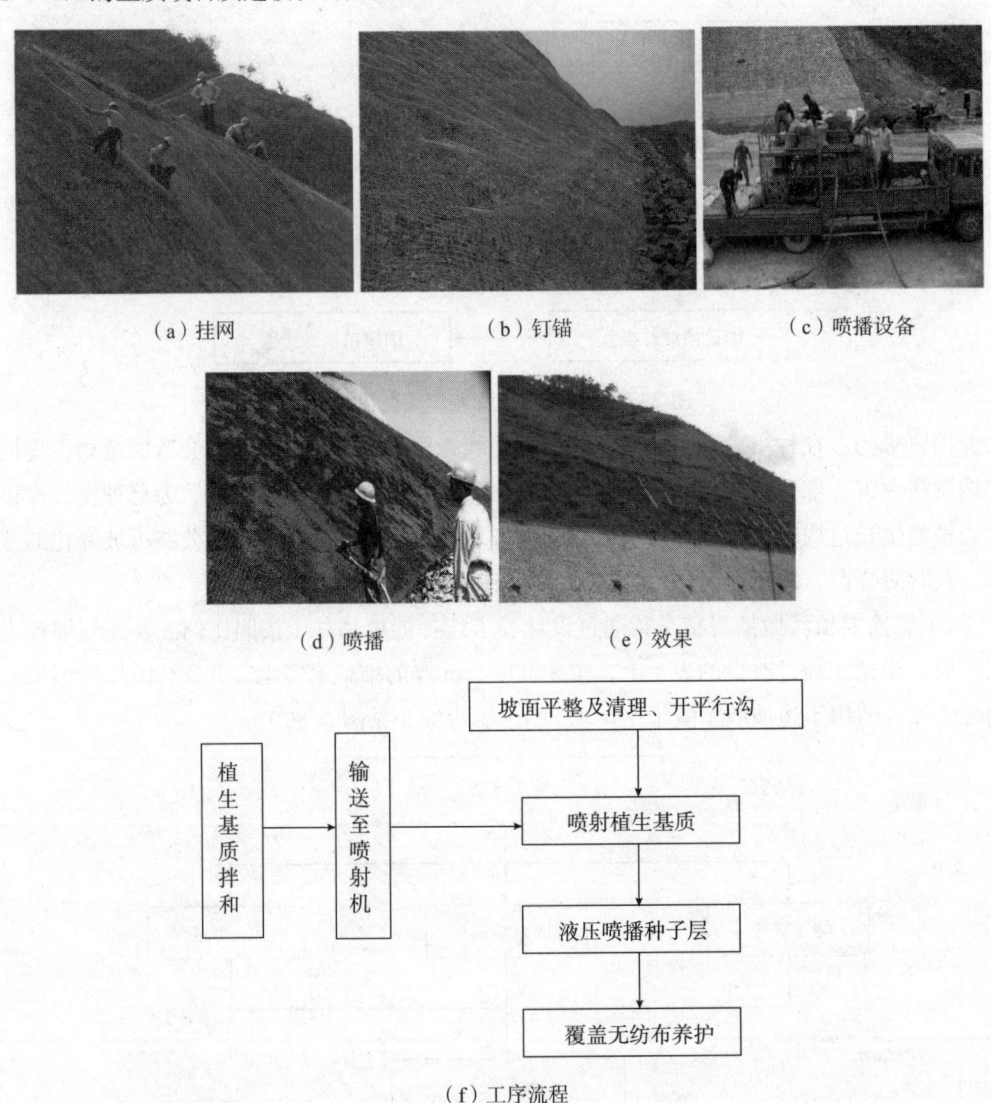

（a）挂网　　　　　　（b）钉锚　　　　　　（c）喷播设备

（d）喷播　　　　　　（e）效果

（f）工序流程

图3-81　客土喷播施工场景及流程图

养护要求为：在生长过程中对其进行病虫害防治和适时施肥，施肥始终坚持"多次少量"的原则。喷播完成后一个月，对进行客土喷播的区域全面检查边坡植被的生长情况，对生长不均匀的位置予以补播。

（6）厚层基质喷附。厚层基质喷附是指采用合适的土壤，与基质添加剂、植物种子等材料按一定比例混合而成，采用空气压缩设备，通过高压空气喷附在边坡裸地的基质层较厚的植被建植技术，适用边坡坡率缓于1∶1.0立地条件比较差的石质或土质边坡（见图3-82、图3-83）。

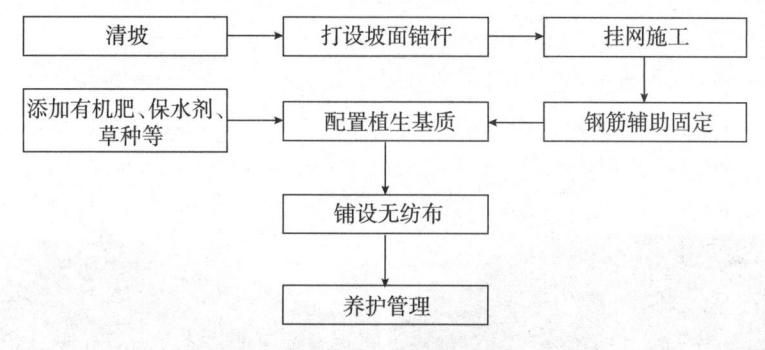

图 3-82　厚层基质喷附技术施工工艺图

（a）清坡　　　　　　　（b）挂网　　　　　　　（c）基质配置

（d）基质喷附　　　　　　（e）盖遮阳网　　　　　　（f）浇水养护

图 3-83　厚层基质喷附技术施工场景

养护要求为：喷射后无自然降水情况下，初次浇水宜浇足，喷头喷射的水流要有足够的雾化，不可在边坡上形成冲蚀。喷射后到禾本科发全苗前一定确保边坡水分供给，自然降水不足够大时，边坡浇水不可停止。当边坡完全出苗后，处于浅层种子发芽后，由于根质不好，表层干旱剥落导致植被失水枯死，一般不会影响覆盖度，但有需要进行补播。当边坡植物进入生殖生长时，需水量较少，但需要注意虫害。

（7）植生袋。植生袋是指采用人工或天然纤维制品制成载体，内部嵌入种子夹层，装入植生基质并形成具有一定规格的植生袋，按照规定的尺寸铺设于边坡坡面上，表面覆以聚乙烯编织网防护的边坡表面建植技术，适用于边坡坡率缓于1∶1.5的土质或石质边坡（见图3-84）。

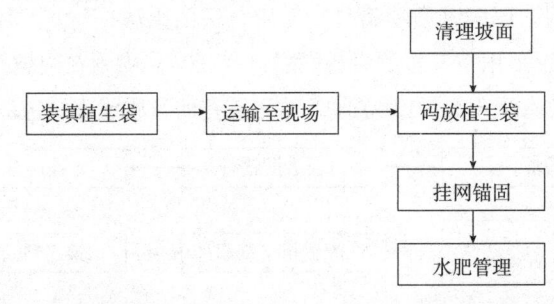

```
装填植生袋 → 运输至现场 → 清理坡面
                          ↓
                        码放植生袋
                          ↓
                        挂网锚固
                          ↓
                        水肥管理
```

（a）工序流程

（b）堆砌植生袋　　　　　　　　　（c）施工1个半月后

图3-84　植生袋技术施工工艺图

养护要求为：坡面作业完成后及时洒水保墒，在连续性养护阶段平均2~3天喷灌一次，养护周期不宜小于1个月。在植生袋安放2个月后，进行一次营养全面的施肥。结合植被生长状况，适时浇水和修剪，并做好病虫害的防治工作。

3.16　"生态环保理念"在青海省公路景观改造中的应用

青藏高原属于多民族居住地区，公路具有生态脆弱、地质复杂、景观多样等特点。随着近年来自驾游的兴起和媒体宣传，美丽公路、旅游公路的建设和改造成为行业发展的新方向。研究省内外公路景观设计方法，融入生态内涵、文化内涵，为高原寒区公路景观设计提供依据，具有重要意义。

根据文化和旅游部及青海省政府规划，2022年2月，青海省政府印发《青海打造国际生态旅游目的地行动方案任务分工》（青政办〔2022〕11号）文件，要求以国道、省道、铁路沿线为基础，黄河风情、唐蕃古道、"丝绸之路"青海道为依托，打造生态旅游风景道。

青藏高原属于多民族居住地区，自然环境恶劣，公路具有生态脆弱、地质复杂、景观多样的特点，施工中一般进行表层土壤和草甸剥离与保护。由于省内公路景观研究较少，无法满足美丽公路、旅游公路的建设改造要求，道路质量不尽完善，降低了游客的幸福感与获得感。故开展生态旅游公路景观研究，编制相关技术标准具有重要意义，为"打造国际生态旅游目的地"

提供技术支持，具有重要意义。

3.16.1 公路景观的功能

公路景观系统一般包含主体景观和路容景观两部分，其功能见图3-85所示。其中，主体景观设计包括景观选线、边坡景观、隧道景观、桥涵景观、取（弃）土场生态恢复、服务设施景观、平面交叉景观。路容景观设计包括特色景观、景观设施小品、路域整治等内容。

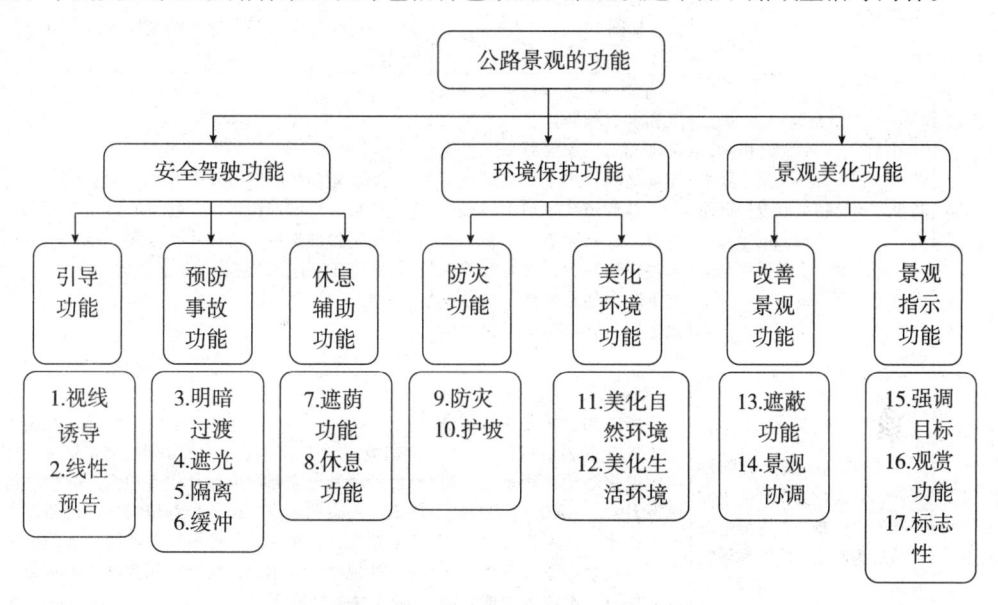

图3-85 公路景观的功能归纳

3.16.2 公路景观设计的概念解析

公路景观设计一般包括线形、构造物、附属设施的景观设计及绿化设计，其中，线形是最主要的决定性因素、构造物是最灵活的因素、环境是最复杂且最具个性的因素，三者和谐统一是景观设计的本质要求。根据山西省地方标准，旅游公路景观系统包括环境保护措施和景观营造措施两方面，故环境保护是景观设计的基本职能之一。

3.16.3 青海省生态分区及其生态恢复技术

"生态立省"战略与建设"全国生态文明建设先行区"战略是青海省面向未来的战略抉择，也是本省公路景观设计的前提和基础。

根据2020年8月修订的《青海省公路建设生态环境保护技术指南》，青海共分为5个生态区。其中：路基边坡防护以生态防护为主，以圬工工程防护为辅。位于自然保护区内的路段，采用"无痕迹"的生态恢复技术，对边坡、便道、取料场、施工营地等场地进行全面生态治理恢复。临时占用耕地时，应对表土进行剥离，厚度不少于30cm；施工完毕后，平整场地，回填表土，恢复耕地。各个生态区特点及所对应的路基边坡生态恢复技术和临时用地生态恢复技术如表3-30所示。

表 3-30　青海省生态区特点及生态恢复技术要求

分区名称	生态环境特点	生态环境问题	路基边坡生态恢复技术/临时用地生态恢复技术
祁连山针叶林-高寒草甸生态区	生物多样性保护、生态系统水源涵养功能和沙漠化控制功能的重要性基本为极重要等级	林草植被退化，荒漠化趋势明显。水源涵养能力降低，生物多样性减少。矿区开采和工程建设引发的次生地质灾害加剧	边坡植被防护以撒播草种、栽植灌木为主，工艺可采用撒播、客土喷播、三维网植草、混凝土框架梁植草、拱形骨架植草、植生袋等；草种可采用垂穗披碱草、青海地早熟禾、青海冷地早熟禾、青海中华羊茅、冰草等，部分高山草甸分布区应采用原生草皮贴坡。具备条件的路基挖方路段应设计生态边沟
东部农牧生态区	山脉、河谷盆地相间，黄土广布，日照充足，降水较少，天然植被以温性草原为主，河湟谷地人工生态系统广布，黄河上游段谷地水力资源蕴藏丰富	青海省水土保持重点治理区和重点预防监督区，气候灾害和地质灾害频繁，生态环境脆弱，水土流失严重。山区林草植被呈不同程度的退化，人为破坏严重，生物多样性减少，水源涵养能力下降，共和盆地土地沙漠化加剧，天然草地退化趋势明显	边坡植被防护以撒播草种为主，工艺可采用撒播、客土喷播、三维网植草、六棱空心砖植草等；草种可采用垂穗披碱草、青海中华羊茅、冰草等，具备条件的路基挖方路段应设计生态边沟
江河源高寒草甸生态区	海拔较高，高原大陆性气候，有大量的季节冻土和多年冻土分布，是青海生态环境最为原始、脆弱和敏感的地区	湿地旱化、湖泊萎缩、冻土消融加剧，加之草场超载过牧和局部地区的滥采乱挖，导致退化草地面积增大，鼠虫害猖獗，"黑土滩"蔓延，土地沙化、盐碱化及水土流失等荒漠化严重。草地水土流失加剧，水源涵养能力降低，生物多样性减少。野生动物栖息地缩小及数量锐减	边坡实现"无痕迹"，充分利用原生草皮，具备条件的路基挖方路段应设计生态边沟。高寒草甸采用表土剥离和草皮移植，推荐植物物种包括青海草地早熟禾、麦宾禾、垂穗披碱草或同德短芒披碱草为主的植物物种组合，配合使用青海冷地早熟禾、中华羊茅等物种
柴达木盆地荒漠-盐壳生态区	柴达木盆地中部和西部及阿尔金山地区为沙漠化高度敏感区域；土地盐渍化敏感性在柴达木盆地西部和东部为高度敏感，生物多样性及生境敏感性均为极敏感地区	天然牧草地呈不同程度的退化，林地樵采过度，导致水源减少，河湖萎缩，生物多样性减少，土地沙漠化不断加剧。局部地区的工业和开发建设活动对水资源的污染、浪费和对天然植被的破坏较为严重	宜采取水泥网格+播撒当地草籽护坡，可选用草种混播、耐旱性灌木种植的方式。荒漠渍土段暂时不宜采用大规模人工种植的办法进行植被恢复，宜选用桂柳、沙蒿、沙棘、柠条、青海固沙草、冰草等物种，风沙区可设置草方格沙障或石方格沙障
北羌塘高原半荒漠-荒漠生态区	青藏公路、青藏铁路穿越该高寒荒漠区，区内仅有少量寒漠类草地，多为无人区。包括三江源国家公园长江源园区和大部分面积的可可西里自然保护区	沙漠化日趋严重，受盗猎等因素影响，区内珍稀野生动植物种群减少，生物多样性受威胁	边坡植被恢复困难，宜采取覆盖原有表土+撒播耐寒耐旱草种恢复

3.16.4　青藏地区景观设计特色技术

（1）多年冻土区的景观设计。青海省内共玉高速、花久公路等生态公路，穿越多年冻土区，均采用表土剥离和草皮移植技术进行冻土环境生态保护，实现了"无痕化"和较好的景观效果。

2014年4月，青海省花久高速公路于被交通运输部列为"第二批绿色循环低碳公路主题性试点项目"，其绿色循环类项目的"无痕化"施工措施，包含"草皮移植与腐殖土利用"、公路生态建设和修复工程。另外，共玉高速、峨祁公路、循隆高速、玉树当代山旅游路等省内著名的生态公路建设中,均秉承"无痕化"施工理念,取得了较好的生态景观效果(见图3-86)。

(a)填方路基　　　　(b)挖方5m高度　　　(c)鄂拉山多年冻土隧道洞门　(d)玉树当代山旅游路

图3-86 青海省"无痕迹"施工

(2)公路边坡生态防护技术。根据青海省地方标准《高海拔高寒地区公路边坡生态防护技术设计规范》(DB 63/T 1599—2017),边坡生态防护是指单独采用植物生态技术或与传统的坡面工程防护措施结合共同形成的边坡工程防护体系,并提供了高寒草甸、高寒草原、温性草原、高寒荒漠区域的推荐植物物种,相关技术要求见表3-31。

表3-31 边坡生态防护技术选取表

边坡类型	坡率	技术类型	
		优选方案	备选方案
土质边坡(适用于路堤或路堑边坡)	1:1.0~1:1.5	移植草皮、撒播混植	植被纤维毯、厚层基质喷附
	1:1.5~1:2.0	移植草皮、撒播混植	客土喷播、植生袋、植被纤维毯、厚层基质喷附
	缓于1:2.0	移植草皮、撒播混植	植生袋、植被纤维毯、客土喷播、厚层基质喷附
石质边坡(适用于路堑边坡)	1:1.0~1:1.5	厚层基质喷附	植生袋
	缓于1:1.5	植生袋	厚层基质喷附

注:全风化岩质边坡生态防护技术选取参照土质边坡。

另外,青海省峨祁旅游公路边坡根据不同的地质状况,采用了骨架加植草防护、环保草毯植被防护、三维结构柔性生态袋防护、厚层基材客土喷播技术等,共同组成新的绿色风景。循隆高速开展"无痕化"边坡防护,黄土路段挖方边坡采用三维网植草、衬砌拱+预制空心砖为主,高边坡采用锚杆框格梁防护加固+堆码植生袋、混凝土框格和植生毯。

(3)桥梁景观设计。由于钢结构在碳排放量、能耗、回收率等方面均优于混凝土结构,施工便利快捷,符合青海省"生态立省"战略,节能环保效益显著,属于新型的"生态环保"技术。故近年来,青海省交通系统开展了高寒高海拔地区钢结构研究和推广工作。据统计,交通行业钢结构使用主要体现在大跨径钢桥建设、中小跨径钢混组合桥梁、波纹钢桥涵等方面,见图3-87、图3-88。如青海省牙什尕至同仁高速公路的海黄大桥,既是青藏高寒山区建设大型钢结构"生态环保"理念的体现,也是成功的桥梁景观。

(a)海黄大桥与自然环境完美协调　　　(b)循隆高速苏龙珠黄河特大桥

图3-87 大跨径钢桥在青海公路的景观效应

（a）玉树钢混组合桥施工　　　（b）民和县钢混组合桥

图 3-88　中小跨径钢混组合结构桥梁在青海公路的应用

桥梁生态环境除一般的绿色恢复外（桥下植被恢复、生态型桥梁锥坡等），还包括桥下河流的生物多样性保护。如 2019 年以来，青海省西察公路布哈河大桥、乌哈阿兰曲大桥施工中，为避开青海湖"湟鱼洄游"，主动停工，确认湟鱼洄游结束后才复工，体现了"生态保护第一"的施工理念（见图 3-89、图 3-90）。

图 3-89　青海某桥桥下生态环境恢复效果（第一年）　图 3-90　渝湛国道桥梁锥坡绿色恢复

（4）民俗文化丰富。青藏高原旅游资源极其丰富，依据其属性可分为自然旅游资源和人文旅游资源两大类。自然旅游资源主要包括地文景观、水域风光、气候天象、生物景观等，人文旅游资源主要包括历史文化景观、民族宗教景观、建筑遗迹景观、民俗文化景观等。

世居青海的少数民族有藏族、回族、土族、撒拉族和蒙古族，其中，土族、撒拉族为青海独有的少数民族，多姿多彩的民俗文化是公路景观设计的人文资源，见图 3-91。

图 3-91　扎碾旅游公路途径的寺庙和北山赛马会现场

3.16.5　扎碾公路景观设计的成功经验

（1）自然、人文景观的融合设计。重视公路绿化设计和附属设施景观设计，实现自然景观与人文景观相融合。首先，对隧道洞口仰坡、路基边坡等构造部位开展"无痕化"生态修复，保证景观效果；其次，以本土植物绿化公路路基、挡墙、隧道洞口、桥梁墩柱等构造物，进一步优化绿化效果;最后,对高大桥墩、隧道洞门等构造物进行彩绘,融入地域人文元素,体现了人文景观效果。

(2)生态理念的线形调整。为更好地保护生态,在项目实施中,先后调整26公里公路线形,调整长度达到设计总长的51%。采用"两隧、三桥"互联、去直绕线的设计,最大限度地保护了当地生态;在达坂山增加了长2734米的"Ω"(欧米伽)隧道,降低了道路的纵坡。造型别致的"中国结"式路基下穿桥梁线路,在林区山谷间盘旋交织。十二盘坡因有十二个拐弯而得名,由五六个S形弯道组成,其形来自大自然给予的神奇地貌,整个路段路窄、弯急、坡陡,行进难度极大,山顶有观景台,可停车观景,见图3-92。

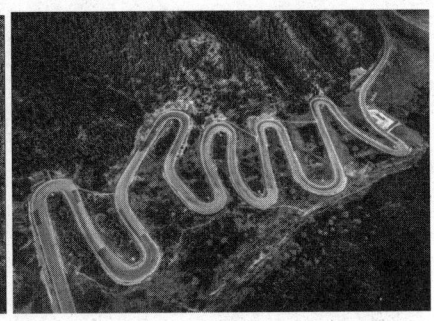

图3-92 "中国结"式路基和互助十二盘坡

(3)聚类分析确定景观段落。景观段落划分是景观设计的重要内容,将确定段落景观主题,为后续具体景点设计起定性指导作用。而聚类节点控制法划分公路景观段落符合工程实际,操作简单、科学实用。故在扎碾公路景观段落划分中,采用地形类型、地貌类型、植被类型、土地利用类型4个因子,其赋值情况见表3-32。以1km为单位,将全线初步划分为57个单元,使用DPS软件进行聚类分析。

表3-32 扎碾路自然景观因子赋值

景观类别	景观内容/赋值			
地貌类型	喀斯特地貌/1	丹霞地貌/2	河流地貌/3	其他/4
地形	山地/1	丘陵/2	河谷地/3	平原/4
植被类型	阔叶林/1	针叶林/2	灌木丛/3	其他/4
土地利用类型	建筑用地/1	林地/2	草地/3	耕地/4

另外,根据调研发现:K0~K17、K17~K36、K36~K57里程对应的文化段落分别为土族文化、藏文化、河湟文化。而门户景观、驿站、文化展览馆、观景台、隧道等构造物具有独立景观价值,宜作为关键分割点。故在景观段落初步划分基础上,以3种文化段落、9个关键分割点为控制指标,按照景观段落不宜短于10km的原则,进行二次修正,最终将扎碾路划分为K0+000~K14+450、K14+450~K24+456、K24+456~K36+500、K36+500~K57+250等4个景观段落,即体现山涧深林穿越景观、土族文化的"扎龙觅踪",体现北山峻岭雪山、土族文化和藏文化的"雪山峻岭",体现北山森林名胜古迹、藏文化的"引胜怀古",体现农业田园景观、河湟文化的"乡野漫情",如图3-93所示。

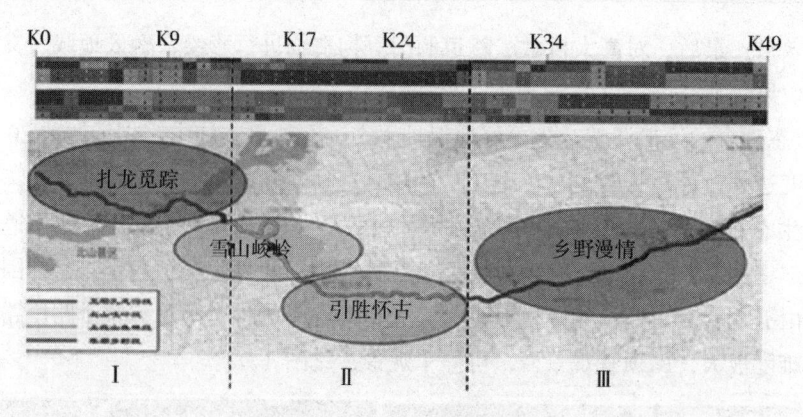

图 3-93　扎碾公路景观段落划分

3.16.6　青海省公路景观设计的一般原则

通过公路景观设计的概念解析、青海省生态分区及其生态恢复技术介绍、青藏地区景观设计特色技术汇总、扎碾旅游公路景观分析等措施，结合目前国内相关标准及青海省公路建设实践，总结出青海省公路景观设计的一般原则如下。

（1）青海省公路应以"生态环保"为景观设计前提，积极采用表土剥离和草皮移植、边坡生态防护、钢结构等具有区域环保价值的四新技术。

（2）青海省生态脆弱，选线阶段应注重保护性设计，主动规避各类保护区和敏感区，保护公路沿线原生景观和古树名木；施工阶段应注重恢复性设计，保护沿线植被及野生动植物资源的生物多样性。

（3）参照扎碾公路经验，青海省公路景观设计一般应进行路域景观特征调研评价、公路景观主题段落划分、公路路域色彩体系研究、公路的绿化植物与附属设施景观融合、民俗文化提炼等内容。其中：景观段落划分时，宜采用聚类分析方法，并以文化段落，具有独立景观价值构造物作为关键分割点进行修正。

（4）选线是公路景观设计的决定性阶段，应坚持生态选线与景观价值选线并行，运用GIS、无人机技术等多种技术进行比对分析。

（5）"无痕化"理念是青海省高寒高海拔地区公路景观设计的特点。宜参照《青海省公路建设生态环境保护技术指南》，按照青海省5个生态区的自然特点，采用适宜技术开展路基边坡和临时用地的生态恢复。

（6）青海省自然景观多样，包含多年冻土区、荒漠区、森林区、草原区等。公路景观绿化应因地制宜，坚持宜林则林、宜草则草、宜荒则荒的原则，并加强地表植被和表土的保护利用。

（7）应充分利用当地资源禀赋和历史文化，因地制宜、就地取材，突出地域特色，体现地域文化。

（8）旅游公路景观系统设计应注重与主体、慢行、服务等系统的有机结合，按照整体空间序列需要，分级分层，有序实施。

青海省经济基础薄弱，发展旅游业是实现经济结构优化的有效途径。但由于高寒高海拔地区生态脆弱、建设环境恶劣、资金困难，公路改造升级的技术探索偏少，缺乏技术标准的指导，导致本省"美丽公路"的建设和改造相对滞后。本次研究，对青海省公路的改造升级、公路景观设计具有一定的指导意义。

3.16.7 公路景观改造的其他借鉴

（1）边坡坡率调整。宽容性设计理念有利于保证交通安全。如吉林省松原至双辽高速公路，通过回填弃土将1∶1.5的路堤边坡改造成1∶4的缓边坡，取消不必要的护栏，增加了路侧净空和公路安全性。（如图3-94，图3-95）

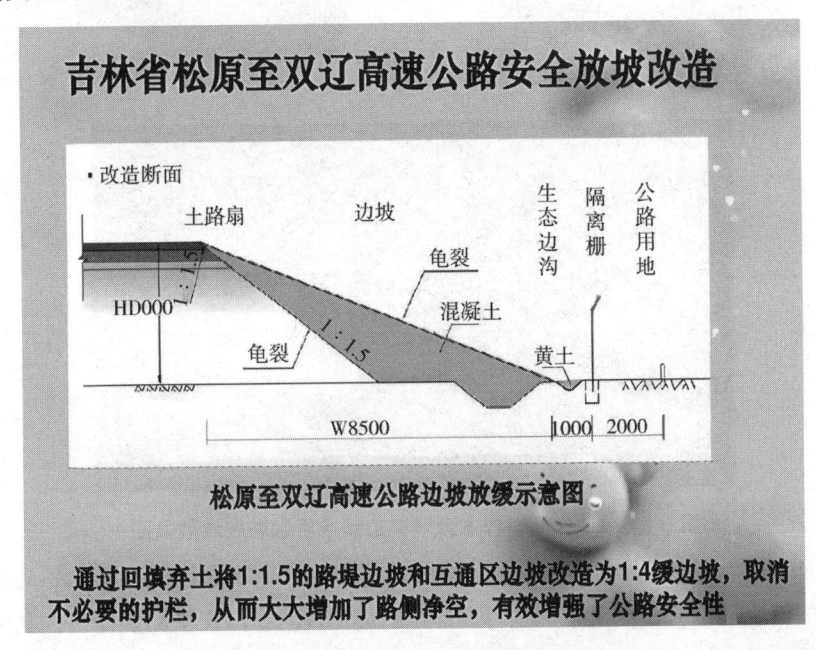

图3-94　松原至双辽高速公路边坡放缓示意

图3-95　边坡改造前后对比

（2）生态型砌块边坡防护。公路路基小型构造物采用高标准建设预制场、标准化工厂预制施工、精细化现场安装等措施，体现了"节能环保"的理念，已在国内高等级公路实施中取得显著成效。预制生态型砌块进行边坡防护，已在东北严寒地区得到推广应用，对青海省公路具有借鉴推广意义（见图3-96）。

图 3-96　鹤大高速柞木台隧道边坡应用生态砌块效果图

（3）边沟的"宽容性设计"。路侧净空区是进行道路横断面设计时考虑的重点之一。美国通过多年的研究和试验，提出了"宽容设计"的设计理念，即保证路侧净空区宽度，以保证司机出现操作失误的情况下，容错、纠错，不至于发生重大交通事故并减少伤害。川九路在地形条件相对较好的川主寺至弓杠岭及九寨沟沟口的路段，尽可能加大了路侧净空区宽度，体现了"宽容设计"的理念，提高了行车的安全性。

边沟与路缘石对公路线形的凸显起着非常重要的烘托作用。川九路根据实际地形分别采用自然土质浅碟形边沟及钢筋混凝土盖板矩型边沟。自然浅碟型边沟既保证其排水功能，又与周边自然环境融为一体，消除人工痕迹；在汇水集中路段设置钢筋混凝土盖板矩型边沟，既美观，又保证了行车安全。

土质浅碟式边沟。土质浅碟式边沟主要应用于高原地区。这里气候干燥、降雨量少，地质以砂砾石为主，地表水易蒸发及渗透，不易形成地表泾流。土质浅碟式边沟可通过植草达到与周边边坡和自然环境融为一体的目的，且造价最省。边沟横面尺寸一般采用顶宽 160cm，底宽 40cm，高 30cm。

钢筋混凝土盖板矩型边沟。钢筋混凝土盖板矩型边沟主要应用于缺乏植被覆盖的山岭重丘区。这里降雨量大、地形复杂、汇水面积大，易形成地表泾流。边沟采用盖板的优点是：增加路侧净空宽度，避免边沟嵌车轮（盖板设计已考虑车轮荷载）（见图 3-97、图 3-98）。

(a)土质浅碟式边沟　　　　(b)钢筋混凝土盖板矩型边沟

图 3-97　四川川九公路边沟"宽容性"设计

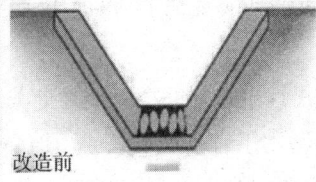

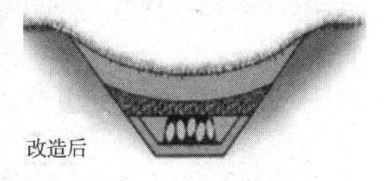

改造前　　　　改造后

图 3-98　吉林省吉延路"浅蝶形生态植草边沟"的改造

（4）取（弃）土场生态恢复。取、弃土场生态恢复，应在防治水土流失的前提下，选用水土保持功能良好的乡土植物进行美化。以高寒高海拔地区 G318 线林芝至拉萨段公路改造工程为例，其水土保持措施包括：表土及草皮剥离与保护、不良地质段处理、合理设置排水工程、开展不同边坡防护绿化方案、乔、灌、草综合绿化景观美化等。

根据青海省 G227 线青石嘴至祁连公路、G213 线策克至磨憨公路等生态建设和修复工程实施情况，生态修复工程一般处于特定生态功能区，主要修复的范围一般包括：边坡生态修复工程；取（弃）土场生态修复工程。采用的主要技术措施包括：回填种植土+种植树苗、整平放坡+回填种植土+撒播草籽、回填种植土+液压喷播植草、回填种植土+土工格室、挡土墙+土工格室、挡土墙+挂三维网液压喷播植草、放坡+植生袋、挡土墙+植生袋等。

取（弃）土场景观设计主要体现在生态恢复。以青藏高原仙米自然保护区取土场生态修复技术为例，包括水土保持措施和生态修复措施。其中，水土保持措施包括取土场削坡、坡顶截水沟、平台排水沟及急流槽建设等，生态修复措施包括混合植物物种配比研究、客土绿化、客土喷播等。

青藏高原仙米国家森林公园自然保护区的国道 569 曼德拉至大通高速公路项目，对公路沿线 3# 取土场开展了生态修复研究。具体技术参数为：选择湿式喷射生态护坡技术，根据恢复生态学原理，选取 10g.m-2 披碱草、7g.m-2 冷地早熟禾、4g.m-2 星星草和 3g.m-2 豌豆的种子。施工后 1a 的恢复效果表明，恢复效果因取土场坡度的不同而表现出较大的差异，坡度 <1：0.75 的区域植被覆盖率、植物生长高度及植物多样性指标明显高于坡度 >1：0.75 的区域，且植物群落逐渐向自然边坡演替。表明湿式喷射生态护坡技术适用于坡度 <1：0.75 的边坡，坡度 >1：0.75 的边坡可考虑采用干式喷射生态护坡技术（见图 3-99）。

图 3-99　青海曼大公路宁缠垭口至克图段 K63+500 左侧 150m 的 3# 取土坑 1 年绿化效果对比

（5）挡墙景观

1）生态挡墙设计。浙江省地方标准《柔性生态加筋挡土墙设计与施工技术规范》（DB33/T 988—2015）的规定，柔性生态加筋挡土墙适用于有景观要求或用地受限需设支挡的填方路段。按筋材不同，可分为土工合成材料（土工格栅、土工格室）柔性生态加筋挡土墙、钢丝（筋）网片柔性生态加筋挡土墙，见图 3-100、图 3-101。

（a）挡墙墙面刚刚施工完成的场景　　　　（b）挡墙墙面两年后的绿化效果

图 3-100　绿色加筋格宾挡墙在绍诸高速的应用及公路位置示意

图 3-101　土工格栅柔性生态加筋挡土墙示意及赣州南 500kV 变电站挡墙照片

土工格栅包裹式加筋土挡墙已在国内多条公路中应用，经济效益和生态效益显著。十房高速公路、沪蓉西高速公路桥改路施工前（后）场景、三峡机场道路扩宽施工前、广佛高速公路扩宽工程加筋土挡土墙施工分别见图 3-102。

图 3-102　土工格栅包裹式加筋土挡墙的工程应用

2）挡墙形态的人文修饰。四川省地方标准《四川省高速公路景观及绿化设计指南》（DB51/T 2799—2021）中，景观型挡防设施可采用立面造型、贴面装饰、浮雕、彩绘等手法实现。可视范围内的挡墙可采用曲线型或阶梯型外观，以顺应地形的变化；路堑挡墙可采用折向坡内的曲线形端头，顺势隐入边坡及周围环境，见图 3-103、图 3-104。

图 3-103　公路挡墙景观装饰

图 3-104　圬工挡墙高度渐变及挡墙端部隐入边坡的设计

3）民族文化挡墙。四川川九公路地处常年高山冰雪的高海拔地区，景观设计发掘沿线人文景观，使用藏式挡墙特殊造型掩饰破碎边坡，协调周边藏族建筑风格。挡墙表面修饰参照藏式风格墙，白色为底，表面镶嵌上白中带黄的细卵石，体现了"以人为本，源于自然"的主题（见图 3-105）。

图 3-105　四川川九公路别具特色的藏式挡墙

4）花池墙、阶梯栅栏挡墙。加固和绿化相结合的边坡防护形式，是山区公路应用广泛的坡面防护形式。川九路积极探索坡面防护新技术，配合路段自然环境，设计了花池墙、阶梯栅栏挡墙等新型防护结构形式，丰富美化了路容景观（见图3-106）。

（a）阶梯栅栏挡墙　　　　　　　（b）花池式挡墙

图3-106　花池墙、阶梯栅栏挡墙式样

（6）声屏障工程。《西部高速公路生态型声屏障评价指标体系研究》针对西部地区独有的自然、地理、环境和人文特征开展研究，提出西部高速公路生态型声屏障的定义：在满足基本降噪性能和结构安全的基础上，能够更好地融入周围自然和人文环境，所使用的材料具有良好的环保性，结构形式和景观造型与当地自然和人文景观能够有机结合，对周围生态环境能够实现一定的正效应，同时经济优势明显的综合性能较高的声屏障。

从功能性、环保性、景观性和经济性四个方面，在依托工程雅泸高速公路推荐了3种生态型声屏障设计方案，分别为加筋生态袋土堆型声屏障、绿化混凝土砌体型声屏障、文化墙式声屏障和生物质板型声屏障，如图3-107所示，简要介绍如下：

1）加筋生态袋土堆型声屏障，以加筋土作为声屏障主体，整体呈棱形结构，生态袋内引种绿色藤蔓植物覆盖声屏障表面，不仅可以起到隔声降噪的作用，还能作为石棉管理处的一道绿化景观。

2）文化墙式声屏障，在传统的砌体式声屏障主体上通过造型及表面图案的设计将声屏障打造成具有建设地特殊人文风情的文化墙，同时运用彝海乡当地彝族居民建房中广泛采用的多孔空心水泥砖作为墙体材料，既节约造价，又便于采购和施工，体现了因地制宜的声屏障建设原则。

3）生物质板型声屏障。采用秸秆、稻草、木梗等与水泥复合型的板材作为声屏障主体，表面引入少量攀缘植物绿化。

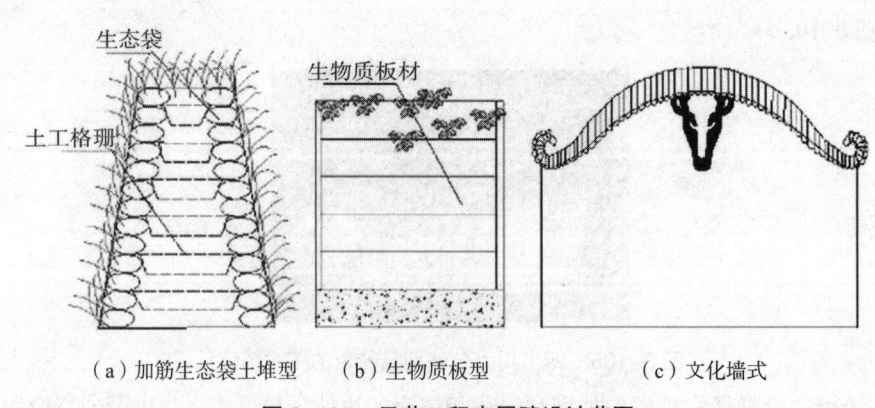

（a）加筋生态袋土堆型　　（b）生物质板型　　　（c）文化墙式

图3-107　示范工程声屏障设计草图

西部地区经济欠发达，声屏障成本是制约西部地区声屏障建设的重要因素之一。生态型声屏障的材料可以考虑诸如混凝土、石块、土堆等价格便宜且在建设当地易得的材料，在可能的情况下最好利用由废弃物再生而得的可再生材料，材料价格相对传统声屏障有一定的优势。此外，声屏障施工工艺应简便，养护难度小，最好不需要养护。

综上所述，只有满足了降噪性能好、景观效果优良、生态环保性强、经济效益高等要求的声屏障才能称为高速公路生态型声屏障（见图3-108~图3-110）。

图3-108 雅泸高速草八牌社区秸秆板型声屏障和桥梁段2.2m高透明亚克力板型声屏障

图3-109 雅泸高速石棉管理处加筋生态袋土堆型声屏障

图3-110 雅泸高速彝海停车区文化墙型声屏障

（7）景观设施小品。景观设施小品设计应立足自然风光和特色文化，着力突出青海特色，充分挖掘区域内的历史、红色、边塞、古建等特色文化，形成与当地旅游资源协调统一的景观设施。如扎碾公路挖掘沿线森林文化元素、土族文化元素、跑马民俗文化元素进行衍生表达，形成图像性、象征性的文化符号，将其应用于路侧小场所、路侧小品设施、路侧标识标牌、路侧民俗文化等景观表达中，效果显著（见图3-11）。

图 3-111　青海骢文化符号及其应用效果

以公路设施为载体，通过建筑形式、绘画、雕刻、勒石、标志等形式展现区域文化、精神、特色，见图 3-112。

图 3-112　青海俄堡至祁连旅游公路阿柔乡停车区观景平台的建筑及景观石

3.17　辐射井技术在西久公路滑坡治理中的应用

青海省省道 S101 线是青海省南部的一条重要省道公路，北起青海省省会西宁市，向南经海南州贵德县、贵南县、同德县等地区，连通四川阿坝藏族自治州与国道 213 线连接。该路线是青海省果洛藏族自治州通往省会西宁的唯一通道，也是青海省通往四川省的重要通道。

滑坡体位于军功镇附近，该滑坡影响路线里程号为 K359+200~+650，为军功大型老滑坡的一部分，该滑坡为切层岩石老滑坡，滑坡主要由第三系渐新统贵德系强风化泥岩及第四系残坡积层构成，滑动方向为 NW80°，在空间形态上主要分浅层、深层两层滑动面。前级滑坡长300m，宽550m，滑坡体积约为420万 m^3；后级滑坡长250m，宽400m，滑坡体积约为220万 m^3。S101线西久公路总体走向近南北向，路基多以半填半挖的形式通过，穿过滑坡体。滑坡体与公路呈斜交关系（见图 3-113）。

图 3-113　西久公路 K359+200 处军功镇滑坡

（1）工程地质水文地质条件。滑坡区上覆为第四系残坡积层、滑坡堆积层及人工填土，下部为第三系渐新统贵德群泥岩和粉砂质泥岩。滑坡堆积层以黄土质黏土为主：黄土状，松散，潮湿，物质成分均一。

残坡积层以块石土为主，紫红色、灰色等，物质成分不均一，稍湿—潮湿。

第三系渐新统贵德群以紫红色、红褐色泥岩、粉砂质泥岩为主，强—微风化，泥质结构，层理、节理较发育，该地层在滑坡范围内广泛分布，为滑坡坡体、滑床的主要组成部分。

该地区内地下水的类型有：松散堆积层孔隙水、第三系风化裂隙水。

孔隙水主要赋存于冲积层、洪积层、残坡积等土体中，含水层以冲积层、洪积层最为丰富。第三系风化裂隙水主要分布在泥岩、泥质砂岩等，岩石固结程度相对较低，成岩性较差，孔隙度较高，裂隙较发育，在其间碎屑岩可形成相对富水层。

（2）公路边坡不稳定的原因分析。滑坡区属于高原丘陵区，海拔高程在 3080~3550m，地貌单元属高原 "V" 形沟谷谷坡地貌，构造作用以剥蚀切割为主，黄河河谷以及 "V" 形沟谷下切侵蚀强烈，沟两侧有多条冲沟横向切割。本地区属黄河水系，地表水及地下水资源丰富，地下水对岩体的作用是滑坡形成的主要原因。由于路基边坡大面积裸露，长期受自然因素的强风化作用，常发生物理力学性质的变化，浸水后湿度增大，强度降低；岩性差的岩体，在水温变化条件下，加剧风化。路基边坡表面在温差作用下形成胀缩循环，经过地表水的不断冲刷及地下水侵入，使岩土表面失稳，极易加剧边坡病害，最终出现滑坡导致现状路基边坡塌陷。

（3）原滑坡治理方案。降排滑坡区域内地下水是治理本滑坡的关键。根据区域地质条件及地下水分布情况以及场地特点，采用施工渗水隧道+渗水孔的方案排出滑坡体中的地下水。根据滑坡体的分布情况及地下水的整体流向，在山体中设计两条钢筋混凝土渗水隧道，以截排滑坡体中的地下水，将地下水引出滑坡体。

为了加速地下水汇集入渗水隧道，从地面每间隔50~80m向下垂直设置1个检查井穿透隧洞，在施工中承担出渣、通风、进料的任务，为疏排滑体中各层地下水，在各检查井之间间隔6m从地表向下打渗水孔，穿越隧洞，渗水孔直径130mm，内置Φ60pvc管，孔口1.0m范围内进行封孔处理。

隧道长590m，坡度为5%左右，隧洞净宽1.5m，高1.8m，洞身及底板均采用C20钢筋砼浇筑而成，墙后及拱顶设泄水孔，泄水孔后设置反滤层。

在隧道施工过程中，出现了以下几点问题：第一，整个隧道长590m，穿越两层滑动面，围岩为强风化泥岩，隧洞采用爆破方式开挖，易坍塌，安全等级低。第二，隧洞围岩破碎，需边开挖边及时做初支、二衬，而隧道尺寸较小，只能允许一辆出土车通行，开挖一定距离后，车辆需倒车行驶出洞口，导致开挖进度缓慢。第三，根据施工顺序，需要先掘进隧道，后期施工渗水孔，导致整个方案实施过程中排水条件很差，滑坡体中的裂隙水不能迅速排出（见图3-114）。

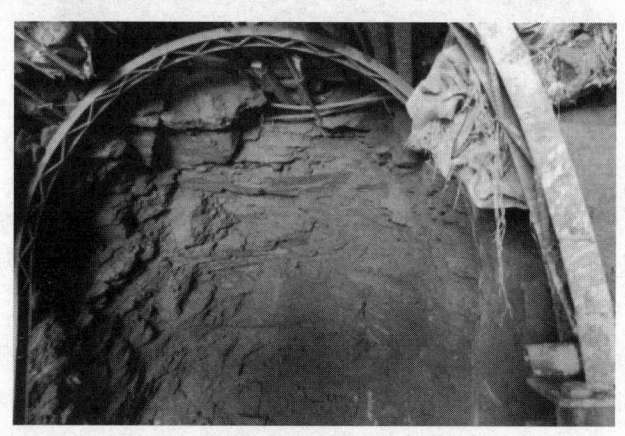

图3-114 隧道开挖掌子面地层状况

（4）辐射井技术治理方案。由于公路是该地区通往西宁的唯一通道，公路滑坡治理任务刻不容缓，而开挖隧道工期缓慢又成了治理滑坡的阻碍。辐射井降水技术较渗水隧道方案相比，具有以下特点。

1）施工周期短：根据隧道开挖进度，如果完全采用开挖隧道的方式截排地下水，则需要工期1年，而采用辐射井方案，施工进度会显著提高。

2）施工安全程度高：辐射井施工需要控制护壁浇筑质量以及每板护壁搭接质量，并保持井内通风顺畅。而开挖隧道，则需要及时做好破碎围岩的初支和二衬，并做好隧道内通风、照明。两者通过对比，施工30~45m深的辐射井相对施工590m长的渗水隧道在安全上更为可控。

3）辐射井排水系统效果明显：辐射井技术可在短时间内汇集滑坡区域地下水，排水周期较单独采用渗水隧道方案更短。

经过方案比选，决定采用辐射井+已开挖的渗水隧道相结合的方案治理滑坡，具体施工方案如下。

在滑坡体中沿地下水流动方向布置9眼集水井，间隔50m，深度为30~45m，穿越两层滑动面。

每眼集水井内共施工3排水平孔,每排共计8个,通过水平井连接。前期0#、1#、3#检查井已经开挖到底,与集水井之间通过水平井连接,每眼集水井深度不同,地层中的孔隙水、风化裂隙水由高处向低处流动,统一汇集到1号辐射井中,将1号辐射井与已开挖的70m长的渗水隧道通过水平井连接,地下水统一通过渗水隧洞排入河流(见图3-115)。

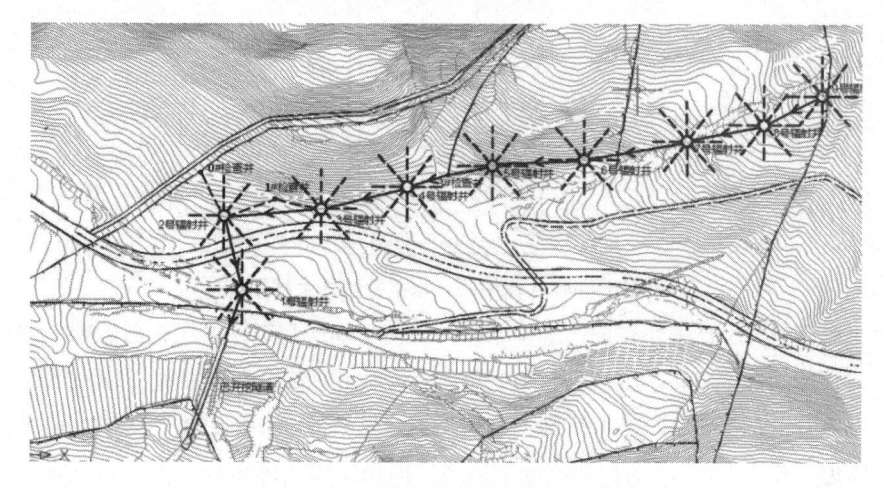

图3-115 辐射井技术方案平面布置图

整个施工过程从辐射井开挖,到最终水平井施工完毕,顺利截排滑坡体中地下水,共3个月时间。每眼辐射井的影响范围为周边20m,每小时可排出10m³地下水,排水量较采用隧道加渗井的方式提高了3倍,排水效果有了显著提升(见图3-116)。

(5)辐射井及水平井施工的重点难点。辐射井采用人工开挖方式施工,井外径4.4m,内径4.0m。护壁厚度0.4m,每节开挖深度一般为1.0m,开挖一节,做好该节护壁,护壁各节纵向钢筋必须焊接连接,禁止简单绑扎。护壁厚度应满足设计要求,并力求均匀,与围岩接触良好。出现易塌、浸水地层时应针对性地采取有效措施进行护壁,如软弱的黏性土或松散的、易垮塌的碎石层中可调节一次护壁,高度为0.5~0.6m。护壁采用双层Φ16@150钢筋网片,内置Φ16mm加劲筋,间隔0.33m一根。开挖坚硬岩石,采用爆破法施工(见图3-117)。

图3-116 施工完成后的辐射井集水情况

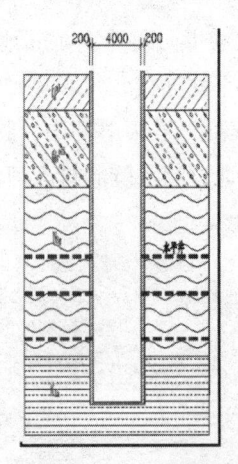

图 3-117　辐射井、水平井结构大样图

集水井施工完毕后，需要在侧壁施工水平井，由于地层复杂，岩层松散破碎，并且本工程中水平井的长度均在 30m 以上，在施钻过程中，上侧孔壁破碎岩块在重力作用下受震动和钻具碰撞，势必坍塌，若不及时采取措施，就会造成卡钻事故，影响进度。水平孔钻成后，如果没有套管保护，在下 PVC 排水管的过程中仍然会坍塌掉块，排水管下不到底造成事故，甚至使钻孔报废。因此，根据施工具体情况，采取套管跟进技术，确保钻孔顺利进行。

采用先进的大功率 MD-80 型双管同步液压水平钻机打水平孔。该钻机是针对破碎松散地层，引进国外先进技术而研制成功的新型国产专用钻机。采用高频轻型潜孔锤冲击、套管同步跟进钻进成孔，可保证钻孔顺直、水平孔成孔质量和成孔速度。钻孔采用高风压冲击和旋转相结合方式成孔，采用干钻方式，以冲击为主，较软地层用牙轮钻头旋转钻进，高压风出渣。因为水平孔孔径大，上述钻机钻进效率高，单位时间内孔内锤击和切削出的岩渣多，只有将孔底岩渣及时排出，才能保证钻进速度，避免岩渣滞留孔内，致使扭矩增大，甚至包钻，造成事故，影响施工进度。施工水平孔时配备阿特拉斯 836 型空压机，输送压力为 13.8kPa，风量为 25m³/min，保证给予水平井足够的动力支持。

青海省省道西久公路第四期滑坡治理工程 K359+200 处军功镇滑坡，应用辐射井及水平井施工工艺治理后，大量山体中的孔隙水、裂隙水通过辐射井排入河流，滑坡治理取得了很好的效果。经过治理后的西久公路 K359+200 处滑坡得到了有效控制，治理工程于 2013 年 9 月通过青海省公路建设管理局的验收，公路恢复了通车。

第 4 章 寒区公路特色工法

4.1 富冰冻土路基碎石桩复合地基施工工法

4.1.1 前言

我国具有广大的季节冻土和多年冻土区，随着国家西部交通建设的大力开发，冻土区的工程建设任务日益增多。而多年冻土地区公路工程施工，由于地基的冻融作用及其他不良冻土现象的影响，往往会产生各种工程病害，从而影响工程质量。黑龙江省龙建路桥第二工程有限公司承建的前嫩公路伊嫩段北安至五大连池 A4 合同段，地处多年冻土区，并且多为富冰冻土，为避免工程产生各种冻害隐患，富冰冻土段采用了清基换填 50cm 沙砾，设置碎石桩的复合地基施工工艺，通过碎石桩及桩间土（包括即将融化的多年冻土）的共同作用形成承载力较高的复合地基，改善土的物理力学指标，提高地基土的承载力，减少地基土的压缩变形，并消除路基下多年冻土的融沉和不均沉降等病害。该技术成功应用在前嫩公路伊嫩段北安至五大连池 A4 合同段、黑龙江省 G111 线加格达奇至嫩江段 A9 合同段、黑洛公路十八站至塔漠界段改扩建工程 A13 合同段工程项目。

应用此工艺施工后，多年冻土地段经过多年通车运营未发生任何冻融、沉陷病害。2017 年 3 月，经黑龙江省交通运输厅组织的专家鉴定，认为该项技术处于国内先进水平。经科技查新国内未见相关报道（见图 4-1）。

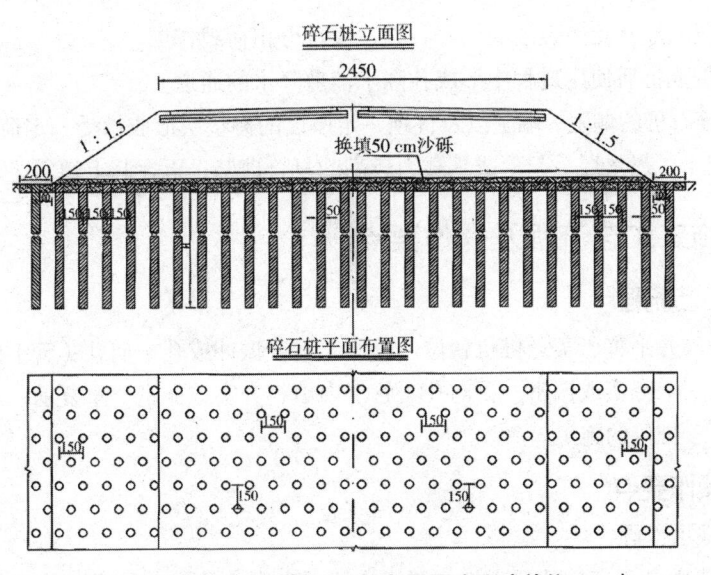

图 4-1 碎石桩立面图、平面布置图（尺寸单位：cm）

4.1.2 工法特点

（1）冻土地区碎石桩施工与路槽大面积开挖换填施工相比，既解决了多年冻土开挖困难的问题，为机械化施工创造了条件，提高了施工进度，又减少了对原有冻土层地质条件改变。此工艺对路基冻结状态改变较小，利用碎石桩及桩间冻土的共同作用，形成承载力较高的复合地基，使路基更为稳定。

（2）冻土地区碎石桩施工与水泥混凝土灌注桩施工相比，其造价较低，施工便利，并且避免了水泥混凝土灌注桩施工中的水化热给稳定的冻土带来的热扰动，从而导致冻土的冻结强度降低，致使桩的承载力下降，影响施工进度。

（3）冻土地区碎石桩施工对地基温度场扰动小，施工时间短，受扰动冻土回冻时间快，满足"保持路基冻结状态"的要求。

（4）冻土地区碎石桩施工不受季节影响，全年均可施工，便于工程总体控制，可以缩短工期。

4.1.3 适用范围

适用于各种岩性、冻土特征、水文地质条件的公路冻土地基。

4.1.4 工艺原理

（1）富冰冻土碎石桩复合地基施工工艺原理是利用专用施工机械，直接在富冰冻土区域内重锤夯击（冲击）成孔，避免了因钻孔或开挖对冻土层所造成的扰动，以保护冻土，控制融化，满足"保持路基冻结状态"的要求。

（2）细长锤做自由落体运动所形成的冲击能夯击成孔，使外套管静压下沉到设计标高，通过填料碎石用重锤对填料夯实挤密，使原状松散或软弱的土体中的空气和空隙水强行排出，使土体结构重新固结，实现土体的挤密，达到土体的快速固结。自设计碎石桩深度开始逐层填料夯击形成自下向上整个挤密层组成的桩体。

（3）成桩施工中对桩侧2倍桩径原状土体的加固挤密，使原状土体土性更均匀，承载力有一定的提高。

（4）利用置入原状土中强度高的碎石柱，实现分担荷载作用。

（5）碎石桩成桩后使用过程中形成孔隙水消散降水的通道。

（6）利用碎石桩的侧阻、端阻以及桩顶一定厚度的褥垫层形成承受一定荷载的"暗桥"，暨碎石桩和桩间土、褥垫层一起形成承载力较高的复合地基，再在其上填筑路基工程。

4.1.5 施工工艺流程及操作要点

4.1.5.1 工艺流程

清基换填沙砾并平整压实→桩机就位→落锤夯击或振冲成孔→向孔（管）内填料→拔管适当高度（沉管段）→夯实或振密→再向孔（管）内填料夯实或振密→重复前一步成桩至地表，移动桩机进行下一桩位的施工。

4.1.5.2 操作要点

（1）清基换填沙砾

1）砂砾料选用具有良好的透水性，不含有机质、黏土块和其他有害物质的材料，含泥量不得大于3%。

2）换填之前首先进行试验路段的施工，确定施工机械、松铺系数、施工方法、施工一次铺筑的合适厚度、最佳含水量以及合格的压实遍数。

3）根据试验路段确定的一次铺筑厚度及松铺系数计算各段砂砾需用量，自卸汽车进行运输至需要进行地基处理的地段。

4）铺设砂砾材料时，从路基横向两侧向中间摊铺，厚度均匀一致，满足设计要求，最大误差不超过2cm，表面平整。

5）铺设完的砂砾用平地机进行刮平，然后用光轮压路机迅速碾压。

（2）夯扩（冲击）挤密碎石桩

1）施工顺序。应从外围或两侧向中间进行，在横坡地段应向坡顶方向进行。

2）施工工艺。利用电动落锤打桩机或柴油打桩机夯击（冲击）沉管成孔，向桩管内灌入级配碎石，每次填料高度不大于1m，然后拔起一定长度的桩管，应保证夯击后管内存料长度10~30cm（可根据经验或现场情况来确定），每次填料后应充分夯实，一般夯击次数3~4次，夯填度（夯实后的厚度与填料厚度的比值）不得大于0.9，逐次填料、拔管、夯实直至地表，形成碎石桩。在冻土段近地表的融土层中（一般土质较软），可根据现场情况确定夯填施工参数，应保证桩身质量和地面不出现隆起。

3）施工步骤。

①准备工作

（a）地质资料核查：施工前沿线路纵向每100m检验2点，对地基地质资料进行核查。

（b）场地平整：施工场地填筑砂砾，整平，确保桩机施工过程中不发生倾斜、移动。

（c）桩位测放：在场地四周建立闭合导线控制网，放出将要施工的碎石桩桩位，经复核无误后方可施工。

（d）试桩：碎石桩施工前，进行工艺性试桩，试桩注意事项如下。

针对地质条件优先选用技术先进、性能稳定的施工设备。

碎石灌注时拔管速度要求和输送量配合，并保证连续拔管，尤其是冻土上的较软地层，应防止缩径和淤泥等进入桩管。

碎石材料各项技术指标必须满足规范要求，其抗压强度必须满足设计要求。

做好地质情况的复核工作。按规范施工前需进行地质复核工作，对具有代表性的地点在施钻过程中适时提钻以确认地层分布情况是否和地质材料一致。在必要时，可在相邻两地质横断面中间进行补钻，进一步复核地质情况。若出现异常情况，则必须及时通知监理和咨询设计单位现场确认，并提出处理意见。

②桩机就位。重锤夯击成孔至设计标高，并保证孔底的夯实度，孔底最后两次的夯击贯入度平均值应控制在5cm以内。

③分层填料。每次填料量为0.06~0.10m³，约50~80cm。

④重锤夯实。提升重锤连续夯击孔内填料3~4次，测量最后两次的夯击贯入度，平均值应控制在10cm以内。浅层软土应控制夯击次数和落锤高度，保证成桩质量和地面不出现隆起。重锤提升高度和桩身的关系见表4-1。

表 4-1　重锤提升高度与桩身的关系表（以桩顶标高为 0.00m）

序号	桩身标高（m）	重锤提升高度（m）
1	0.00	1.00
2	-1.00	2.00
3	-2.00	3.00
4	-3.00	5.00
5	-4.0～-8	5.0~10.0

夯至地面时应采取低落距锤夯击，以地面隆起不超过 5cm 为宜。成桩参数可根据现场试桩及地质条件确定。

（3）桩体保护和质量检验

碎石桩完成施工后，应避免桩顶被扰动和破坏，并防止淤泥和杂物混入，桩顶以上应填筑不小于 30cm 的砂砾垫层。桩身质量检验可在碎石桩施工中逐段检验或施工后整体检验。桩间土加固质量检验应间隔一定时间方可进行，一般对于饱和黏性土，间隔时间不宜少于 28d，对粉土，沙土和杂填土地基，不宜少于 7d。

（4）特殊工艺关键控制点控制（见表 4-2）

表 4-2　特殊工艺关键控制点及控制措施

序号	关键控制点	控制措施
1	桩体长度	桩必须是上下连续，均匀密实，确保设计桩长，孔底夯击贯入度控制在 5 cm 以内
2	加固效果	桩体强度和桩周土加固效果，调整落锤高度、夯击次数和填料量，可用标准贯入或重型动力触探等原位测试检验
3	起拔速度	控制桩管起拔速度，尤其是冻土上的较软地层，应防止缩径和淤泥等进入桩管。通常拔管为 2m/min，可根据实验确定
4	填料量	一般按桩孔体积和填料按中密状态的干密度计算的体积，其实际填料量（不包括水重）不得少于计算值 95%
5	夯填度和夯击次数	夯填度（夯实后的层厚度与填料厚度的比值）不得大于 0.9，每段填料的夯击次数 3~4 次
6	地面隆起	夯至地面时应采取低落距锤夯击，保证地面隆起不超过 5 cm
7	现场设备发动机散热	为防止冻土融化，严格禁止其他无关机械设备进场，现场施工设备采取间歇轮换式作业，设备停驶必须熄火

4.1.6　材料与设备

（1）材料

1）砂砾

垫层用级配沙砾，小于 0.075mm 颗粒含量不应大于 5%，其颗粒组成见表 4-3。

表 4-3　垫层粒料集料级配表

层位	通过质量百分率（方孔筛，mm）（%）					
	53	31.5	19	4.75	0.6	0.075
砂砾垫层	100	90~100	65~85	30~50	8~25	0~5

2）碎石

粒径不得大于 50mm，含泥量不得大于 5%。

（2）主要机械设备

主要机械设备配备见表4-4。

表4-4 主要机械设备配备表

序号	设备名称	型号	备注
1	碎石桩沉管夯扩打桩机		
2	挖掘机	EX330	
3	装载机	ZL50	
4	自卸汽车	20t	
5	推土机	D16	
6	平地机	PQ190	
7	压路机	20t	
8	发电机	120KW	
9	电焊机	BXT-500	

4.1.7 质量控制

（1）质量控制标准

1)《建筑地基基础处理技术规范》（JGJ 79—2002）

2)《建筑工程施工质量验收统一标准》（GB50300—2013）

3)《地基与基础工程施工与验收规范》（GBJ50202—2002）

4) 工程项目《岩土工程勘察报告》

（2）质量控制主要指标

1) 施工前应检查填料的级配、含泥量及有机质含量等。

2) 施工中检查每根桩的桩位、填料量、标高、垂直度等。

3) 施工结束后，应检查桩体的质量和桩间土层的加固挤密效果。

4) 碎石桩复合地基的质量检验标准应符合表4-5的规定。

表4-5 碎石桩工程质量检验标准表

序号	检查项目	允许偏差或允许值		检查方法
		单位	数值	
1	填料量	m³	不小于设计	实际用量与计算体积比
2	桩距	cm	±15	抽查2%
3	桩长	cm	不小于设计	查施工记录
4	桩径	mm	不小于设计	抽查2%
5	桩顶标高	mm	±15	水准仪
6	垂直度	%	≤1.5	经纬仪检查桩管垂直度

（3）质量记录

1) 施工原始记录应翔实、项目完整、签字齐备。主要包括：材料的出厂合格证及复检报告。试桩成桩记录、施工记录、桩位平面布置图、隐蔽工程记录、施工自检记录等。

2) 设置专职资料员，负责进度报表，资料收集整理等工作。

3) 严格执行国家及地方实行的检测检验规定。

（4）质量管理措施

1) 为确保达到上述施工质量标准，实行质量三检制，即在项目部质检员自检基础上，合格后向监理进行交接验收，确保施工质量。

2）项目经理部成立以项目技术负责人为首的质量管理小组，对工程施工的各个环节工作质量进行管理，对整个工程质量负全面责任，质检员负具体检查责任。

3）班组长认真执行质量标准，按规程作业，对工序质量负责。

4）工程开工前，落实各级人员岗位责任制，做好技术交底，使每个施工人员对工程总体要求明确。

5）按设计有关要求，及时做好各项施工记录，包括隐检，预检，分项检，做到准确、及时、齐全，施工报告按建设单位的有关要求提交。

6）要积极配合甲方，设计、监理和质检站对施工质量的检查验收，积极听取其意见和建议，有问题及时纠正。

4.1.8 安全措施

（1）遵照国家颁发的有关安全技术规程和安全操作规程施工，加大安全工作宣传力度，对全员进行安全教育，进行全面的、针对性的安全技术交底，对生产工人必须进行安全技术培训，接受交底者履行签字手续。使参加施工生产的人员都具备必要的安全生产知识，熟悉有关的安全生产规章制度和安全生产操作规程，掌握本岗位的安全操作技能，提高他们的防范意识和避险能力，认清安全工作的重要性，在项目范围内形成人人抓安全、人人管安全、人人自觉遵守安全制度的良好氛围。

（2）特殊作业人员，包括驾驶员、机械设备操作员、电工、电气焊工等操作人员，必须经过专门的安全作业培训，必须持证上岗，杜绝操作失误事故的发生。

（3）由于冻土施工区多为林区，项目部要加强防火教育，请森林执法大队人员到项目举办防火培训，举行防火演练。重点部位配备防火及消防器材，每名员工均签订防火责任状。采取防火措施，林区施工不得用明火；机械设备安装防火罩；电气焊工作地建立围挡；风力大于5级，停止施工。

（4）项目部建立安全施工生产保证体系，深化安全教育，强化安全意识，加强安全管理力度，坚持"安全有标准、质量讲标准、内业按规范、用工以法规"原则，明确安全责任，落实安全措施，确保施工安全。

（5）在森林施工，蚊虫多，对人身体形成危害。"草爬子"（学名：硬蜱）咬人后传播森林脑炎等疾病，可以致人死亡。项目部给职工打防疫针，保证职工身体健康。

4.1.9 环保措施

遵守和执行国家及地方环保法规，对全体人员进行环保法规的教育，使所有人员牢固树立环保意识，自觉遵守环保规定。

（1）保护水质。施工废水、生活污水得直接处理，不得排入饮水源及河道内；施工区域，砂石料场，在施工期间和完工以后应妥善处理，消除对耕地及环境的危害。冲洗集料或含有沉积物的操作用水，应采取过滤、沉淀池处理或其他措施，使之能做到达标排放。施工期间，施工物料如油料、化学品等应堆放管理严格，防止雨季或暴雨将物料随雨水径流排入地表及附近水域造成污染。施工机械应防止漏油，禁止机械在动转中产生的油污水未经处理就直接排放，或维修施工机械的油污水直接排放。

（2）保护植被。树木是森林的保护对象。项目在施工中，合理规划土场、石场面积，减少对植被的侵害，对施工红线内的稀有树种，进行精心移植。同时，项目做好环保施工，建设排水系统，搞好雪水、雨水排放，并保证原森林水系畅通；将腐殖土、弃土回填到取土场，恢复林地，保护环境。

4.1.10　资源节约

冻土地区碎石桩施工方法避免了路槽大面积开挖换填导致的大量材料消耗，节约了沙砾等材料；减少了多年冻土开挖的工程量，避免机械的大量投入；为机械施工创造了足够的工作平台，提高了施工进度。

4.1.11　效益分析

（1）经济效益。富冰冻土碎石桩复合地基施工，成桩速度快，在施工过程中，对周围环境的影响较小，较开挖换填、改路为桥等技术措施节省大量资金，同时提高了施工进度，节省了大量管理费用，大大降低工程造价。

以前嫩公路伊嫩段北安至五大连池段 A4 合同段工程项目富冰冻土段采用清基换填 50cm 砂砾，设置碎石桩的复合地基施工工艺为例，经济效益情况如下。

以 $1000m^2$ 富冰冻土段为例，计算两种处理方案经济效益：下处理换填沙砾单价为 64 元 $/m^3$，碎石桩单价为 80 元 /m。

方案一：完全清除换填处理，清基深度至砂砾持力层，冻土埋藏深度平均在 3m 以上，按平均换填 3m 计算：

$1000m^2 \times 3m \times 64$ 元 $/m^3$ =192000 元

此处不算弃土远运、弃土场费用以及环保、弃土污染等。

方案二：清基换填 50cm 沙砾，设置 4m 碎石桩的复合地基施工，$1000m^2$ 应设置碎石桩 400 根：

$1000m^2 \times 0.5m \times 64$ 元 $/m^3$ =32000 元

400 根 $\times 4m \times 80$ 元 /m=128000 元，合计：160000 元。

由此可见：采用碎石桩施工比深挖换填施工，每 $1000m^2$ 节省造价 3.2 万元。

（2）社会效益。碎石桩复合地基质量优良，减少冻害对路基的破坏，提高了路基整体稳定性，延长了公路使用年限，具有很好的社会效益。

冻土地区碎石桩施工成桩速度快，可以缩短工期，便于工程总体控制，建设工程可提前投入使用，对国民经济的发展提供了有利条件，社会效益显著。

4.1.12　应用实例

（1）应用实例一

前嫩公路伊嫩段北安至五大连池段工程项目地处黑龙江省北部，南起伊春市区，北部终点位于嫩江县城,是黑龙江省高速公路网的重要组成部分,是连接嫩江县和伊春市的纵向公路。沿线为富冰多年岛状冻土区,年平均气温0℃,常有冻害发生,公路等级为高速公路。黑龙江省龙建路桥第二工程有限公司承建该工程A4合同段,K60+000-K82+000,22km的施工任务,于2010年4月开工,2012年10月竣工。本标段施工地点在绥棱县境内,大部分为塔头湿地,其中2.2km为永久性冻土路段,采用冻土碎石桩复合路基施工,面积41800m²,碎石桩26400根,碎石桩长度105600m。使用该工艺施工最大限度地"保持路基冻结状态",通过5年通车运营考验,整体质量良好。

(2)应用实例二

黑洛公路十八站至塔漠界段改扩建工程A13合同段工程项目位于黑龙江省北部,与俄罗斯仅一江之隔,具有极其重要的交通和战略地位。路线范围内分布着丰富的地表水系,黑龙江、呼玛河、湖通河、羊角河、格拉满河、宽河、栖林河、四通河等河流流经境内,年平均气温在-2.3℃,极端最低气温-49℃,多有富冰冻土段。公路等级为二级。黑龙江省龙建路桥第二工程有限公司承建该工程第十三合同段全长8公里的施工任务。2012年9月开工,2014年9月竣工。采用冻土碎石桩施工,施工长度890m,面积9790m²,碎石桩4406根,碎石桩长度17624m。使用该工艺施工最大限度地"保持路基冻结状态",通过4年通车运营考验,整体质量良好。

(3)应用实例三

黑龙江省G111线加格达奇至嫩江段段工程项目位于黑龙江省东北部,常有冻害发生,公路等级为高速公路。黑龙江省龙建路桥第二工程有限公司承建该工程A9合同段18公里的施工任务。2010年10月开工,2012年10月竣工。采用冻土碎石桩复合路基施工,施工长度480m,面积9120m²,碎石桩5670根,碎石桩长度22680m。使用该工艺施工最大限度地"保持路基冻结状态",通过6年通车运营考验,整体质量良好。

4.2 高寒地区沥青玛蹄脂碎石路面面层施工工法

4.2.1 前言

黑龙江省是全国气温最低的省份,极端最低温度可达-40℃,处于东北高寒地区,寒冷冰冻期每年在5个月左右。昼夜温差较大,导致沥青混凝土路面遭受频繁的冻融循环,温度骤降和温度反复升降现象经常发生,易使路面产生温缩裂缝,随着公路使用年限的增加和沥青老化加剧,路面裂缝数量不断增加。水分从裂缝进入路基导致路基软化承载力下降,致使路面产生唧浆、台阶、网裂等破坏,大大降低了路面的使用性能和使用寿命。普通沥青混凝土路面具有低温裂缝破坏严重,养护费用很高,大修周期较短等缺点,易造成较大经济损失。选择一种能够有效减少沥青混凝土路面裂缝,增强沥青混凝土路面结构和整体连续性,提高抗滑、抗裂、抗老化、抗水损害的路面材料；推行一种适合高寒地区的沥青混凝土路面施工技术，能够有效地增强沥青混凝土路面的使用性能，减少维修养护次数，延长使用寿命，是整个高寒地区沥青混凝土路面成败的关键。

改性沥青 SMA 路面，能较好地解决寒冷地区沥青路面低温裂缝严重的病害。自 2000 年以来，黑龙江省相继铺筑了几条 SMA 路面，在哈尔滨至绥化高速公路、哈尔滨机场高速公路、京哈（哈尔滨至双城段）高速公路改性沥青 SMA 路面施工中，通过增加改性沥青用量、纤维稳定剂、矿粉改善混合料配合比，针对寒冷地区施工期平均气温较低特点，对施工温度采用高限控制，形成一套适合寒冷地区改性沥青 SMA 路面施工工法，有效提高了路面的使用性能和使用寿命。采用该工法施工的改性沥青 SMA 路面，经 10 年多的使用验证，低温裂缝数量明显减少，裂缝间距加长，无车辙、无坑槽、无水损害、耐久性好、抗滑性能好，养护费用大大降低，大修周期明显延长，解决了高寒地区普通沥青混凝土路面低温裂缝多、裂缝宽度大、养护费用高、大修时间短等问题，为高寒地区修建使用性能更好的沥青路面奠定了基础，取得了较好的经济效益和社会效益。

4.2.2 工法特点

（1）针对高寒地区沥青混凝土路面低温裂缝病害严重的特点，主要考虑沥青路面低温抗裂性能。在改性沥青 SMA 混合料配合比设计中，改性沥青用量、纤维稳定剂掺量、矿粉用量采用高限，提高混合料中改性沥青玛蹄脂数量，增强结合料拉伸性能，提高混合料的低温抗裂性能。

（2）高寒地区施工期间平均温度较低，改性沥青 SMA 用于表面层，厚度较薄，温度散失快，在施工过程中保证混合料温度处于较高状态很关键。沥青加热温度、集料加热温度采用高值，混合料运输严密覆盖，运输车辆厢体四周用苫布包裹，减少热量损失，使混合料摊铺时处于高温状态，压路机紧跟摊铺机碾压，使混合料在高温条件下快速成型，确保 SMA 路面整体质量。

（3）沥青玛蹄脂碎石中由于沥青玛蹄脂有较好的黏结作用，它的韧性和柔性使混合料大大降低了裂缝的产生和发展，整体性好。与普通沥青混凝土相比，呈现良好的抗裂性、水稳定性、抗老化性能、抗磨损、抗滑性能；提高了抗车辙变形、疲劳耐久性等力学性能；具有高温稳定性好，水稳定性好和耐久性强，避免了早期损坏等优点。

4.2.3 适用范围

由于沥青玛蹄脂碎石是一种由沥青、纤维稳定剂、矿粉及少量的细集料组成的沥青玛蹄脂填充间断级配的粗集料骨架间隙组成一体的沥青混合料。因此，适用于高寒地区修筑普通公路路面和重载、大交通量的高等级公路路面以及旧路面的加铺层等。

4.2.4 工艺原理

沥青玛蹄脂碎石是通过纤维做稳定剂，由此组成的沥青玛蹄脂包裹在粗集料表面，充分填充集料间隙，在温度下降、混合料收缩变形时，玛蹄脂起较好的黏结作用，它的韧性和柔性能够使混合料的低温抗裂性能大幅度提高。

4.2.5 施工工艺流程及操作要点

4.2.5.1 工艺流程图（见图4-2、图4-3）

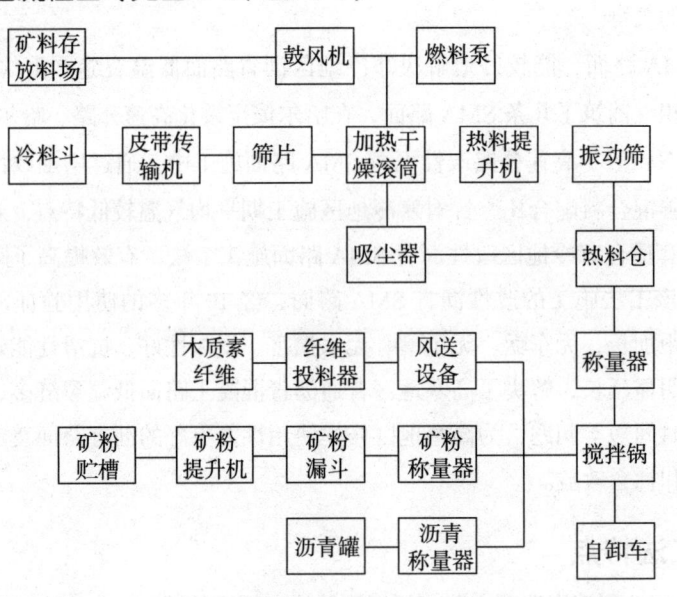

图 4-2 改性沥青 SMA 路面沥青混凝土拌制工艺流程图

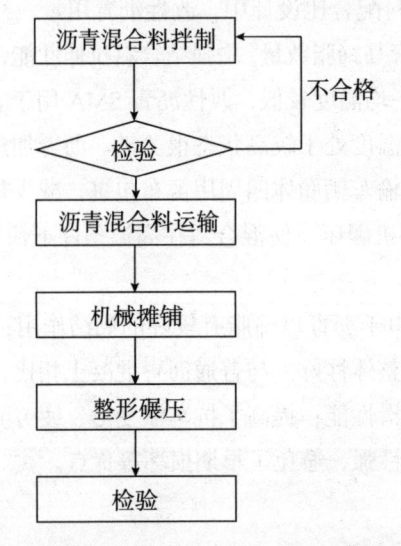

图 4-3 改性沥青 SMA 路面施工工艺流程图

4.2.5.2 工艺顺序及操作要点

（1）配合比设计

SMA 混合料配合比设计方法与热拌沥青混合料配合比过程大致相同，区别在于 SMA 混合料不只将马歇尔试验的稳定度、流值作为重要控制指标，还必须进行谢伦堡析漏试验和肯特堡飞散试验，室内试验要注意保持高温进行。为提高混合料低温抗裂性能，在配合比设计中，沥青、矿粉、纤维稳定剂用量要采用高限，沥青用量采用 5.8%~6%，矿粉用量采用 10%，纤维稳定剂用量 0.3%。抗剥落剂、石料质量应严格要求，采用改性沥青，增加沥青玛蹄脂与集料间的粘附性，减小空隙率，减少低温产生的裂缝。另外，对构造深度、渗水性能严格检测，保证路面抗滑性能及渗水指标（见表4-6、表4-7）。

表4-6 改性沥青SMA路面与改性沥青砼路面比较

检测指标	改性沥青路面	改性沥青SMA路面	备注
动稳定度（次/mm）	1583	4500	高温稳定性
浸水马歇尔试验	83.2	89.3	水稳性
低温抗裂	3114	3334	低温抗裂性能
构造深度 mm	0.56~0.80	1.02~1.39	抗滑
平整度（均方差 mm）	0.44~0.60	0.35~0.45	行车舒适性
透水情况	不透水	不透水	水损害

表4-7 低温抗裂性能检测结果

试验项目	试验结果	规范要求
破坏强度（mpa）	6.57	
破坏应变（ε）	3334	≥3000
破坏劲度（μpa）	2300.2	

采用烘干法进行沥青析漏损失，谢伦堡析漏损失为0.07%，符合要求，肯特堡飞散损失为5.6%，符合要求。

高温稳定性（车辙试验）：从实验结果看出，SMA混合料高温稳定性远远大于改性沥青混合料；所以改性沥青SMA混合料具有极大的高温抗车辙能力，在夏季高温时，这种抗车辙能力就显得尤为重要。

低温抗裂性能：黑龙江位于北纬42度左右，冬季寒冷，极端最低温度可达-40℃，夏季炎热，全年温差达70℃，沥青路面低温收缩开裂是相当严峻的问题，通过检测结果看，沥青通过SBS改性以后，针入度减少、软化点升高、高温黏度增大、低温延度增大，沥青各项指标在高温及低温两个方面都有大幅度提高。

抗滑：SMA路面构造深度可达到1.02mm以上，而普通沥青混凝土路面的构造深度一般为0.60mm左右，在抗滑方面SMA路面具有很大优势。

改性沥青SMA路面的配合比设计应在以往同类材料的配合比设计经验和使用效果的基础上，按以下步骤进行。

1）目标配合设计阶段。用工程使用材料按《公路沥青路面施工技术规范》（JTG F40—2004）附录B、附录C、附录D的方法，并参考《公路沥青玛蹄脂碎石路面技术指南》，优选矿粉级配，确定最佳沥青用量，符合配合比设计技术标准和配合比设计检验要求，以此作为目标配合比，供拌和站确定各冷料仓的供料比例、进料速度及试拌使用。

2）生产配合设计阶段。按规定方法取样，测试各热料仓的材料级配，确定各热料仓的配合比，供拌和站控制室使用。同时选择适宜的筛孔尺寸和安装角度，尽量使各热料仓的供料大体平衡，并取目标配合比设计的最佳沥青用量OAC、OAC±0.3%等3个沥青用量进行马歇尔试验和试拌，通过室内试验及从拌和站取样试验综合确定生产配合比的最佳沥青用量，由此确定的最佳沥青用量与目标配合比设计的结果差值不宜大于±0.2%。

3）生产配合比验证阶段。拌和站按生产配合比结果进行试拌，铺筑试验段，并取样进行马歇尔试验，同时从路上钻芯取样观察空隙率的大小，由此确定生产用的标准配合比。

经设计确定的标准配合比在施工过程中不得随意改变。在生产过程中应加强跟踪检测，严格控制进场材料的质量，如遇材料发生变化并经检测沥青混合料的矿料级配、马歇尔技术指示不符合要求时，就及时调整配合比，使沥青混合料的质量符合要求并保持相对稳定，必要时重新进行配合比设计。

（2）拌和站选址及建设

选址合理，具有较好的运输条件，能连续拌和供料满足现场摊铺要求。场地应有足够大的空间，符合国家环保、安全、环境、消防等有关规定。防雨设施齐备，保证集料（尤其是细集料、填料）的防潮；料场、道路采用粒类材料硬化，保证矿料不被污染，各种集料间要砌筑隔离墙，保证各规格材料不相互混杂。

（3）施工前准备工作

1）对下承层表面的浮动混合料颗粒及杂物用硬扫帚或电动工具清扫干净，有泥土等不洁物沾污时，应一边清扫一边用高压水冲洗干净，并用鼓风机将进入路面中水分吹干蒸发后铺筑。

2）在已清扫干净的下承层喷洒符合要求的粘层油，用量宜为 $0.3\sim0.4L/m^2$。路面不干净、潮湿，气温低于10℃时禁止喷洒，喷洒粘层油时要均匀，并防止污染，采用乳化沥青粘层油时须等待乳化沥青破乳水分蒸发后，才能进行上面层摊铺。

（4）施工放样

1）在复测水准点和中心线的基础上，对沥青中面层顶面高程进行准确复测。

2）一般路段采用非接触平衡梁自动找平控制上面层摊铺，过桥涵时采用钢丝线控制。

（5）沥青混凝土拌和

SMA-13细粒式改性沥青玛蹄脂碎石的拌和是把一定级配的集料、矿粉、木质素纤维与SBS改性沥青按一定规定比例在给定的温度下拌和均匀而制成的沥青混合料。

1）采用德国安迈4000型拌和站，并逐盘打印，生产温度及拌和时间等都按拟定参数执行，添加的矿粉由专门的管线直接加入搅拌锅中，SMA结构添加的木质素纤维由专用纤维投料器和管道直接喷入拌锅内。

2）由于SMA的特点，纤维宜在集料投入后立即加入，经5~8s的干拌，再投入矿粉，总的干拌时间应比普通沥青混合料增加5~10s。喷入沥青后的拌和时间，应根据拌和情况适当增加，通常不得少于5s，保证纤维充分均匀地分散在混合料中。

3）改性沥青SMA混合料在拌制上要求拌和温度要比普通石油沥青混合料温度高，沥青加热温度控制在165~175℃，集料加热温度控制在190~220℃，混合料的出厂温度控制在170~185℃，并不得高于195℃（废弃温度）。

4）拌和站燃烧油应采用优质燃烧油，如燃烧油燃烧不充分，将导致热料表面发黑，同时混有少量焦油等杂质，经水浸泡后有明显的油花，严重影响混合料的黏附性、耐久性等各方面性能。

（6）改性SMA沥青混合料的运输

1）改性沥青混合料的运输应考虑拌和能力、运距、道路情况、车辆吨位等因素，合理确定车辆数量，易采用载重20t以上运输车装料运输，严禁运输车辆在路面上紧急刹车，以防破坏下承层。

2）运输车辆的车厢应严密并保持清洁，每次装料前要将黏附料清扫干净，并涂一层油水混合物，防止混合料黏附厢体。喷涂后不能有多余液体聚集于车厢底。每次卸料后安排专人检查，车厢内必须保证卸料干净。

3）装车时，应尽量缩小混合料的出口与车厢的距离，装车时按前、后、中三次装满，每装一次移动一次车位，以减少混合料离析。

4）为了防止混合料污染路面以及表面混合料降温结成硬壳，保证混合料的到场温度，所有运输车辆全部用苫布覆盖，厢体用苫布包裹，如遇外界温度相对较低，车厢厢体可用棉苫布进行包裹，以便确保沥青混合料的温度。

5）运输到现场的混合料要逐一检测沥青混合料的质量，检查混合料的颜色是否均匀一致，有无花白料，有无结团或严重离析现象，温度是否在允许范围内，如混和料的温度过高或过低，应该废弃不用，已结块或遭雨淋的混合料也应废弃不用。

6）运输车辆应在摊铺机前 10~30cm 处停住，不得撞击摊铺机，在卸料过程中运输车辆应挂空挡，靠摊铺机的推动前进。

（7）改性 SMA 沥青混合料的摊铺

1）改性沥青 SMA 混合料宜使用履带式摊铺机铺筑。连续稳定的摊铺，是提高路面平整度的最主要措施。摊铺机的摊铺速度应根据拌和站的产量、施工机械配套情况及摊铺厚度予以调整，做到缓慢、均匀、不间断地摊铺。摊铺过程不得随意变换速度或中途停顿。不易出现快速摊铺后等料车现象，午饭应分批轮换交替进行，切忌停铺用餐，争取做到每天收工停机一次。由于改性沥青 SMA 混合料生产影响拌和站生产率，摊铺机的摊铺速度应放慢，通常不超过 3~4m/min，允许放慢到 1~2m/min。当供料不足时，宜采用运输车辆集中等候，集中摊铺的方式，尽量减少摊铺机的停顿次数。此时摊铺机每次应将剩余的混合料铺完，做好临时接头。如等料时间过长，混合料温度降低，表面结硬成硬壳，影响继摊铺时，必须将硬壳去除。

2）由两台摊铺机联合作业实施摊铺时，要求采用两台摊铺机梯队摊铺，以提高摊铺层均匀性和压实度。前摊铺机过后，摊铺层纵向接缝上应呈斜坡，后面摊铺机应跨缝 5~10cm 摊铺，两台摊铺机距离不应超过 10m。

3）摊铺机应调整到最佳工作状态，调试好螺旋布料器两端的自动料位器，并使料门开度、链板送料器的速度和螺旋布料器的转速相匹配。螺旋布料器的料量应高于螺旋布料器中心，使熨平板的挡料板前混合料在全宽范围内均匀分布，并在每天起步前就应将料量调整好，再实施摊铺，避免摊铺层出现离析现象，并随时分析、调整粗细料是否均匀，检测松铺厚度是否符合规定。摊铺前应将熨平板预热至规定温度（不低于 100℃），摊铺时熨平板必须拼接紧密，不许存有缝隙，防止卡入粒料将铺面拉出条痕。

4）要注意摊铺机接料斗的操作程序，以减少粗细料离析。摊铺机集料斗在刮板尚未露出，尚有约 10cm 厚的热料时，下一辆运料车即开始卸料，做到连续供料，并避免粗料集中。

5）改性沥青 SMA 混合料的摊铺温度应比普通沥青混合料温度高 10~20℃（摊铺温度不低于 160℃），混合料在卸料到摊铺机上时测量其温度是否符合要求。当气温低于 15℃时，不得摊铺改性沥青 SMA 混合料。

6）改性沥青 SMA 混合料表面层铺筑时宜采用非接触式平衡梁自动找平方式摊铺。

7）不得在雨天或下层潮湿的情况下铺筑 SMA 路面。摊铺遇雨时，立即停止施工，并清除未压实成型的混合料。遭受雨淋的混合料应废弃，不得卸入摊铺机摊铺。

8）混合料压实前，施工人员不得进入踩踏。一般不用人工整修，只有在特殊情况下，需在现场主管人员指导下，允许用人工找补或更换混合料，缺陷较严重时应予铲除，并调整摊铺机或改进摊铺工艺。

（8）改性沥青 SMA 混合料压实

1）沥青混合料的压实是保证面层质量的重要环节，应选择合理的压路机组合方式及碾压步骤。要特别注意，改性沥青 SMA 路面宜采用振动式压路机或钢筒式压路机碾压。因为轮胎压路机碾压时的揉搓作用将使玛蹄脂上浮，使构造深度降低，造成泛油，影响路面的抗滑性能。初压应尽量在较高温度下进行，复压紧跟初压，一气呵成，在碾压过程中应重点注意温度的保护，压路机喷水系统宜采用间歇式喷淋。

2）压路机应以缓慢而均匀的速度碾压，碾压应遵循"紧跟、慢压、高频、低幅"的原则进行，压路机适宜的碾压速度随初压、复压、终压及压路机的类型而别，可通过试铺确定，混合料摊铺后必须紧跟在尽可能高温状态下开始碾压，不得等候。除必要的加水等短暂歇息外，压路机在各阶段的碾压过程中应连续不间断地进行。同时，也不得在低温状态下反复碾压，防止磨掉石料棱角或压碎石料，破坏集料嵌挤。

3）压路机应紧跟摊铺机向前推进地碾压，碾压长度大体相同，每次碾压到摊铺机跟前后折返碾压，碾压速度不得超过 5km/h。为避免碾压时混合料推挤产生拥包，碾压时应将驱动轮朝向摊铺机。碾压路线及方向不应突然改变，压路机起动、停止必须减速缓行，不准刹车制动。压路机折回不应处在同一横断面上。

4）混合料碾压按照初压、复压、终压三阶段进行。

初压时的温度宜控制在 155~165℃ 的范围内，低温施工时，应提高 5~10℃。宜用激振力 180KN 双钢轮、双振动压路机紧跟碾压，前进时关闭振动装置静压，以 2~3km/h 的速度碾压，返回时沿前进轮迹振动碾压，速度 3~4km/h。

复压宜紧跟初压，与初压无明显界限，在较高温度下进行，有利于碾压密实。复压温度控制在 145~155℃。通常使用双钢轮、双振动压路机碾压，碾压遍数参照试铺段结果，通常 2~3 遍，碾压速度可以控制在 3~4km/h。

终压紧跟复压之后，一般双钢轮静碾 1 遍，终压结束时混合料温度不宜低于 140℃。

5）改性沥青 SMA 路面应防止过度碾压，在压实度达到 98% 以上或者现场取样的空隙率不大于 6% 后，宜中止碾压。如碾压过程中发现有沥青玛蹄脂部分上浮或石料压碎、棱角明显磨损等过碾压的现象时，碾压即应停止，并分析原因。

6）要对初压、复压、终压段落设置明显标志，便于司机辩认。对松铺厚度、碾压顺序、压路机组合、碾压遍数、碾压速度及碾压温度应设专岗管理和检查，使面层做到既不漏压也不超压。

7）在当天碾压的尚未冷却的沥青混凝土层面上，不得停放压路机或其他车辆，并防止矿料、油料和杂物散落在沥青层面上。

8）压实完成 12 小时后，方能允许施工车辆通行，开放交通时的路表温度不高于 50℃。

（9）施工接缝的处理

1）纵向施工缝：对于采用两台摊铺机成梯队联合摊铺方式的纵向接缝，应在前部已摊铺混合料部分留下 10~20cm 宽暂不碾压，作为后高程基准面，并有 5~10cm 左右的摊铺层重叠，以热接缝形式在最后作跨接缝碾压以消除缝迹。

2）横向施工缝：全部采用平接缝。用三米直尺沿纵向位置，在摊铺段端部的直尺呈悬臂状，以摊铺层与直尺脱离接触处定出接缝位置，用锯缝机割齐后铲除。继续摊铺时，应将接缝锯切时留下的灰浆擦洗干净，涂上少量粘层油，摊铺机熨平板从接缝处起步摊铺，碾压时用钢筒式压路机进行横向压实，从先铺路面上跨缝逐渐移向新铺面层。

4.2.6 材料与设备

（1）主要原材料

1）沥青

沥青采用 SBS 改性沥青，具体试验指标及技术要求见表 4-8。

表 4-8 SBS 改性沥青技术要求

检测项目	I-A	I-B	I-C	I-D	试验方法
针入度（25℃，100g，5s）（0.1mm）不小于	100	80	60	40	T 0604
针入度指数 PI 不小于	-1.0	-0.6	-0.2	+0.2	T 0604
延度（5℃，5cm/min）（cm）不小于	50	40	30	20	T 0605
软化点 TR&B（℃）不小于	50	55	60	65	T 0606
运动黏度（135℃）（Pa·s）不大于	3				T 0625 / T 0619
闪点（℃）不小于	230				T 0611
溶解度（%）不小于	99				T 0607
离析，软化点差（℃）不大于	2.5				T 0661
弹性恢复（25℃）（%）不小于	65	70	75	80	T 0662
RTFOT 后残留物					
质量变化（%）不大于	1.0				T 0610 / T 0609
针入度比（25℃）（%）不大于	60	65	70	75	T 0604
延度（5℃）（%）不小于	30	25	20	15	T 0605

2）粗集料

用于 SMA 的粗集料应采用质地坚硬，表面粗糙，形状接近立方体，有良好嵌挤能力的破碎集料。当采用酸性石料时，应采取掺加适量消石灰或水泥等措施。如使用抗剥落剂时，必须确认抗剥落剂具有长期的抗水损害效果。严格控制集料的含泥量及表面粉尘量，减少拌和过程中废粉数量，提高拌和机的工作效率，其指标及技术要求见表 4-9。

表 4-9 粗集料质量技术要求

检测项目		技术要求	试验方法
石料压碎值（%）	不大于	25	T 0316
洛杉矶磨耗损失（%）	不大于	28	T 0317

续表

检测项目		技术要求	试验方法
表观相对密度 不小于		2.60	T 0304
吸水率（%） 不大于		2.0	T 0304
与沥青的黏附性（级） 不小于		4	T 0616
坚固性（%） 不大于		12	T 0314
针片状颗粒含量（%） 不大于		15	T 0312
水洗法 <0.075mm 颗粒含量（%）不大于		1	T 0310
软石含量（%） 不大于		1	T 0320
石料磨光值（BPN） 不小于		42	T 0321
具有一定数量破碎面颗粒的含量（%）不小于 具有一个破碎面的颗粒 具有2个或2个以上破碎面的颗粒		100 90	T 0327

3）细集料

细集料宜采用专用的细料破碎机（制砂机）生产的机制砂。当采用普通石屑替代时，宜采用与沥青黏附性好的石灰岩石屑，且不得含有泥土、杂物。与天然砂混用时，天然砂的用量不宜超过机制砂或石屑的用量，其技术指标及技术要求见表4-10。

表 4-10 细集料质量技术要求

检测项目	技术要求	试验方法
表观相对密度 不小于	2.50	T 0329
坚固性（%） 不大于	12	T 0340
砂当量（%） 不小于	60	T 0334
塑性指数（%）	无	T0118 或 0119
粗糙度（s）	实测	T0345

4）填料

必须采用由石灰石等碱性岩石磨细的矿粉。矿粉必须保持干燥，能从矿粉仓自由流出。其指标及技术要求见表4-11。

表 4-11 矿粉质量技术要求

检测项目		技术要求	试验方法
表观密度（t/m³） 不小于		2.50	T 0352
含水量（%） 不大于		1	T 0103 烘干法
粒度范围（%）	<0.6mm	100	T 0351
	<0.15mm	90~100	
	<0.075mm	75~100	
外观（%）		无团粒，不结块	
亲水系数 不大于		1	T 0353
塑性指数（%）不大于		4	T 0354
加热安定性		实测记录	T 0355

5）纤维稳定剂

用于SMA的纤维稳定剂包括木质纤维、矿物纤维、聚合物化学纤维等，以改善沥青混合料性能，吸附沥青，减少沥漏，其指标及技术要求见表4-12。

表 4-12 木质素纤维质量技术要求

检测项目	指标	试验方法
纤维长度（mm） 不大于	6	水溶液用显微镜观测
灰分含量（%）	18±5	高温 590~600℃燃烧后测定残留物
pH 值	7.5±1.0	水溶液用 pH 试纸或 pH 计测定
吸油率　　　　不小于	纤维质量的 5 倍	用煤油浸泡后放在筛上经振敲后称量
含水率（以质量计）（%）不大于	5	105℃烘箱烘 2h 后冷却称量

（2）主要机械设备（见表 4-13）

表 4-13 主要机械设备表

序号	名称	规格	数量	备注
1	沥青混凝土拌和站	4000 型	1 座	德国
2	沥青混凝土摊铺机	Z100-2 型	1 台	福格勒
3	双光轮压路机	DD136 型	2 台	
4	双光轮压路机	DD126 型	2 台	
5	装载机	ZL-50	3 台	
6	挖掘机	现代 335	1 台	
7	自卸车	20T	20 辆	

（3）主要检测仪器（见表 4-14）

表 4-14 主要检测仪器

序号	名称	规格	数量	使用状态
1	沥青延度仪	SY-1.5B	1 台	良好
2	沥青软化点试验器	SYD-2806	1 台	良好
3	沥青针入度仪	SYD-2801E	1 台	良好
4	沥青搅拌锅	BH-20	1 台	良好
5	马歇尔击实仪	LJ236-11	1 台	良好
6	离心式快速抽提仪	DL-3	1 台	良好
7	马歇尔稳定度测定仪	LWD-3	1 台	良好
8	理论最大相对密度仪	HLM-2	1 台	良好
9	自动恒温数显粘度仪	LZW-5	1 台	良好
10	摆式摩擦系数测定仪	BM-21	1 台	良好
11	烘箱	101-2	1 台	良好
12	方孔石子筛	标准筛	1 套	良好
13	电热恒温水浴	HHW21600	1 台	良好
14	沥青路面渗水试验仪	HDSS-2	1 台	良好
15	液塑限联合测定仪	SJS-3	1 台	良好
16	压碎值仪	标准	1 台	良好
17	针片状归准仪	标准	1 台	良好
18	电动砂当量试验仪	SD-2	1 台	良好
19	电动脱模器	DTM-1	1 台	良好

4.2.7 质量控制

（1）工程质量控制标准

1）《公路沥青玛蹄脂碎石路面技术指南》（SHC F40—01—2002）

2）《公路沥青路面设计规范》（JTG D50—2006）

3)《公路工程沥青及沥青混合料试验规程》（JTJ 052—2000）

4)《公路沥青路面施工技术规范》（JTG F40—2004）

5)《公路工程质量检验评定标准》（JTG F80/1—2004）

（2）严格执行 SMA 路面施工阶段质量检测标准有关规定条款。

（3）保证质量的关键措施：

1）对施工过程温度检测，保证混合料在高温条件下成型。

2）进场改性沥青按规定进行取样，对改性沥青质量严格检测。

3）试验室要准确控制配合比，通过每天检测数据进行调控，严格控制改性沥青、矿粉、纤维稳定剂用量。

4）拌和站应严格按配合比通知的比例配料开盘，不得改变，发现问题及时反馈停机，做好计量校准和数量分析与验证，严格控制拌和温度与拌和时间。

5）摊铺速度应与拌和能力匹配，按碾压组合，碾压工序与遍数进行碾压。

6）认真按照规范要求的质量检测项目、频率、方法进行检测控制。

7）对纤维的质量误差要严格控制，不应超过要求数量的 ±10%。严格添加纤维程序，控制纤维投放时间、数量，保证拌和时间，确保纤维均匀分散到混合料中，避免 SMA 路面通车后，因纤维不能均匀分散，造成沥青用量不均，出现油斑等病害。

8）控制碾压过程，避免过碾压，保证 SMA 路面的构造深度、抗滑性能。

9）施工季节合理安排，根据寒冷地区气候特点，选择在温度较高月份施工，宜在 6~8 月。

4.2.8 安全措施

（1）认真贯彻执行安全生产有关政策、方针及法令法规，建立建全安全组织保证体系，落实各级安全责任制，强化基本知识。

（2）设置专职安全员，坚持经常性的检查，查除各种隐患。

（3）对入场的施工人员进行安全生产教育和安全技术操作学习后方可上岗。

（4）定期对施工现场的各种安全设施和劳动保护器具进行检查和维护，及时消除隐患，保证其安全有效。

（5）设置醒目的安全标志和安全标语牌。

（6）建立防火管理制度，在施工现场按照规定设置消防设施，加强对防火器材的管理工作，并使其保持完好的状态。

（7）在保通施工路段现场设专职交通安全管理人员负责现场交通安全工作。

（8）严格管理施工现场的铁序，把安全生产贯彻到施工的全过程中去。

（9）改性沥青拌和厂应经常检查导热油，防止泄入沥青储存罐中而引发火灾，拌和厂内应采取有效的防火、防爆、防毒措施，场内禁止烟火，设置醒目防火警示牌，并配备一定数量的消防器材。

（10）拌和场的燃油罐和加油站应与导热油载体炉有足够的距离，防止发生火灾。

（11）拌和站、施工区出入道路安排设置明显安全标志，安排专人指挥交通，保证施工安全。

4.2.9 环保措施

（1）坚决贯彻环境保护法，成立专门的环境保护领导小组，对施工人员进行环境保护知识的培训，做到人人知道环境保护的重要性。

（2）加强施工机械的维修与保养，要尽量减少漏油、噪声、废气等的污染。

（3）保护周围的自然环境，及时处理施工过程中产生的废弃物和各种垃圾，不污染周围的环境。

（4）及时全面地清理施工现场，并指定地点进行无害化处理。

（5）拌和设备必须有良好的二级除尘装置并能有效地进行除尘，使空气质量标准符合当地环保部门的要求。

（6）废弃的粉尘和沥青混合料存放在指定地点，粉尘可采用湿排法或采用经常洒水及覆盖等措施，防止粉尘扩散。

（7）拌和楼和发电机等设备的噪声，应符合当地环保部门的要求，不符合者应采取有效措施。

（8）响应国家的节能降耗政策，利用现有资源能源，减少浪费。

（9）充分发挥机械设备的作用，有效利用资源。

4.2.10 资源节约

本工法改性沥青 SMA 路面施工技术在高寒地区应用，通过配合比控制、温度控制，较大提高了沥青混凝土路面低温抗裂性能，裂缝数量较普通沥青路面减少 50%，控制水分从裂缝进入路基导致路基软化承载力下降的可能性，减少路面产生唧浆、台阶、网裂等破坏，大大减少了补修次数，提高了路面的使用性能和使用寿命，从而节约大量资源。

4.2.11 效益分析

由于沥青玛蹄脂路面比普通沥青混凝土路面使用矿粉多（8%~12%），沥青多（5.5%~6.5%），又使用纤维做稳定剂，所以初期成本有所提高。但 SMA 结构能全面提高沥青混合料和沥青路面的使用性能，减少维修养护费用，延长使用寿命，总体上仍将产生重大经济效益。

4.2.12 应用实例

（1）应用实例一

哈尔滨至绥化高速公路工程项目，路面第二合同段，全长 18km，开工时间 1998 年 10 月，竣工时间 2000 年 9 月，结构形式为 SMA-13，厚度 5cm，工程量 423000m^2。经过 8 年多使用，路面低温裂缝少，无车辙、无坑槽、抗滑等，使用性能良好，低温抗裂性尤为显著，路面使用性能良好，路面使用寿命延长 8~9 年，养护费用大大降低，得到业主和社会的高度评价。

（2）应用实例二

哈尔滨机场高速公路项目，第一合同段，全长 10km，开工时间 1999 年 4 月，竣工时间 2000 年 9 月，结构形式为 SMA-13，厚度为 4cm，工程量 235000m^2。经过 8 年多使用，路面低温裂缝少，无车辙、无坑槽、抗滑等使用性能良好，低温抗裂性尤为显著，横向裂缝间距在

40m以上，路面使用性能良好，养护费用大大降低，得到业主和社会的高度评价。

（3）应用实例三

哈尔滨至双城高速公路工程项目，路面工程B4合同段，全长14.5km，开工时间为1999年9月，竣工时间为2001年9月，结构形式为SMA-16，厚度4cm，工程量340750m^2。经过7年多使用，路面低温裂缝少，无车辙、无坑槽、抗滑等使用性能良好，低温抗裂性尤为显著，路面使用性能良好，与普通沥青混凝土路面使用性能比较，经济效益和社会效益方面优势明显，路面使用寿命延长8~9年，养护费用大大降低，得到业主和社会的高度评价。

4.3 高寒地区温拌沥青混凝土路面施工工法

4.3.1 前言

温拌沥青混凝土是一种新型节能环保材料，通过采取一定的技术措施，降低沥青的黏度，使沥青混合料能在相对较低的温度下进行拌和及施工，并可保持不低于热拌沥青混凝土的使用性能。采用温拌技术铺筑沥青路面可有效地节约油料资源，降低环境污染和对施工人员健康的损害，同时减少沥青在生产过程中的老化作用，有效延长路面使用寿命。温拌技术可达到节能减排、绿色环保的目的，符合当今沥青路面施工节能环保、低碳发展的理念，自出现以来在国内得到积极推广，在交通运输部的支持和引领下，北京、上海、四川等省市先后编制和推出相应的温拌沥青混合料地方应用标准和规范，温拌沥青路面广泛应用于道路建设。

黑龙江省等地处于我国北方高寒地区省份，四季温差大，沥青路面施工工期短，低温性能要求较高，温拌沥青路面是否适合和满足高寒地区路用性能方面的研究尚属空白。黑龙江省龙建路桥第三工程有限公司立项开展"高寒地区温拌沥青混凝土路面施工技术研究"，探索一种适应高寒地区的温拌沥青路面施工技术，总结形成本工法。该工法在沥青混合料生产过程中加入适量温拌剂，常温施工条件，混合料可降低约30℃进行拌和、摊铺施工，节能环保效果显著；低温施工条件，混合料采取热拌，可放大压实温度范围，显著延长施工季节；针对高寒地区气候特点，配合比设计考虑温拌剂种类及掺量对混合料低温性能指标的影响，温拌混合料必须通过低温弯曲试验进行检验；施工温域根据温拌沥青黏度—温度曲线来确定；对混合料拌和、摊铺、碾压等施工工序提出了更高要求。该工法先后应用于内蒙呼包高速项目、吉黑高速公路哈尔滨过境段路面中修项目、黑河市政道路项目等沥青路面工程施工中，均收获满意效果。2016年12月10日，经黑龙江省交通运输厅组织专家鉴定，认为本工法达到了国内先进水平。2016年12月工法科技查新，在国内未见相同报道。

4.3.2 工法特点

（1）节能环保。常温施工条件，拌和及摊铺温度较热拌混合料降低30℃以上，可节省约20%的燃料，大量减少沥青烟气等有毒物质的排放，降低对环境的污染和对施工人员健康的损害。

（2）延长工期。低温施工条件，出料温度与热拌相同，放大沥青混合料可压实温度范围，延长沥青路面有效压实时间,在较冷气温条件下也可施工,显著延长沥青施工季节。

(3)保证质量。配合比设计充分考虑高寒地区沥青混合料低温性能指标,在施工过程中对温拌剂掺量、施工温域、混合料拌和、摊铺、碾压等工艺进行严格控制,保证了沥青路面施工质量。

4.3.3 适用范围

本工法适用于高寒地区各等级公路沥青混凝土路面的施工。

4.3.4 工艺原理

(1)沥青混合料生产过程中通过加入适量温拌剂来降低沥青的黏度,使混合料在相对较低的温度条件下能够进行拌和、摊铺和碾压。

(2)根据温拌沥青的黏度—温度曲线来确定温拌沥青混合料各施工工序的适宜温度。

(3)针对高寒地区沥青混合料低温性能指标要求,配合比设计充分考虑温拌剂种类及掺量对混合料低温性能的影响,混合料必须通过低温弯曲试验检验低温性能指标。

(4)温拌剂采用专用设备或人工方法通过拌和锅气孔与矿料同步投入拌缸,温拌剂与矿料混合干拌时间不少于10秒,混合料湿拌时间不少于40秒,保证混合料拌合均匀、矿料沥青裹覆良好。

(5)温拌沥青混凝土运输过程中采取妥善保温措施,施工过程保证各工序紧凑连续,严格控制各个施工环节温度。

4.3.5 施工工艺流程及操作要点

4.3.5.1 施工工艺流程图(图4-4)

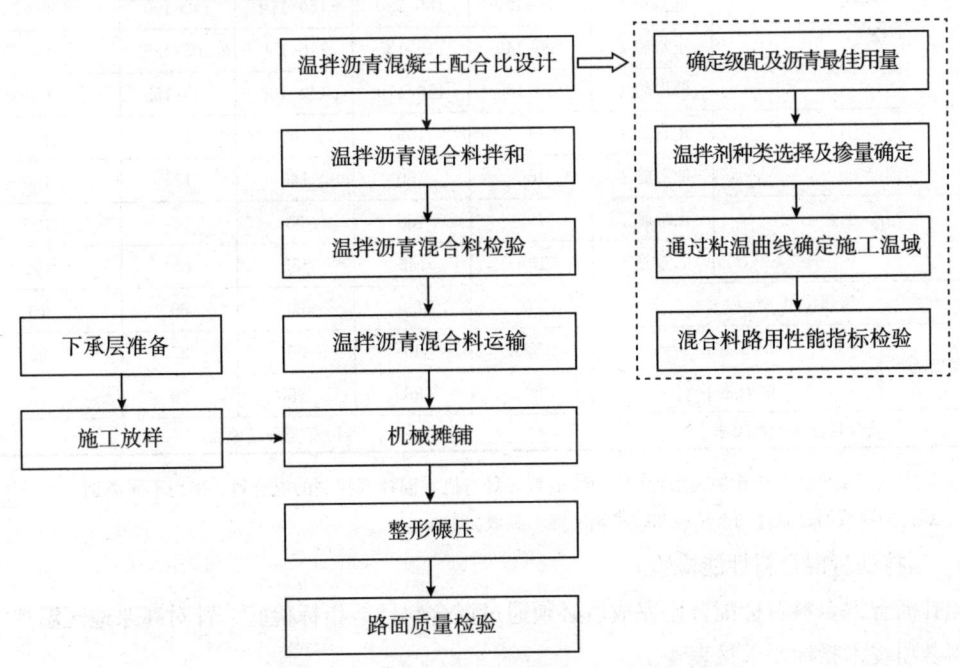

图4-4 温拌沥青混凝土路面施工工艺流程图

4.3.5.2 工艺顺序及操作要点

（1）温拌沥青混凝土配合比设计

1）矿料级配及最佳沥青用量的确定。

温拌沥青混凝土配合比矿料级配和最佳沥青用量一般无须特殊设计，目标配合比和生产配合比的级配和最佳沥青用量可按照常规热拌沥青混合料配合比设计方法进行确定。

2）温拌剂种类选择及掺量确定。

温拌剂种类及掺量对沥青及混合料的性能指标会产生一定影响。温拌剂种类（包括矿物类、泡沫沥青类、乳化沥青类、有机添加剂类等）可根据工程需要以及施工环境条件进行选择，针对高寒地区，应选择温拌剂对沥青及混合料低温性能有提高或影响较小的品种。温拌剂掺量需根据推荐掺量进行试验，在保证沥青混合料技术指标满足规范要求前提下，综合考虑节能减排、成本费用、施工便利等条件来确定掺量。本工法选择聚烯烃有机添加剂类温拌剂，掺量确定为沥青用量的4%。

3）通过测定温拌沥青的粘温曲线来确定混合料施工温域。

温拌剂种类及掺量确定后，通过温拌沥青布氏旋转黏度试验测定并绘制温拌沥青的黏度—温度曲线，根据沥青黏温曲线来确定混合料各施工工序的适宜温度。本工法拌和、摊铺和碾压控制温度见表4-15。

表4-15 温拌沥青混合料施工控制温度（℃）

施工工序		石油沥青				聚合物改性沥青
		50号	70号	90号	110号	SBS类
沥青加热温度		160~170	155~165	150~160	145~155	160~165
集料加热温度	正常施工	140~150	135~145	130~140	125~135	150~170
	低温施工	170~190	160~180	150~170	140~160	180~200
出厂温度	正常施工	120~140	115~135	110~130	105~125	140~155
	低温施工	160~180	150~170	140~160	135~155	170~185
摊铺温度 ≥	正常施工	110	105	100	100	130
	低温施工	160	150	140	135	160
初压温度 ≥	正常施工	105	100	95	95	125
	低温施工	150	145	135	130	150
终压温度 ≥		70	60	60	60	70
压实温域	正常施工	35	40	35	35	55
	低温施工	80	85	75	70	75
开放交通路表温度要求		冷却至环境温度				

注：该表施工温度适合于掺加为沥青用量4%的聚烯烃有机类温拌剂拌制的混合料。采用不同类别、不同掺量的温拌剂需要通过温拌沥青粘温曲线来确定施工温域。

4）温拌沥青混合料性能检验。

温拌沥青混合料目标配合比完成后必须通过混合料性能指标检验，针对高寒地区温拌沥青混合料各项技术指标要求见表4-16。

表 4-16 高寒地区温拌沥青混合料性能指标要求

试验项目	单位	混合料类型	技术质保要求
动稳定度	次/mm	普通沥青温拌混合料	≥800
		改性沥青温拌混合料	≥2400
低温弯曲	μɛ	普通沥青温拌混合料	≥2600
		改性沥青温拌混合料	≥3000
冻融劈裂	%	普通沥青温拌混合料	≥75
		改性沥青温拌混合料	≥80
残留稳定度	%	普通沥青温拌混合料	≥80
		改性沥青温拌混合料	≥85
渗水系数	ml/min	普通沥青温拌混合料	≤120
		改性沥青温拌混合料	≤120

（2）温拌沥青混合料拌合

温拌沥青混合料的拌和控制要点是：骨料加热温度、拌和温度、温拌剂投放、拌和时间。

1）根据温拌沥青黏度—温度曲线确定的温度控制拌和站骨料加热温度及拌和温度，拌和过程温度控制是温拌沥青混合料的关键技术，必须严格控制。

2）温拌剂可采用专用外加剂自动投料设备或人工投料方法，通过拌和锅气孔与矿料同步一次性投入拌缸。

3）温拌剂与矿料混合干拌时间不少于 10 秒，混合料湿拌时间不少于 40 秒，拌和出的混合料要保证均匀、无花白料、无离析，矿料颗粒全部裹覆沥青。

（3）温拌沥青混合料检验

1）目测混合料拌和是否均匀、有无花白料、油石比是否合理，检查集料和混合料的离析情况。

2）监测拌和站骨料和沥青加热温度、检测混合料出厂温度。

3）混合料取样抽提（或采用燃烧法）、筛分，检测的级配、油石比。

4）取样成型试件进行马歇尔试验，测定空隙率、稳定度、流值、饱和度、间隙率等指标。

（4）温拌沥青混合料运输

1）温拌沥青混合料运输宜选较大吨位的自卸车，运量应较拌和站拌和能力或摊铺速度有所富余，运输车辆进行检查和保养，保证车辆状况良好，禁止车辆带病作业。

2）运输车辆配备完善的保温措施，车厢箱板四周采用耐热泡沫板材或棉被包裹，混合料配备厚棉被覆盖。

3）装料前把车厢清扫干净，在车厢板上涂一层隔离剂（油水比 1∶3 的混合液），但不得有余液积聚在车厢底部。

4）车辆装料过程中要至少前后移动 4~6 次，将料分层铺满，以减少粗集料的离析。

5）从拌和站到施工现场，无论运距远近，无论气温高低，都必须采用棉被覆盖运料车顶部，混合料即将摊铺前方掀开覆盖，以减少温度损失。

6）运料车进入摊铺现场时，轮胎上不得沾有泥土等可能污染路面的脏物，否则应洗净轮胎后才能进入工程现场。进入现场运料车不准急刹车、急弯调头，调头过程中要多调整几把舵，避免对透层、封层等下承层造成损伤。

7）混合料到达现场等候摊铺时，现场施工人员应对每车检查和温度测量并签收运料单，混合料到场温度应符合相关要求。

8）运料车在卸料时，将车倒至距离摊铺机前20~30cm处停车，严禁撞击摊铺机，挂空挡轻带刹车靠摊铺机推动前进，等待指挥人员指挥卸料，卸完料后迅速驶离。

（5）下承层准备

沥青路面施工前，下承层必须进行检查验收，各项技术指标验收合格后方可进行沥青路面铺筑施工。

（6）施工放样

施工放样可采用基准线或平衡梁。

1）采用基准线时，钢钎直线段可按每10m设置，曲线段要加密至5m一根，每段钢丝线最好不要超过120m，一定要固定牢固，张紧力满足要求（紧线器紧线后用手指在120m最中间的两个铁钎位置垂直向下压钢丝线，压不动为宜）。

2）采用平衡梁时，红外线探头对应下承层一定要清扫干净，平衡梁固定牢固，颤动量要小。

3）对于设计有路缘石的沥青路面，应尽可能先完成路缘石安装再摊铺路面，路缘石安装标高和宽度应满足设计要求。

（7）机械摊铺

1）连续稳定地摊铺是提高路面平整度的最主要措施，摊铺机的摊铺速度应根据拌合站产量、施工机械匹配情况计算设定（宜控制在2~4m/min），要求运输车辆对摊铺机持续不断供料，尽力做到缓慢、均匀、不间断摊铺。

2）摊铺机调整到最佳工作状态，要选择合适的料斗阀门开度，使其与供料速度恰当配合，进而达到刮板输料器连续、均匀地供料；调好螺旋布料器两端的自动调位器，控制好进入摊铺室的供料量，螺旋布料器内混合料表面以略高于螺旋布料器2/3为宜，并使熨平板的挡板前混合料的高度在全宽范围内保持一致，避免摊铺层出现离析现象；摊铺机熨平板必须拼接紧密，不许存有缝隙，防止卡入粒料将铺面拉出条痕。

3）摊铺前用隔离剂涂刷收料斗、熨平板、螺旋布料器等与沥青混合料接触部位，以防止该部位粘料；提前0.5~1h对熨平板预热和保温，使其温度不低于100℃，在摊铺过程中合理选择熨平板振捣和夯锤压实装置的振动频率和振幅，以提高路面的初始压实度。

4）如采用两台摊铺机实施梯队摊铺施工，应尽量选用相同品牌、相同型号的摊铺机，新旧差别要小，靠中央分隔带侧（高标高处）摊铺机宜在前，两台摊铺机摊铺层的纵向接缝采用热接缝，避免出现缝痕，两机纵向搭接以10cm为宜，两机距离不应超过10m。

5）摊铺机不得随意收料斗，争取做到每天收一次料斗，收斗后将斗内凉料废弃。

6）摊铺温度是保证质量的前提，温拌沥青砼摊铺温度应满足相关要求。为减少温度散失，一般摊铺机前要保有两台料车等候，前一台运输车摊铺即将结束时再打开下一辆车的苫布。

7）摊铺的混合料未压实前，施工人员不得进入踩踏；正常摊铺过程中不应该用人工反复修整，当出现局部缺料、明显不平整、混合料离析等特殊情况时可用人工做局部找补。缺陷较严重时应予以铲除，并调整摊铺机或改进摊铺工艺。

（8）整形碾压

碾压是保证路面实体质量的关键工序，沥青路面压实要派专人负责。沥青混合料压实采用胶轮压路机和振动压路机组合方式，总体原则为"高频，低幅，紧跟，慢压"，由低向高匀速碾压。碾压分为初压，复压，和终压三个阶段。

1）初压：混合料摊铺之后立即进行初压，应尽可能在较高温度下紧跟摊铺机碾压，初压段落宜控制在摊铺机后 30m 范围内，采用 2 台 30T 轮胎压路机碾压 3~4 遍，碾压速度控制在 2~4km/h。通过胶轮压路机的揉搓初压可快速封闭路面开口空隙，最大限度地将热量保存在路面内，并使骨料迅速就位。

2）复压：初压后紧接着进行复压，复压段落宜控制在摊铺机后 30~70m 范围内，采用 3 台重型双钢轮振动压路机（≥12t）以"高频、低幅"模式匀速振压 3~4 遍，碾压速度控制在 3~5km/h。通过双钢轮压路机的振动复压可迅速压实沥青路面，保证路面压实度、空隙率等指标满足要求。

3）终压：复压之后紧接进行终压，终压段落宜控制在摊铺机后 70~120m 范围内，采用 1 台 30T 轮胎压路机揉搓碾压 2~3 遍，碾压速度控制在 4~6km/h。通过轮胎压路机的揉搓终压可恢复集料表面沥青膜，并进一步封闭路面开口空隙，确保路面密水效果。

4）同类型压路机一般宜选用同种型号，采用不同型号压路机碾压时，需要安排每台压路机进行全幅碾压，防止压实度不均匀。

5）压路机应以缓慢而均匀的速度碾压，为避免碾压时混合料推挤产生拥包，碾压时应将驱动轮朝向摊铺机；碾压路线及方向不应突然改变；压路机起动、停止必须减速缓行，严禁在速度没有降下来时突然刹车制动；压路机折回不应处在同一横断面上，应呈阶梯状；相邻碾压带应重叠 1/3~1/2 的碾压轮宽度；压路机不得在未碾压成型路段上转向、调头、加水或停留。

6）碾压轮在碾压过程中应保持清洁，混合料发生粘轮应立即清除；双钢轮振动式压路机碾压轮喷水时，必须严格控制喷水量且成雾状，不得漫流，以防混合料降温过快；胶轮压路机胶轮外围宜加设围裙保温，开始碾压阶段可适当涂刷少量隔离剂，并先到高温区碾压使胶轮尽快升温。

7）温拌沥青混凝土各阶段碾压温度应满足相关要求，路面完成压实后冷却至环境温度时，方能允许施工车辆通行。

（9）路面质量检验

在成型温拌沥青面层温度降到环境温度后，可以按照质量检验评定标准对路面进行检测。

4.3.6 材料与设备

（1）主要原材料及质量技术要求（见表4-17）

表4-17 主要材料表

序号	材料名称	规格及质量要求
1	沥青	基质沥青技术指标符合《公路沥青路面施工技术规范》（JTG F40—2004）表4.2.1-2 道路石油沥青技术要求 改性沥青技术指标符合《公路沥青路面施工技术规范》（JTG F40—2004）表4.6.2 聚合物改性沥青技术要求
2	粗集料	指标符合《公路沥青路面施工技术规范》（JTG F40—2004）表4.8.2、表4.8.3、表4.8.5、表4.8.7的相关要求
3	细集料	应选择优质石灰岩等碱性石料加工的坚硬、洁净、干燥、无风化、无杂质并适当颗粒级配的的机制砂；技术指标符合《公路沥青路面施工技术规范》（JTG F40—2004）表4.9.2、表4.9.3、表4.9.4的相关要求
4	矿粉	选择石灰岩或强基性石料磨细得到的矿粉，矿粉应干燥、洁净，能够自由从矿粉仓流出；技术指标符合《公路沥青路面施工技术规范》（JTG F40—2004）表4.10.1的相关要求
5	温拌剂	本工法选用聚烯烃有机蜡类温拌剂：外观呈白色或淡黄色固体小颗粒；化学组成为分布窄的合成长链饱和碳氢化合物的混合物；滴熔点约115℃；闪点约290℃

（2）主要机具设备配备（见表4-18）

表4-18 主要机具设备配备表

序号	设备名称	单位	规格	数量	备注
1	间歇式沥青混凝土拌和站	座	3000型或以上	1	混合料拌合
2	温拌剂计量投料设备	台	计量误差≤1%	1	温拌剂加入
3	摊铺机	台	福格勒2100型	2	混合料摊铺
4	振动式压路机	台	重型（≥12t）	3	路面碾压
5	胶轮压路机	台	≥30t	3	路面碾压
6	装载机	台	ZL-50	4	上料
7	运输车	台	30t以上	20	混合料运输
8	水车	台	10t	4	降尘、压路机加水

（3）劳动力组织

施工人员按照1座3000型拌和站，一个摊铺施工作业面（2台摊铺机、6台压路机）所需人数配置（见表4-19）。

表4-19 施工人员配置表

序号	作业项目	工种	人数（人）	作业内容
1	拌合厂	站长	1	拌合厂管理
2		材料员	2	各种材料供应
3		拌和站维保、操作人员	4	拌和站维保、生产
4		供料组	4	上料
5		电工	1	电力保障
6		安全员	1	安全管理
7		辅助工	10	拌和厂各种劳务

续表

序号	作业项目	工种	人数（人）	作业内容
8	摊铺施工现场	工区长	1	摊铺现场管理
9		现场技术员	2	现场施工理
10		测量员	2	施工放样、复核
11		运输组	20	混合料运输
12		摊铺组	4	路面摊铺
13		碾压组	6	路面碾压
14		安全员	1	施工现场安全管理
15		辅助工	12	现场各种劳务
16	试验和质检	试验员、质检员	6	试验及质量检测

4.3.7 质量控制

（1）质量控制标准

JTG F40—2004《公路沥青路面施工技术规范》

JTG E20—2011《公路工程沥青及沥青混合料试验规程》

JTG E42—2005《公路工程集料试验规程》

JTG F80/1—2004《公路工程质量检验评定标准》

（2）质保措施

1）严格原材料的质量检查：包括沥青、粗集料、细集料、填料、外掺材料等。

2）严格温拌沥青混合料的质量检查：混合料拌和均匀性、沥青用量、矿料级配、稳定度、流值、空隙率、残留稳定度等。

3）保证各工序紧凑连续，控制好施工环节温度，混合料出厂温度、运到现场温度、摊铺温度、初压温度、碾压终了温度等要派专人负责测量。

4）对温拌剂加入装置进行计量检定并经常校核，确保温拌剂加入量精准。

5）温拌沥青混合料的出料温度控制应根据施工当天的气温条件、风速状况、运输距离、施工组织水平以及到场等待时间进行灵活调整，在气温低于10℃的低温或者大风等不利环境条件下进行温拌沥青混凝土路面施工时，可适当提高温拌混合料的出料温度，便于保证施工压实。

6）严格对路面施工过程进行质量控制：松铺厚度、摊铺机速度、夯锤振动频率、摊铺离析、施工接缝、路面压实度、压路机振频振幅、碾压速度、碾压遍数、摊铺宽度、渗水系数、路面平整度等。

7）施工过程中加强施工现场、拌和站、试验室之间的沟通和联络，及时处理好突发问题，保证施工连续。

4.3.8 安全措施

（1）施工中严格遵照中华人民共和国行业现行标准《公路工程施工安全技术规范》（JTGF9—2015）和《公路项目安全性评价指南》的相关要求进行。

（2）建立和完善施工安全保证体系，落实安全生产责任制；制定详细的安全施工技术方案，加强施工作业安全管理，确保安全作业标准化、规范化。

（3）所有施工人员必须接受安全教育、培训和演练，熟知并遵守各项安全技术操作规程，特种设备操作人员必须经过专业培训并持证上岗。

（4）施工现场和拌和站按照安全施工要求进行布设，设立醒目安全标志、警示；拌和站完善防火、防触电、防烫伤、防碰伤、防坠物等各种安全标识和设施；施工现场完善通行指示和限速标志牌，胶轮压路机应安装倒车雷达和语音提示。

（5）施工现场和拌和站配备专职安全员，实行不间断巡视，及时发现和纠正任何违章操作、野蛮施工。

4.3.9 环保措施

施工过程中守严格遵守国家颁布的《中华人民共和国环境保护法》和地方政府下发的有关环境保护的法律法规及相关文件，建立环境保护管理体系，责任落实到人，并保证体系有效运行。

拌和站场地选择应远离环境敏感区，宜将位置设于当地主导风向下风侧，尽量减少对周围居民、农田造成影响。

使用温拌沥青混合料新型材料，拌和及摊铺温度降低30℃以上，减少沥青烟气等有毒物质的排放，降低对环境的污染，保护施工人员身心健康。

拌和站厂区经常洒水，细集料料堆进行苫盖，回收粉尘加装湿拌装置或集中收集进粉尘储罐，防止扬尘污染。

防治施工噪声污染，施工现场制定降噪措施，对大型发电机、大型空气压缩机等强噪声设备应搭设封闭式机棚，以减少噪声污染。

现场存放油料，必须对库房进行防渗漏处理，储存和使用都要采取相应的措施，防止油料泄漏，污染土壤水体。

加强施工机械的维修与保养，要尽量减少漏油、噪声、废气等的污染。

施工中产生的固体废弃物以及生活垃圾应集中收集、妥善处理，避免造成环境污染。

4.3.10 资源节约

本工法沥青混合料拌和过程中加入温拌剂，拌和温度降低约30℃，可节约20%~30%的燃油、燃气资源，且料温降低也将减小沥青在生产过程中的老化作用，有效延长沥青路面的使用寿命，减少维修次数，节约大量资源。

4.3.11 效益分析

（1）社会效益

采用本工法进行沥青路面施工，可达到节能减排、绿色环保的目的，符合当今沥青路面施工节能环保、低碳的发展理念，并且可有效改善施工人员的工作环境质量，延长沥青路面的施工季节，降低路面施工难度，延长沥青路面使用寿命，社会效益显著。

（2）经济效益

1）采用本工法每生产1吨温拌沥青混合料可节约成本：降低出料温度，可节约1.6~2.2公斤标准燃料油，节约成本约10~14元/吨；可提高拌和站产量20%~25%，增加摊铺、压实速度10%~20%，提高施工效率，缩短施工时间，减少机械磨损等，进而节约成本折合每吨混合料约5~10元；综合节约成本约15~24元/吨。

2）采用本工法混合料生产需加入沥青用量的3%~5%温拌剂，每生产1吨温拌沥青混合料需加入温拌剂约1.5kg，增加成本约24元/吨。

通过成本分析，与热拌沥青混合料路面相比，采用本工法施工施工成本基本持平，并不增加额外费用，鉴于温拌沥青路面低温拌和可以减小沥青在生产过程中的老化作用，成型路面高温稳定性、抗水损坏性及耐久性均非常优良，且不易出现变形、沥青膜剥落等现象，黏结性能良好，大大提高了路面的使用寿命，减少了维修养护费用，总体上仍将产生重大的经济效益。

（3）环境效益

采用本工法进行沥青路面施工，与热拌沥青混合料比较，拌和及摊铺温度降低30℃以上，减少约50%的温室气体排放，减少90%以上的沥青烟气等有毒物质排放，降低环境污染和对施工人员健康的损害，环境效益显著。

4.3.12 应用实例

（1）应用实例一

黑龙江省龙建路桥第三工程有限公司承建密山至兴凯湖高速公路工程建设项目，开工时间2014年7月，竣工时间2015年10月，在沥青面层施工中采用了先进的《高寒地区温拌沥青混凝土路面施工工法》，采用该工法降低了施工难度，节约了施工成本，减少了环境污染，契合工程"绿色、节能、环保、优质"建设方针。经交工检测，路面各项技术指标均符合设计要求，工程质量被评为"优良"等级。运营期间，路面使用性能良好，环境效益、社会效益显著，得到了社会各界高度评价。

（2）应用实例二

由黑龙江省龙建路桥第三工程有限公司承建的吉黑高速公路哈尔滨过境段沥青路面中修工程M-1标段，路线起点桩号为K70+835，终点桩号为K91+100，全长21.265km，合同造价6935万元，项目于2015年9月开工建设，于2016年10月交工通车，在沥青路面施工中采用了本工法，减少了环境污染，保证了路面施工质量，受到业主高度评价，取得了良好的社会效益和经济效益。

（3）应用实例三

由黑龙江省龙建路桥第三工程有限公司承建的黑河市市政道路项目，位于黑河市区内，于2015年10月开工，2015年11月交工。结构形式为AC-16沥青混凝土，路面厚度6cm，工程量33590m^2，合同造价301万元。沥青路面施工时日平均气温已低于5℃，采用本工法，有效地保证了工程质量，得到了业主和社会的高度评价。

4.4 青海省工法实例：预应力混凝土空心板梁钢木内模施工工法

目前，国内空心板梁多采用气囊内模的工艺施工，但气囊在不均匀外力作用下产生不均匀变形(见图4-5),梁板的内部空腔尺寸及钢筋保护层厚度很难满足设计要求,容易造成质量缺陷,严重影响结构耐久性。

为解决该质量缺陷，青海省茶卡至格尔木公路工程诺格项目办及参建单位（中铁十八局集团第三工程有限公司、青海省交通工程监理处）尝试采用钢木内模的工艺（见图4-6）进行空心板梁的预制，效果良好。该工艺在青海省公路领域尚属首次应用。该工法的关键技术是内部的折叠式钢支架，工法特点是：

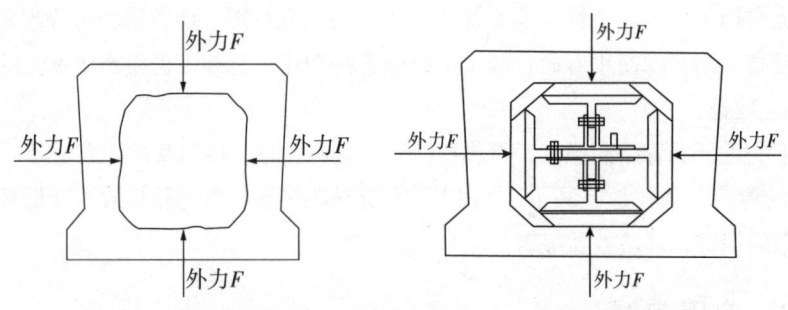

图 4-5　气囊工艺示意图　　图 4-6　钢木内模工艺示意图

（1）能够在空心板梁浇筑期间，保证板梁内部空腔尺寸及钢筋保护层厚度，保证梁体几何尺寸的施工质量及腐蚀环境下的耐久性；

（2）有效降低装拆模板的难度，避免了模板拆卸过程中对梁体潜在的损坏，在确保工程质量的同时，提高了工作效率（见图4-7）。

（a）内模拼装　　（b）内模支架　　（c）木内模打包

图 4-7

（d）内模包裹　　（e）内模包裹　　（f）内模包裹

图 4-7　青海民和至小峡段公路钢木内模施工场景

4.4.1　工艺原理

各工程参建单位共同开发的折叠式钢支架正面大样见图4-8，钢支架侧面及受力见图4-9。

折叠式钢支架在受到径向压力时，钢支架的 4 个支腿支撑在钢轴上不会发生折叠，对由其支撑的钢木模板起很好的支撑作用；钢木模板的刚度远大于充气以后的气囊；折叠式钢支架与钢木模板的联合体能够确保梁体尺寸不发生变化，从而切实保证空心板梁结构尺寸以及钢筋的保护层厚度。

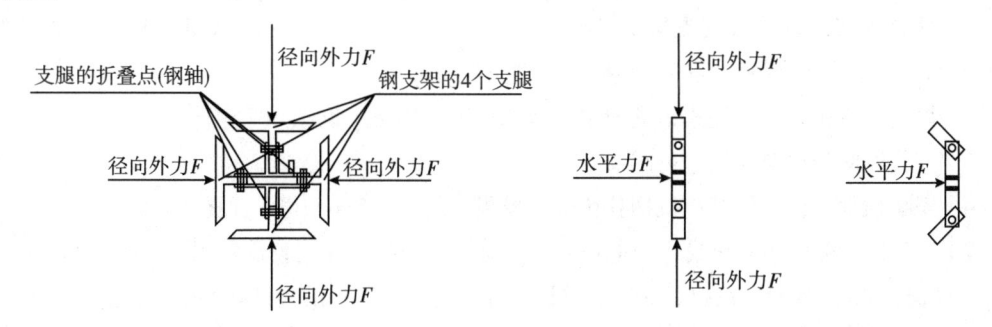

图 4-8　折叠式钢支架正面大样图　　　　图 4-9　钢支架侧面及受力示意图

当折叠式钢支架的中心位置受到水平方向拉力时，钢支架 4 个支腿能够以钢轴为中心发生旋转折叠，并脱离由其支撑的模板。此时，即可以从空心板梁空腔内依次拆除并取出钢支架及钢木模板。因此，当所浇筑的空心板梁的水泥混凝土达到拆模强度后，很容易拆除模板，达到方便拆除的目的。

（1）预应力混凝土空心板梁钢木内模施工工艺流程图（见图 4-10）。

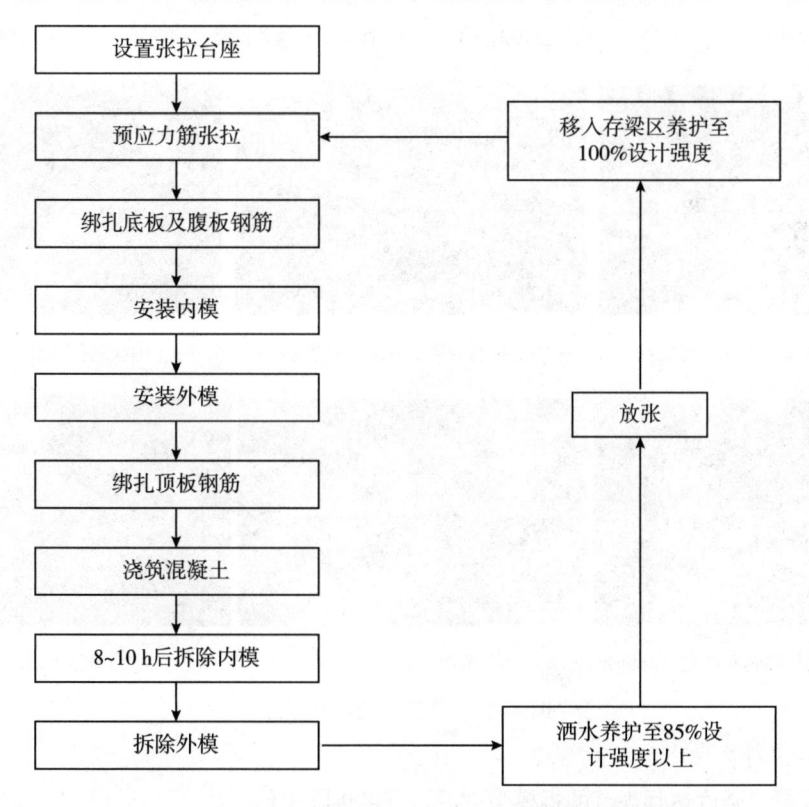

图 4-10　预应力混凝土空心板梁钢木内模施工工艺流程图

（2）内模安装的 7 个步骤

1）根据设计图纸注明的空心板梁空腔尺寸，结合工地现有的钢木模板厚度加工折叠式钢支架，支架数量根据钢木模板的刚度以及空心板梁长度确定，一般为 1.5~2.5m 一道。

2）平整作业区，铺设底板［见图 4-11（a）］，在铺好的底板上用墨线弹上横截面中线。

3）稳妥地安放折叠式钢支架［见图 4-11（b）］，使折叠式钢支架底边中点对准墨线，折叠式钢支架平面与准备浇筑的空心板空腔纵向中线垂直。

4）用钢筋将相邻的折叠式钢支架中心板扣稳串联连接［见图 4-11（c）］。

5）安装侧向与顶部模板［见图 4-11（d）］。

6）安装顶部模板并用打包机捆扎拼好的模板，每 1~1.5m 一道［见图 4-11（e）］。

7）将模板外部用塑料薄膜均匀地包裹，塑料薄膜的接缝处用胶带粘固［见图 4-11（f）］。

8）将制作好的内模用吊机、龙门吊或其他有效的起重设备吊入绑扎好腹板钢筋的台座内，完成内模的安装［见图 4-11（g）］。

（a）铺设底板　　（b）安装折叠式钢支架　　（c）挂上钢丝绳的折叠式钢支架　　（d）安装侧向模板

（e）安装顶部模板并用打包机捆扎　　（f）包裹并固定外包的塑料布　　（g）内模就位并绑扎板内钢筋

（h）将预留的拆除钢筋挂在定滑轮上　　（i）取出折叠式钢支架　　（j）取出钢木内模

图 4-11　施工工艺流程照片

（3）拆除内模

1）待混凝土强度达到规范的拆模强度后，方可拆除工作。

2）梁体芯膜内用钢筋串联成一体的折叠式钢支架预留边缘的钢筋与拆除机具进行连接［见图 4-11（c）］，拆除机具宜采取龙门吊与定滑轮组合的方式进行作业。

3）启动龙门吊卷扬机，通过定滑轮［见图4-11（h）］将垂直力转化成水平力向外拉出折叠式钢支架，将钢支架全部取出［见图4-11（i）］，经清理后整齐堆放以备后用。

4.4.2 质量控制

安装模板时的质量控制

（1）检查模板定位架，防止定位架变形而导致模板的尺寸偏差。

（2）检查折叠式钢支架，严禁钢支架变形扭曲。

（3）检查模板是否有变形、破损与表面的混凝土粘连，如不符合要求，进行调整或更换。

（4）检查模板表面包裹的塑料薄膜是否严密，防止漏浆。

（5）内模的定位检查，主要控制内模就位后的位置是否满足设计要求。

（6）内模定位后，用压杠对内模固定，防止浇筑时出现位移。

拆模时的质量控制

（1）在拆除模板时，防止梁体混凝土内侧损坏。

（2）检查定滑轮的安装，确保拆除折叠式钢支架时定滑轮的稳固及方向（与钢支架平面保持垂直）。

（3）拆除内模后及时回收、整修支架及模板，便于下次重复利用。

质量事故的处理

如在拆除空心板内模时发生混凝土破碎或开裂等质量事故，应予以报废。

4.4.3 安全措施

（1）建立健全安全管理制度和安全台账，定期对现场安全情况进行专项检查，发现问题及时进行整改。

（2）安排专职工班进行作业，并对所有作业人员进行岗前安全教育培训。

（3）严格按照作业指导书进行作业，杜绝违规行为。

（4）特种设备（龙门吊）的操作人员必须持证上岗，严格按照操作规程进行操作。

（5）每天对钢丝绳、滑轮等易损件进行检查、维护，以防止发生意外。

（6）现场安排专职安全员对容易发生安全事故的关键工序进行监督旁站。

4.5 青海省工法实例：骨架密实型水泥稳定碎石（沙砾）路面稳定基层施工工法

目前，公路施工现场普遍采用新型机械组合——600型甚至800型稳定土拌和站、ABG423或性能相当甚至更好的摊铺机、20t及以上振动压路机和26t以上胶轮压路机等，在各等级公路基层施工中，采用骨架密实型水泥稳定沙砾、沙石基层，其最大干密度提高2%~5%，最佳含水率减少0.5%~1.5%，试件强度为芯样强度0.98倍，强度提高20%以上，水泥剂量减少1%，抗裂性能提高30%，有效降低离析。保证所铺筑基层平整、耐久，大幅度减少水泥稳定碎石基层收缩裂缝及由此引起的路面反射裂缝和水损害。

在这种状况下，基于重型击实试验（形成背景条件是 8~12t 压路机）、静压成型试件方法的水泥稳定碎石设计方法已落后于施工技术水平，不能适应当前水泥稳定碎石基层施工装备、工艺和技术水平的进展，导致水泥稳定碎石工程实践中出现一些新问题，如压实度超百、易产生裂缝等。

因此，青海省公路路面基层迫切需要一部完善的设计施工技术指南来保障和提高路面基层施工质量，保证所铺筑基层具备平整、耐久性能，并大幅度地减少水泥稳定碎石基层收缩裂缝及由此引起的路面反射裂缝和水损害。

为提高青海省公路水泥稳定碎石、沙砾强度，减少水泥稳定沙砾、碎石收缩裂缝，特编制此工法，适用于全省各等级公路及城市道路中半刚性基层类施工。

4.5.1 工艺原理

（1）在路面基层水泥稳定类混合料中采用较大含量的粗集料会形成更为稳定的骨架，对于提高水泥稳定碎石强度、抵抗干缩或温缩裂缝具有明显作用。

（2）在路面基层水泥稳定类混合料中采用较小的含水率可以减少水所占有的体积，从而降低孔隙率，达到增加基层强度、降低收缩系数、减少路面反射裂缝的目的。

（3）采用600型或800型稳定土拌和站，可以使得基层混合料的各种原材料在较小含水率、较大碎石含量条件下在拌和中得到充分混合，从而得到更为优异的公路基层混合料。

（4）采用ABG423或性能相当甚至更好的摊铺机，可以在摊铺中得到更为准确的摊铺厚度、更为均匀的摊铺质量。

（5）采用20t及以上振动压路机和26t以上胶轮压路机，可以保证在较小含水率、较大碎石含量条件下基层混合料的压实度与压实表面平整度。

4.5.2 施工工艺流程及操作要点

4.5.2.1 施工工艺流程图（见图4-12）

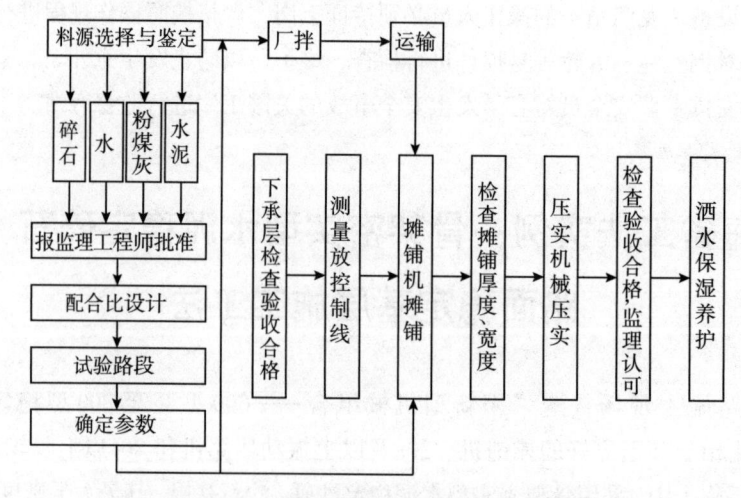

图 4-12 水泥稳定碎石基层施工工艺框图

4.5.2.2 施工准备

(1) 一般规定：开工前，对施工人员进行技术交底。机械设备、试验检测仪器进场后，全面检查、调试、校核、标定、维修和保养。

(2) 施工组织

1) 建立严密的施工管理体系和质量保证体系，组建工地试验室、安全生产调度指挥中心，制定相关规章制度等。

2) 根据设计文件、合同任务及实际条件，编制周密的施工组织计划，包括制订施工方案、工艺流程、进度计划、机械劳力配置及材料供应等。

3) 对所有施工人员进行集中培训、组织分工、定人定岗，建立岗位责任制，并进行详细技术变底，未经培训的人员不得上岗。

4) 人员配备应满足表 4-20 的要求。

表 4-20 每作业面人员配备表

人员类别	人数	职责或作业要求
现场施工总负责	1	全面组织管理作业面施工
现场技术负责	1	在总工领导下，具体负责现场施工技术，及时处理各种技术、质量问题
质检工程师	2	在总工领导下，负责现场质量自检、试验检测及申报各种质量自检资料
专业测量工程师	1	现场施工放样、挂线等，进行几何尺寸自检并申报相关资料
机械工程师	1	现场机械调度调试；拌合站标定调试
试验人员	4	前场压实度、钻芯等试验检测，后场各项指标测定等。前场 2 名，项目部后场 2 名
辅助人员	38	前场下承层平整度缺陷处理、清扫，交通管制 2 名；摊铺机辅助人员 11 名，模板工人 15 人，土工布覆盖养护 10 人
合计	47	制订机械操作要领，并下发机械操作手册，对压路机、摊铺机、辅助人员进行全面培训

(3) 施工机械准备

1) 一般规定

①拌和、运输、摊铺、压实及辅助施工机械的配置数量至少应满足每个工作面、每日连续正常施工要求以及总工期要求。

②主要设备的易损零部件应有适量储备。

2) 稳定土拌和设备

①采用每小时产量不小于 600t 的稳定土拌和设备。

②进料斗数量应满足拌和机正常生产时对混合料级配的控制要求，并用挡板加高隔开，以防止不同规格集料串仓。

③混合料生产过程中应适时检测原材料的含水率，并据此调节拌和过程中的加水量，以保证混合料的含水率正确，拌和加水量采用涡轮流量传感器控制。

④料斗、罐仓装配高精度电子动态计量器。

⑤配备带活门漏斗的成品料仓，由漏斗出料直接装车运输。

⑥每台拌和设备配置的罐仓数量与容量应满足连续拌和的需要；罐仓内必须配有水泥破拱器，以防水泥起拱停流。

3) 摊铺设备

①采用 ABG423 或性能相当共至更好的摊铺机。

②摊铺机新旧程度 80% 以上，性能一致。

4）压实设备

① 22t 单钢轮振动压路机 3 台、32t 胶轮压路机 1 台和 1 台小型振动压路机。

②压路机的数量与拌和设备及摊铺机生产能力相匹配，确保从拌和开始到碾压终了的时间不得超过水泥初凝时间（考虑青海西部干旱地区，配置 3 台压路机，确保在含水率损失小的前提下完成碾压）。

③压实设备的新旧程度为 80% 以上。

5）辅助设备

①每个工作面配备的混合料运输车辆宜为自卸运输汽车，数量应保证在正常施工过程中形成不间断的供料车流。

②至少配置 4 台与拌和设备相匹配的装载机。

③配备 5 台 20t 洒水车。

（4）试验检测设备（见表 4-21）

表 4-21 工地试验室基层主要检测仪器（用于水泥稳定碎石试验检测仪器的基本配备）

检测室	仪器设备名称	数量	仪器规格		
			测量范围	分度值	准确度
集料室	电子天平	2 台	0~5kg	0.1g	0.1g
	台秤	1 台	50kg	—	—
	浸水天平	1 台	0~3kg	0.1g	0.1g
	烘箱	2 台	0~300℃	1℃	1℃
	游标卡尺	1 台	0~150mm	—	—
	标准筛	1 套			
	压碎值试验仪	1 台			
水泥室	负压筛析仪	1 台	负压可调范围 4~6kPa		
	雷氏夹膨胀测定仪	1 台	标尺最小刻度为 0.5mm		
	标准法维卡仪	1 台			
	水泥净浆搅拌机	1 台			
	胶砂搅拌机	1 台			
	振实台	1 台			
	水泥抗折抗压试验机	1 台			
无机结合料室	垂直振动压实仪（VTE）	1 台	符合相关技术标准		
	重型击实仪	1 台			
	压力机或路强仪	1 台	最大荷载不大于 200kN		
	反力框架	1 台	400kN 以上		
	脱模器	1 台			
	测钙仪或滴定设备	1 套			
养护室	养护室控制器	1 台	50℃	0.1℃	1℃
现场检测室	电子台秤	2 台	0~30kg	—	5g
	取芯机	1 台	功率不小于 4kw		
	灌砂仪	2 套	灌砂筒直径≥15cm		
	3m 直尺平整度仪	1 台			
	全站仪	1 台			
	自动安平水准仪	1 台			

(5)拌和场地设置

1)拌和场址选择应保证混合料拌和机供水、供电等基本使用要求;内部布置应保证所拌制的混合料调运顺畅、经济,并尽量紧凑,减少占地。

2)拌和场保障拌和、清洗、养护用水的供应,并保证水质。每个拌和站设置2个$100m^3$以上的蓄水池。

3)施工期间,应根据拌和场计划用电量、与当地供电部门协商,设置临时供电设施,以保证施工期间拌和场的电力供应。

4)拌和场内的集料堆放场地应硬化。不同规格的集料之间设置隔墙,并设标识牌,严禁混杂。

(6)施工便道

1)施工便道设置应确保施工中混合料运送畅通、安全。施工中设专人进行交通运输管制,保证施工有序、安全进行。

2)进入施工现场100m范围内便道宜采取硬化处理,以防止扬尘和积水,确保运输车辆轮胎的洁净。

4.5.3 材料

4.5.3.1 一般规定

(1)对工程所用大宗材料,应从技术性能、质量、储量、供料能力等方面综合考虑,以确定料源地。

(2)工地试验室对使用的原材料进行质量检验,合格后报监理工程师验证、审批。

(3)各种材料运至现场后抽样检验,合格后方可使用,不得以供应商提供的检测报告或商检报告代替现场检测,并将相同料源、规格、品种的原材料作为一批,分批量检验和储存。

(4)所有材料进出场都必须称量、登记、签发。试验检测合格材料和未检测材料必须分开存放,试验检测不合格材料及时清理出场。

(5)集料堆放场地应硬化处理。

4.5.3.2 水泥

(1)所用水泥应符合国家标准,初凝时间不小于4h,终凝时间不小于6h。

(2)水泥出炉后必须停放7d以上,且安定性检验合格后才能使用。水泥运至工地的入罐温度不得高于50℃,若高于此温度且必须使用时,必须采取降温措施。

4.5.3.3 粗集料

(1)粗集料生产过程中应采用3级破碎设备,粗集料技术指标见表4-22。

表4-22 粗集料技术要求

项目	表观密度(t/m^3)	压碎值(%)	针片状含量(%)	
			大于9.5mm	4.75~9.5mm
质量要求	≥2.6	≤30	≤15	≤20

(2)所用粗集料最大粒径≤37.5mm,备料中分为三种规格,按粒径1号料19~31.5mm、2号料9.5~19mm、3号料4.75~9.5mm准备。各种规格集料必须符合表4-23的要求。

表 4-23 粗集料规格要求

料号	规格（mm）	通过下列筛孔尺寸（mm）的质量百分率（%）				
		37.5	31.5	19	9.5	4.75
1号料	19.0~31.5	100	93~100	75~90	—	—
2号料	9.5~19.0	—	—	100	50~70	—
3号料	4.75~9.5	—	—	—	100	29~50

4.5.3.4 细集料及拌和用水（见表 4-24、表 4-25）

表 4-24 细集料规格要求

规格（mm）	通过下列筛孔尺寸（mm）的质量百分率（%）				
	9.5	4.75	2.36	0.6	0.075
0~4.75	100	29~50	15~35	6~20	0~5

表 4-25 道路基层施工用水的技术要求

项目	PH值	SO_4^{2-} 含量（mg/mm³）	含盐量（mg/mm³）
质量标准	≥4	<0.0027	≤0.005

4.5.4 骨架密实型水泥稳定碎石（沙砾）配合比设计

4.5.4.1 一般规定

（1）水泥稳定碎石应具有足够的强度、稳定性、较小的收缩（温缩及干缩）变形和较强的抗冲刷能力，并具有良好的施工和易性和抗离析性能。

（2）水泥稳定碎石设计与施工时，应采用振动击实试验方法确定其最大干密度和最佳含水率。

（3）垂直振动击实仪的原理及构造、工作参数必须符合附录 A 的要求。

（4）水泥稳定碎石设计时，应采用附录 C 振动成型试件方法。

（5）水泥剂量以水泥质量占全部矿料干质量的百分率表示，即水泥剂量 = 水泥质量／矿料干质量。

（6）在监理工程师旁站下进行水泥稳定碎石配合比设计，然后报中心试验室验证、审批。

4.5.4.2 矿料级配范围（见表 4-26）

表 4-26 骨架密实型水泥稳定碎石的级配

层位	通过下列筛孔尺寸（mm）的质量百分率（%）							
	37.5	31.5	19	9.5	4.75	2.36	0.6	0.075
基层	100	95~100	68~86	44~62	26~37	17~28	8~15	0~5

4.5.4.3 强度标准（见表 4-27）

表 4-27 水泥稳定碎石的压实度及 7d 无侧限抗压强度

层位	压实度（%）	7d 饱水无侧限抗压强度（MPa）	水泥剂量（%）	
			最小值	最大值
基层	≥98	≥4.0	3.0	5.5

注：水泥剂量最大不超过 5.0%，否则更换原材料重新试验。

4.5.4.4 试验室配合比设计

（1）根据工地实际使用集料的筛分结果，确定各规格集料组成比例，合成集料级配必须符合规定。

（2）按 3.5%、4.0%、4.5%、5.0% 四种水泥剂量，采用同一种矿料级配，使用振动击实试验方法制作混合料试件，用以确定混合料最佳含水率和最大干密度，试验操作必须严格遵照附录 A 执行。

（3）按规定的压实度分别计算不同剂量水泥稳定碎石混合料试件应有的干密度。按计算的干密度和最佳含水率，采用振动压实成型试件法制备不同剂量水泥稳定碎石 $\phi 15cm \times h15cm$ 圆柱体试件，每组试件不小于 6 个。试验操作必须严格遵照规定执行。

（4）试件放入温度 $20\pm2℃$，相对湿度在 95% 以上养护室内养护 6d，取出后浸于 $20\pm2℃$ 恒温水槽中，并使水面高出试件顶约 25cm。

（5）将浸水 24h 的试件取出，用软布吸去试件表面的水分，并量高称重后，立即进行无侧限抗压强度试验。

4.5.4.5 施工配合比确定与调整

（1）施工配合比应通过稳定土拌和站实际拌和检验和不小于 200m 试验段的验证，根据摊铺、压实以及 7d 的现场情况，确定施工中应用的矿料级配和标准密度。

（2）视拌和设备水泥剂量控制精度，结合施工中原材料变化和施工变异性等因素，工地实际采用水泥剂量可增加 0~0.5%。

（3）每天开盘前，必须检测原材料级配和天然含水率，检验矿料级配准确性和稳定性。并根据施工区域视季节、气温和运距等变化，确定拌和含水率。拌和含水率不超过最佳值 +0.5%，确保碾压时含水率接近于最佳含水率，且波动最小。

4.5.5 水泥稳定碎石（沙砾）施工

采用流水作业法施工，确保水泥稳定碎石（砂砾）各工序紧密衔接，尽量缩短从拌和到碾压终了之间的延迟时间，延迟时间不得超过水泥初凝时间，否则应予以废弃。

4.5.5.1 混合料拌和

（1）拌和设备及布置位置经批准后，应立即进行设备的安装、检测、调试、标定与试拌。

（2）在正式拌制混合料之前，先调试所用设备，使混合料的颗粒组成和含水率都达到规定的要求；原材料颗粒组成发生变化时，应重新调试设备。

（3）每天开始搅拌前，应检查集料的含水率，计算拌和中的加水数量，使得外加水与天然含水率的总和要略高于最佳含水率，但不得超过最佳值 +0.5%。

（4）每天出料时，取样检查配合比是否符合设计要求。在充分估计施工富余强度时要从缩小施工偏差入手，不得以提高水泥剂量的方式提高（底）基层强度。

（5）正式生产后，按规定频率检查拌和情况，抽检其配合比、含水率是否变化。高温作业时，早晚与中午的拌和含水率要有区别，要按温度变化及时调整，保持现场摊铺碾压含水率接近最佳含水率。

（6）拌和机漏斗出料装车，装车时车辆应前后移动，品字形装料，减少粗细集料离析。

4.5.5.2 混合料运输

(1) 每个作业面配置运输车的数量应根据计划摊铺量确定,通常不小于计划摊铺量的1.5倍。

(2) 每天开工前,要检查运输车辆的技术状况。

(3) 装料前应将车厢清洗干净。

(4) 水泥稳定碎石混合料在运输过程中必须覆盖,减少水分损失。

(5) 严禁超载运输。

(6) 无论何种原因导致车内混合料不能在水泥初凝时间内摊铺,该车混合料应予废弃。

4.5.5.3 混合料摊铺

(1) 摊铺的准备工作

1) 施工时提前测量放样,按摊铺机宽度与传感器间距,直线段上间隔10m、曲线上5m做出标记,打好导向控制线支架和挂好导向控制线(控制高程)。控制线的钢丝拉力应不小于800N,每段钢丝线长度不宜超过150m。

2) 按照设计宽度,沿施工线安装与水稳厚度相适应的模板,模板每节不宜大于3m,具体加固方法详见示意图4-13。

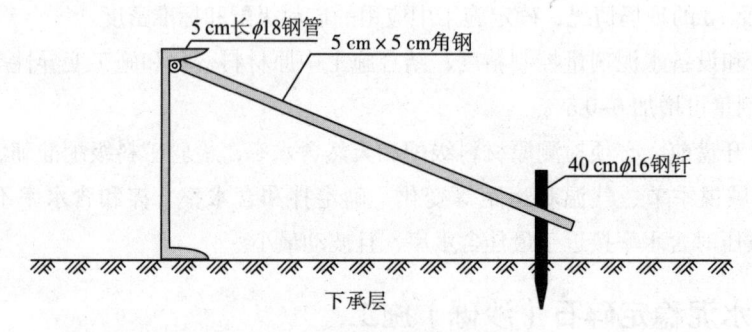

图4-13 模板的加固

3) 采取下列措施,以防止水泥稳定离析:

①调整螺旋分料器离地高度,分料器不得安装在高位;

②调整分料器与前挡板刮板和熨平板之间间隙,间隙不得大于25cm;

③设塑料挡板以降低前挡板刮板离地高度;

④前挡板刮板两端安装合适废旧传输带,以防止两端混合料自由滚落。

4) 做好摊铺前准备工作:

①每天摊铺前,检查摊铺机各部分运转情况;

②调整好传感器臂与导向控制线的关系,严格控制基层厚度和高程,保证路拱横坡度满足设计要求;

③摊铺前,干旱地区洒水湿润下承层,其他地区视情况确定;

④在基层或底基层边缘采用型钢立模支撑,全部采用斜支撑,确保稳定性,且有一定超宽,以保证基层或底基层边缘压实度。

（2）摊铺作业

1）采用两台摊铺机梯队作业，外侧摊铺机在前，内侧摊铺机在后，一前一后保证速度、摊铺厚度、松铺系数、路拱坡度、摊铺平整度、振动频率等一致，摊铺接缝平整。

2）摊铺机以匀速、不停歇为宜，摊铺速度宜控制在1.5~2.0m/min。

3）螺旋分料器必须匀速不间歇地旋转送料，且全部埋入混合料中。

4）螺旋分料器转速应与摊铺速度相适应，保证两边缘料供应充足。

5）铺筑弯道路段时，应确保超高部位的供料充足，并及时调整左右两侧分料器的转速，保证两侧供料均衡；弯道超高基层摊铺应确保超高部位的供料充足。

6）摊铺过程中，摊铺机开启振动器和夯锤。振动器振动频率不得低于30Hz（4级），夯锤冲击频率不得低于20Hz（冲程不低于6mm），以保证初始压实度和减少含水率损失。

（3）摊铺作业面施工要点

1）设专人检查摊铺后的混合料表面：局部粗集料集中部位，必须在碾压前采用过4.75mm筛的湿混合料进行弥补，并翻拌均匀。

2）碾压前，沿着侧模处将水泥浆灌入基层边缘混合料中，保证水泥稳定碎石（砂砾）基层边缘强度，防止塌边。

4.5.5.4 混合料碾压

直线段碾压时，压路机应从外侧向路中心碾压。平曲线有超高路段，由低侧向高侧、自内向外碾压。

1）养护覆盖材料采用透水土工布，土工布要求≥150g/m²，质地良好。为防止覆盖养护期间土工布被风吹开，土工布两侧应用养护袋压盖。养护袋宜采用结实的帆布材料制作，装2~3kg的干净砂砾封口，间距1~2m敷设。

2）压实基层表面用土工布在边部覆盖，基层侧面宜用塑料薄膜包裹。24h前洒水车不得行驶在基层表面，宜采用喷水养护。

3）水泥稳定碎石强度随着龄期增长而提高，尤其早期（龄期28d之前）增长比较显著，而后期较为缓慢，如图4-14所示。水泥稳定碎石7d、14d、28d强度分别达到极限强度45%、60%和75%。因此，水泥稳定碎石基层碾压成型后，必须加强早期尤其是前14d养护。只有加强保温养护才能确保后期强度，并减少早期干缩裂缝。

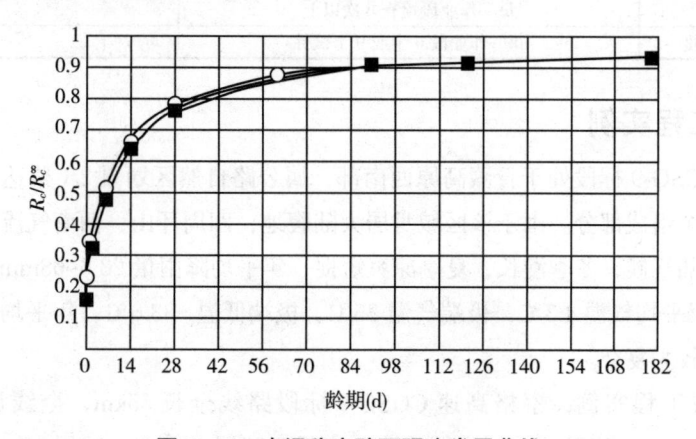

图4-14 水泥稳定碎石强度发展曲线

4）养护用洒水车宜采用喷雾式喷头，严禁采用高压式喷管，以免破坏基层结构。

5）养护期间，始终保持基层表面湿润。

6）土工布覆盖的养护期间，现场设养护封闭交通标示牌，注明养护第几天，严禁一切车辆通行。覆盖养护结束至令期期满，基层上禁止一切车辆通行。同时，采取措施避免车辆集中快速行驶，以保护基层集料不受破坏（见表4-28）。

表4-28 外形尺寸检查项目、频度和质量标准

工程类别	项目		频度	质量标准
底基层	纵断高程（mm）		每20延米1个断面，每个断面3~5个点	+5，-15
	厚度（mm）	均值	每1500~2000m 26个点	-10
		单个值		-25
	宽度（mm）		每40延米1处	+0以上
	横坡度（%）		每100延米3处	±0.3
	平整度（mm）		每200延米2处，每处连续10尺（3m直尺）	12
基层	纵断高程（mm）		每20延米1个断面，每个断面3~5个点	+5，-10
	厚度（mm）	均值	每1500~2000m 26个点	-8
		单个值		-10
	宽度（mm）		每40延米1处	+0以上
	横坡度（%）		每100延米3处	±0.3
	平整度（mm）		每200延米2处，每处连续10尺（3m直尺）	8
	连续式平整度仪的标准差（mm）			3.0

表4-29 混合料检验项目、频度和质量标准

序号	项目	频度	质量标准
1	级配	拌和时每500m³ 1次	
		摊铺时每2000m³ 1次，发现异常情况时，随时试验	
2	集料针片状	据观测，异常时随时试验	
3	集料压碎值	随时检测	
4	水泥剂量	每2000m³ 1次，至少3个样品	不超过设计值的0~+0.5%
5	含水率	据观测，异常时随时试验	碾压时，不超过最佳含水量+0.5%
6	拌和均匀性	随时观测	无粗细集料离析现象
7	压实度	每一作业段检查6次以上	
8	抗压强度	每一作业段6个或9个试件	

4.5.6 工程实例

察格高速CGSG-9标段处于青藏高原西南部，属公路自然区划Ⅶ2（柴达木荒漠区）区，是中亚荒漠的一个组成部分。由于该区域身居大陆腹地，四周环山，西南气流难以流入，是典型的高寒干旱大陆气候，冬季漫长，夏季凉爽短促，年平均降雨量23.6~68mm，年平均蒸发量为2504.1mm，年平均气温4.3℃，极端气温35℃，极端低温-33.6℃，年平均风速3.5m/s，影响路面施工因素较为复杂。

2014年完成工程实例：察格高速CGSG-9标段路线全长55km，全线设互通区1处，基层全长单项220km，底基层18cm水泥稳定碎砾石基层110km，基层17cm水泥稳定碎石

110km，基层总厚度 35cm。皆使用本方法施工，质量检测合格率达 100%。

4.5.7 桥梁预应力施工中的智能张拉及循环压浆工艺

（1）传统张拉方式及存在问题

在 1951—1979 年，全世界发生了总共 242 起预应力构件腐蚀损坏事故，对造成构件腐蚀损坏的原因进行分类时，有 4% 是由于锚固或者张拉操作不当造成的。在国内查阅了相关的统计资料了解到，太原重机厂在 1950 年厂房屋面梁施工过程中由于预应力钢筋被拉断造成重大事故；因此，在预应力混凝土施工过程中，最重要的难题就是提高预应力施工的张拉精度，通过有效的方法来实现整个张拉过程中的精确控制，满足预应力张拉施工规范要求，最终保证工程施工的安全和质量。

手动张拉工艺是目前在公路建设领域广泛采用的一种传统张拉工艺，张拉设备主要由油泵、千斤顶组成。张拉时由人工手动驱动油泵，根据压力表读数来控制张拉力，利用对讲机或喊话来统一两端张拉时的同步程度，待压力表读数达到预定值后，用钢尺量测张拉伸长值和梁板预拱度，最后根据各项量测数据手工填写预应力张拉记录表（见图 4-15、图 4-16）。

图 4-15 传统张拉场景

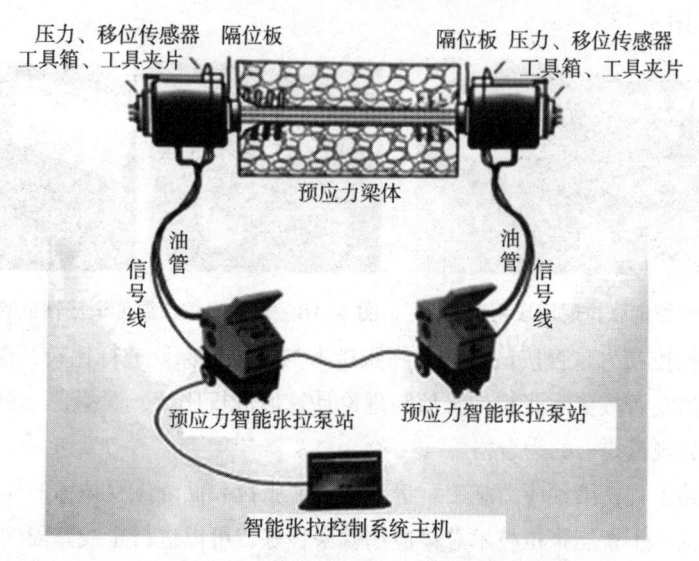

图 4-16 预应力智能张拉工艺原理示意

这种传统的预应力张拉工艺存在以下问题：①压力表的读数误差较大，且读数速度慢，不稳定；②张拉力的大小需要通过压力表的读数进行换算，不能直观显示出张拉力；

③预应力筋的伸长值是由人工测量读取,误差有点大,并且人工测量速度慢、张拉信息反馈不及时,难以实现预应力张拉同步控制;④预应力钢绞线的实际应力检验相对比较困难,在预应力张拉施工过程中检测预应力损失后的钢筋应力并用于控制张拉十分困难,特别是在后张法中,而且测试方法复杂。

（2）智能张拉的概念

桥梁预应力智能张拉系统是指一种预应力自动张拉设备及其电脑控制系统,该系统由主控电脑、智能张拉控制器、智能张拉泵站、智能张拉千斤顶以及传感器检测与反馈系统组成。

智能张拉系统由主控电脑发出张拉相关指令（指令依据设计及规范的相关要求计算无误提前输入主控电脑）,同步控制每台张拉设备的每个机械动作,自动完成整个张拉过程。在系统张拉作业过程中,遵循"张拉应力"与"伸长量"双控原则,以应力为控制指标,以伸长量误差率作为校对指标,通过现代化的传感技术、数字控制技术,系统把自动泵站数据采集模块采集到的每台张拉设备的位移传感器和油压传感器实时信号,通过数据传输至主控电脑,主控电脑及时进行分析和处理,将结果通过输出模块输出,控制和调整自动张拉设备的工作状态,实时掌控张拉力及加载速度,保证智能张拉千斤顶的张拉力值和伸长量同步平衡增长,实现张拉过程的全自动控制,保证张拉作业的同步化、精确化和可靠化。

国内研究发现:智能张拉系统的张拉力精度和同步精度远高于传统张拉设备,满足现行施工技术要求;智能张拉系统采用位移传感器进行伸长量的测量稳定可靠,精准度高。智能张拉系统为预应力施工提供了先进的技术手段,只有采用智能张拉系统,才能满足现行施工技术要求,才能保证预应力施工质量。

（3）花久公路上预应力智能张拉成套技术的应用

自2014年5月起,花久部分大桥开始使用该成套技术,以已完成的622孔现浇箱梁为主体进行预制梁预应力进行质量分析。目前,所有张拉压浆设备均运转正常。现场张拉和压浆实物图见图4-17和图4-18。

图4-17 智能张拉现场应用实况图　　图4-18 智能张拉仪温度适应性试验实物图

统计时:张拉控制力是否按记录的实际张拉力与张拉目标值进行比较,误差在±1.5%以内为合格;伸长值是否按实际张拉伸长值与理论计算值进行比较,误差在±6%以内为合格;统计持续时间达到规范要求的为合格。

依托花久公路工程桥梁预应力施工,进行了智能张拉和循环压浆技术的应用及其温度适应性研究,基本结论:①智能张拉技术总体应用效果良好,可以进行全线路段的智能张拉技术的推广;②智能张拉设备受控油温对智能张拉设备预应力值读数影响很小,虽然具有一定的零点漂移值影响,但是基于大吨位的预应力张拉力值可以忽略。

第5章 寒区隧道养护

5.1 寒区隧道工程的创新与发展

青海省地处高寒高海拔地区，生态环境脆弱，隧道建造时将频繁穿越复杂地质，隧道结构服役时环境恶劣，未来"数量多、长度大、大断面、大埋深"是青海省公路隧道工程发展的总趋势，建造运维技术的创新发展方向包括以下几点。

5.1.1 安全有效建造技术

（1）基于激光扫描与摄影测量技术完成超长隧道施工期快速地质编录与围岩分级，实现围岩精细化分级，为隧道安全高效施工提供技术支撑。

（2）研发新装备，提出新工法，以实现高原岩溶发育区、断层破碎带、高地应力软岩区、多年冻土、湿陷性黄土等不良地质区段隧道的快速施工；在高海拔高寒环境条件下，大力发展推进隧道施工机械化，制定高原机械化定额，提升施工效率，降低工程造价，保障施工安全。

5.1.2 公路隧道衬砌混凝土品质提升与保障技术

（1）开展青海省公路工程混凝土材料区域特性研究，实现隧道混凝土质量超前评估与控制。

（2）研发与材料隧道混凝土施工特性相匹配的隧道高抗渗耐腐喷射混凝及大流态高性能二衬混凝土的材料组成设计方法。

（3）研究提出隧道大流态模筑混凝土施工质量控制与养护技术，实现混凝土表观质量提升，保障隧道衬砌结构耐久性。

5.1.3 公路隧道绿色节能与环保运维新技术

（1）针对高原隧道环境特点，开展基于自然风（或交通风）有效利用的超长隧道通风智能控制技术研究，实现超长隧道运营期的绿色节能。

（2）开展环保型可维修防排水体系设计，提出超长隧道排水系统堵塞机理与疏导处治对策，提升超长隧道防排水体系的服役性能。

（3）研究高原地区隧道生态环境保护评价体系，提出超长隧道限量排放地下水量标准、涌水预测方法，研发超长隧道运营期间地下水绿色利用及引排技术，实现高原隧区生态环境保护和地下水绿色综合利用。

5.1.4　高海拔超长公路隧道运营安全管控与防灾救援技术

（1）提出基于信息化手段的高海拔超长隧道内外联动预警技术及人员高效疏散技术，实现高海拔超长隧道灾害实时预警与灾后高效救援。

（2）研究高寒高海拔公路隧道内的车辆驾驶行为，构建基于"人—车—路—环境"的超长隧道风险评估模型，提出高寒高海拔公路隧道内车辆驾驶行为与安全预警体系。

（3）研究超长隧道车辆安全信息快速识别技术及超长隧道交互式通信应用及预警技术，开发基于交互式通信技术的超长隧道运营安全管理平台。

5.2　隧道冻害形式及原因分析

寒区隧道衬砌病害与和非寒区隧道具有一些共性病害，如渗漏水、衬砌开裂、背后空洞和衬砌厚度不足等，但作为一个特殊地下工程，其病害也有鲜明差异。随着地下工程的兴起，我国众多的寒区隧道，如牙林线的岭顶隧道、西罗奇2号隧道、白卡尔隧道、西北的乌鞘岭隧道和七道梁隧道等，在运营期间都出现了不同程度的冻害问题，新疆国道217线天山段甚至在运营几年后就形成冰塞而报废。对高纬度地区统计了122座寒区隧道，有冻害的51座；高海拔地区统计34座隧道，有冻害的隧道达15座。2008年，沈丹线的226座隧道调查的衬砌主要病害表现为：渗漏水（30%）、衬砌腐蚀（28%）、衬砌开裂（15%）和冻害（13%）等。以上数据表明，冻害已经成为西北、华北、东北地区以及处于西南的青藏高原边麓地区（寒区）隧道衬砌一种重要的病害（见图5-1）。

据国内文献，寒区隧道冻害具体分为以下6类：①衬砌渗漏水、挂冰；②隧道底部冒水、积水和冻胀；③衬砌开裂、剥落等；④隧道洞门墙开裂；⑤地表截排水沟、出水口冻结；⑥隧道洞口处热融滑塌。

图5-1　寒区隧道冻害

在寒区隧道病害成因上，主要可归结为温度、地下水影响、围岩因素、设计和施工的因素，具体表现为四个方面：温度会导致隧道围岩散发的热量与外界补给发生失衡，隧道发生冻胀破坏；地下水会侵蚀衬砌，同时也会使衬砌发生不同位置的结冰；围岩的膨胀会使既有隧道发生结构性破坏；设计与施工不当就可能导致隧道运营期间发生冻害现象。

5.3 寒区隧道分区及抗冻优化措施

5.3.1 寒区隧道分区

相关研究表明，我国寒区分布十分广泛。其中，多年冻土面积约为 $215.0 \times 10^4 km^2$，季节性冻土面积约为 $514.0 \times 10^4 km^2$。具体从地理位置分析，我国寒区主要位于东北三省、内蒙古自治区东北部及华北北部地区，西北的甘肃、青海、新疆维吾尔自治区等地区（其中，准噶尔盆地、塔里木盆地和河西北部的沙漠地区除外），西南的西藏自治区、四川的西部及江南的北部等地区。

东北寒区属于低山高纬度寒区，虽然海拔不高，但由于纬度高，受北冰洋寒潮及蒙古高压的影响，寒季盛行西北风，形成半年持续低温、干冷多雪的特征，气温变化剧烈，是我国最寒冷的自然区域；而以青藏高原为主的西部寒区属低纬度高海拔寒区，虽然纬度低，深居内陆，但地势高亢，受高空西风环流控制，在对流层地层并受高原季风的影响，冬季高原面上的大气层相对同高度的自由大气是个冷源，形成青藏冷高压，盛行反气旋环流。

（1）东北高纬度寒区隧道设计分区

我国高纬度寒区以东北地区和华北北部为代表，纬度为北纬 40°~52°，最冷月平均气温为 -28~-3℃，年平均气温为 -4~12℃，近地表不受环境气温影响的恒温带温度为 -1~15℃，即年平均气温约低于恒温带温度 3℃。东北高纬度寒区大部分处于季节性冻土范围，仅在大兴安岭及长白山山区海拔超过 1200 m 的局部范围分布多年冻土。根据黑龙江、吉林、辽宁、内蒙古自治区中东部、山西北部及河北北部（含京津）等地区的气象要素，并结合这一区域内既有交通隧道的抗防冻技术和出现的冻害情况等，可将高纬度寒区隧道划分为 5 个分区，如表 5-1 所示。

表 5-1 高纬度寒区隧道设计分区

设计分区	气象特征参数		地表恒温带温度 /℃	北纬纬度/(°)	区域分布
	1月平均气温 /℃	年平均气温 /℃			
Ⅰ	-8~-4	>8	>11	38.0~40.5	山西北部，河北北部，辽宁东南部等
Ⅱ	-15~-8	4~8	7~11	40.5~43.0	辽中、辽西、内蒙古中部等
Ⅲ	-20~-15	0~4	3~7	43.0~47.0	吉林中南、黑龙江中东部、内蒙古东部等
Ⅳ	-28~-20	-4~0	-1~3	47.0~51.0	黑龙江西北部、内蒙古东北部等
Ⅴ	≤-28	≤-4	≤-1	51.0 以上	黑龙江、内蒙古最北部

注：当隧道所在区域气象特征参数与此表不一致时，按最不利情况考虑设计分区。

（2）高海拔寒区隧道设计分区

我国的青藏高原深居内陆，地势高亢，是典型的高海拔寒区，高原东南部山体雄伟，河流深切，其西北部则地势平缓，呈现大范围的无人区，季节性冻土广泛分布，出现多年冻土的海拔基本稳定在 4500~5000m 以上，海拔超过 5000 m 的地区，表层土壤虽有冻融，但变温带内的温度难以达到冰点以上。因此，高海拔寒区气候随高度垂直变化明显，季节性冻土广泛分布、多年冻土连片分布的地域特点是隧道工程抗防冻面临的重要技术难题。结合海拔、气象特征参数等，类比高纬度寒区隧道设计分区，可将高海拔寒区隧道划分为5个分区，如表5-2所示。

表5-2　高海拔寒区隧道设计分区

设计分区	气象特征参数		地表恒温带温度/℃	海拔/m	区域分布
	1月平均气温/℃	年平均气温/℃			
Ⅰ	>-0.5	>8	>11	2500以下	青藏高原东部峡谷等地带
Ⅱ	-4.7~-0.5	4~8	7~11	2500~3250	甘肃西南部、西北部，柴达木盆地及周边区域，西藏东南部，四川西部等局部青藏高原爬升地带
Ⅲ	-8.9~-4.7	0~4	3~7	3250~4000	青藏高原爬升地带
Ⅳ	-13.1~-8.9	-4~0	-1~3	4000~4750	青藏高原高海拔的平原、台地、丘陵状等地貌所在区域
Ⅴ	≤-13.1	≤-4	≤-1	≥4750	昆仑、祁连、唐古拉、喜马拉雅等高山或极高山地带

注：1. 当隧道所在区域气象特征参数与此表不一致时，按最不利的情况考虑设计分区；2. 目前国内在海拔超过5500m的地方尚无隧道工程。

5.3.2　抗防冻设计措施及研究优化方向

（1）主要设计原则

1）隧道位置宜避免洞口及洞身以浅埋方式长段落穿越大型沟谷，并宜减少穿越断层、节理密集带等富水地层，隧道宜避免穿越长段落的黏性土、泥岩等地层。

2）隧道洞口宜选在背风向阳、不易积雪、便于排水的位置。

3）寒区隧道内的纵坡不宜小于5‰，当纵坡小于5‰时，隧道内的排水系统除应进行正常的防寒保温系统设计外，还应采取其他加强保温排水的措施。

4）有条件时，长隧道宜尽量采用人字坡。

5）隧道的防排水设计除遵循"防、排、截、堵结合，因地制宜，综合治理，保护环境"的原则外，还应结合项目所在地的气候条件、工程与水文地质、环境条件等影响因素，遵循"防寒可靠、排水通畅、施工方便、维护易行、节能环保"的原则，采取切实可靠的设计、施工措施。

6）当隧道衬砌背后出现负温区且地下水补给来源充足时，可采用以"防寒堵水"为主要目的的径向注浆或超前注浆，在隧道初期支护外侧的围岩体中构建一个封闭的防渗圈。

7）为防止寒区隧道排水系统发生冻害，保证隧道排水通畅，应结合气候条件和地下水发育程度制定针对性的保温防冻措施。

8）寒区隧道洞口附近存在冻害地段应设置抗冻设防段，抗冻设防段二次衬砌应采用防水钢筋混凝土，并设置温度伸缩缝。

9）寒区隧道的拱墙和仰拱衬砌，仰拱填充及侧沟的施工缝或变形缝等应上下贯通对齐；当铺设无砟轨道时，无砟轨道底座伸缩缝与上述接缝也应上下贯通对齐。

10）当隧道洞门墙基础位于冻胀性地层时，应将洞门墙基础底面埋置于冻结线以下0.25m处；当冻结线较深时，采取基底换填处理等措施，以确保洞门墙基底安全。

11）隧道洞口浅埋段位于冻胀性敏感性高的围岩地段时，宜优先采用明挖法施工，并采用非冻胀性材料回填。

（2）主要工程措施

寒区隧道洞口附近存在冻害地段，应设置结构抗冻设防段和保温排水系统防冻设防段，结合寒区隧道工程经验、相关规范要求，并考虑两洞口气压差的影响，提出高纬度寒区和高海拔寒区隧道低洞口结构抗冻设防和保温排水系统防冻设防建议长度（见表5-3），同时提出高纬度寒区和高海拔寒区低洞口保温排水系统防冻设施类型选择（见表5-4和表5-5）。与之相对的是，寒区隧道高洞口的抗防冻设防长度可在此基础上适当缩短。

表5-3 寒区隧道低洞口结构抗冻设防、保温排水系统防冻设防建议长度一览表

设计分区	高纬度寒区			高海拔寒区		
	1月平均气温/℃	结构抗冻设防段建议长度/m	保温排水系统防冻设防建议长度/m	1月平均气温/℃	设防段长度/m	保温排水系统防冻设防建议长度/m
Ⅰ	-8~-4	不设	300~1000	>-0.5	不设	可不考虑设防
Ⅱ	-15~-8	500~1000	1000~1500	-4.7~-0.5	500	500~1000
Ⅲ	-20~-15	1000~1500	1500~2000	-8.9~-4.7	500~1000	1000~1500
Ⅳ	-28~-20	1500~2000	2000~2500	-13.1~-8.9	1000~1500	1500~2000
Ⅴ	≤-28	≥2000	≥2500	≤-13.1	1500~2000	≥2000

表5-4 高纬度寒区隧道低洞口保温排水设施类型选择一览表

设计分区	仰拱下中心浅埋排水沟		仰拱下中心深埋排水沟		防寒泄水洞		保温侧沟		中心保温（管）沟	
	洞口段	洞身段	洞口段	洞身段	洞口段	洞身段	洞口段	洞身段	洞口段	洞身段
Ⅰ					★		★			
Ⅱ	★						★	★	☆	
Ⅲ	★	★	★							★
Ⅳ	★	★			☆					
Ⅴ	☆		★	★						

注：1. ★表示应选，☆表示可选；2. 穿越多年冻土地段，保温排水设施特殊设计。

表5-5 高海拔寒区隧道低洞口保温排水设施类型选择一览表

设计分区	仰拱下中心浅埋排水沟		仰拱下中心深埋排水沟		防寒泄水洞		保温侧沟		中心保温（管）沟	
	洞口段	洞身段	洞口段	洞身段	洞口段	洞身段	洞口段	洞身段	洞口段	洞身段
Ⅰ	可不设置		可不设置		可不设置		可不设置		可不设置	
Ⅱ					★					
Ⅲ	★						★	★	☆	
Ⅳ		★								★
Ⅴ	★	★			☆					

注：1. ★表示应选，☆表示可选；2. 穿越多年冻土地段，保温排水设施特殊设计。

寒区隧道抗防冻应围绕隧道构建保温排水系统，确保隧道排水畅通为技术核心；而结构抗冻可采取提高结构抗冻性能和设置保温层防冻等措施。

5.4 寒区隧道防冻措施

5.4.1 防排水与保温防冻系统相互作用关系

顺畅排水是预防隧道冻害的必要条件，保温防冻是预防隧道冻害的充分条件，两者之间的相互作用关系如图 5-2 所示，排水和防冻保温系统设计及气候状态对隧道排水功能的影响如图 5-3 所示。

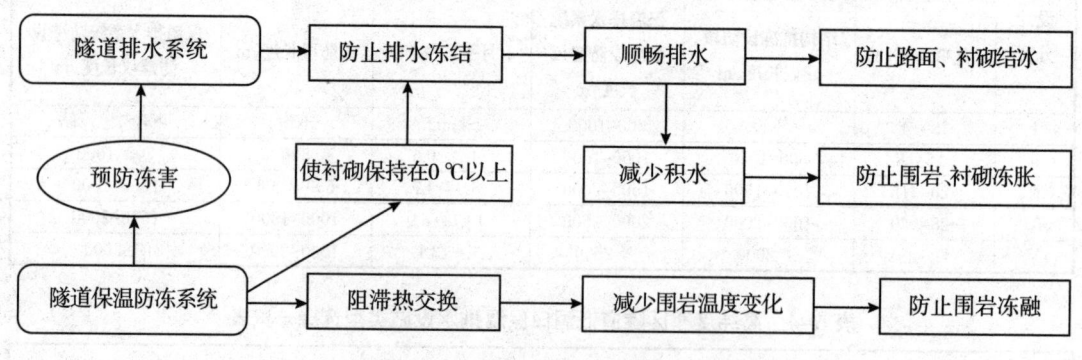

图 5-2 寒区隧道排水与保温防冻系统相互之间作用关系

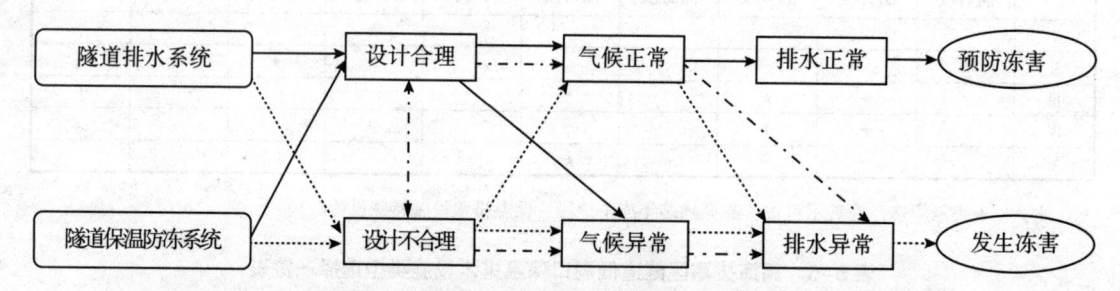

图 5-3 寒区隧道排水和防冻保温系统设计及气候状态对隧道排水功能的影响

对目前已建成的寒区隧道保温防冻系统类型的归纳总结如图 5-4 所示。对于直接保温防冻系统中所采取的"主动加热防冻"措施，其主要方式是在排水系统中设置"排水防冻加热系统"，即通过对排水系统温度状态的实时监测，主动进行相应的加热防冰控制，以抑制排水系统出现结冰阻塞现象。但是，加热量应与系统的散热能力保持平衡，以防止对原有围岩冻结层导致的融化，避免对冻结状态的扰动，针对我国的实际状况，还不适合采用以常规电力能源进行"主动加热防冻"的隧道保温防冻系统，而利用太阳能、风能、地热等可再生能源进行寒区隧道的主动式保温防冻系统还是值得研究开发。目前，主要采取设置衬砌隔热层的保温防冻系统。

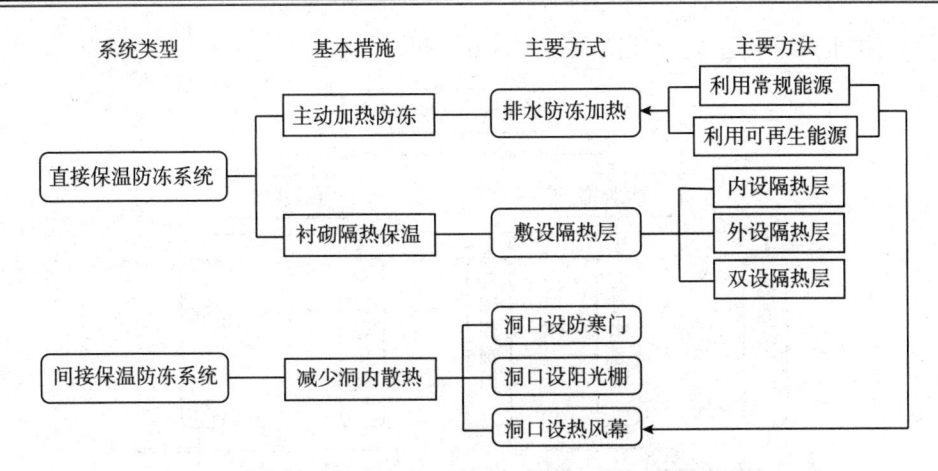

```
系统类型              基本措施           主要方式              主要方法
                                                          ┌─ 利用常规能源 ─┐
                  ┌─ 主动加热防冻 ── 排水防冻加热 ─┤                │
                  │                              └─ 利用可再生能源 ┘
直接保温防冻系统 ─┤                              ┌─ 内设隔热层
                  │                              │
                  └─ 衬砌隔热保温 ── 敷设隔热层 ─┤─ 外设隔热层
                                                 │
                                                 └─ 双设隔热层

                                        ┌─ 洞口设防寒门
间接保温防冻系统 ── 减少洞内散热 ──────┤─ 洞口设阳光棚
                                        └─ 洞口设热风幕
```

图 5-4 寒区隧道保温防冻系统类型及主要方式

5.4.2 保温材料的选用

常用的保温材料按材质可分为有机类和无机类，按形态可分为纤维状、微孔状、气泡状和层状等，各种保温材料性能指标见表 5-6。

表 5-6 保温材料性能指标

性能参数	硬质聚氨酯材料	膨胀性聚苯乙烯泡沫塑料	福利凯保温板	酚醛泡沫塑料	硬质聚氯乙烯泡沫塑料	岩棉系列	干法硅酸铝纤维材料
密度/(kg·m^{-3})	60	40	50	50	130	61~200	188
导热系数/[W·(m·K)$^{-1}$]	0.018~0.024	0.041	0.026~0.033	0.03	0.04	≤0.044	0.037
体积吸水率/℃	≤3	≤4	≤7	≤3.7	≤4	≤5	吸水率低
使用温度范围/℃	-60~120	-80~75	-196~300	-180~150	-30~400	≤600	≤1000
抗冻性	低温不脆化、不收缩	耐低温	无变形、开裂、发脆现象			无裂缝、无剥离	无变形、开裂、发脆现象
抗压强度/MPa	≥0.2	≥0.06	≥0.2	≥0.25	0.15	0.107	0.5
燃烧性能	B2 级阻燃	使用温度不能高于 75℃	A 级不燃	A 级不燃	不易燃烧	不易燃烧	A 级不燃
市场价格/(元·m^{-3})	1300	820	1500	1700	1250	750	392

对 20 多座高海拔隧道设计资料的统计得知，选用的保温防冻材料主要有以下两种。

（1）硬质聚氨酯保温材料，导热系数 0.027W/(m·K)，吸水率≤3%，保温层厚 50mm；通常与硅酸钙防火板（厚度 6mm）组合的形式辅设。

（2）福利凯（热固型酚醛）保温材料．导热系数 0.022W/(m·K)，吸水率≤6.7%，保温层厚 50mm；通常以 FL 纤维增强板（厚度 6mm）做装饰板组合的形式辅设。

根据现有设计文件采用的保温材料性能数据分析可知，硬质聚氨酯与福利凯的导热系数数值相近，而硬质聚氨酯比福利凯的吸水率低得多。但是，硬质聚氨酯的阻燃性不如福利凯，因此，一般在涌水量较大的隧道采用硬质聚氨酯保温材料，并在隧道轮廓表面与硅酸钙防火板组合形式辅设。

5.4.3 寒区隧道通用冻害防治技术

季节性冻土地区隧道既可选择主动措施，也可选择被动措施；多年冻土区隧道以被动措施为主，洞内排水系统可选择主动措施（见图 5-5）。

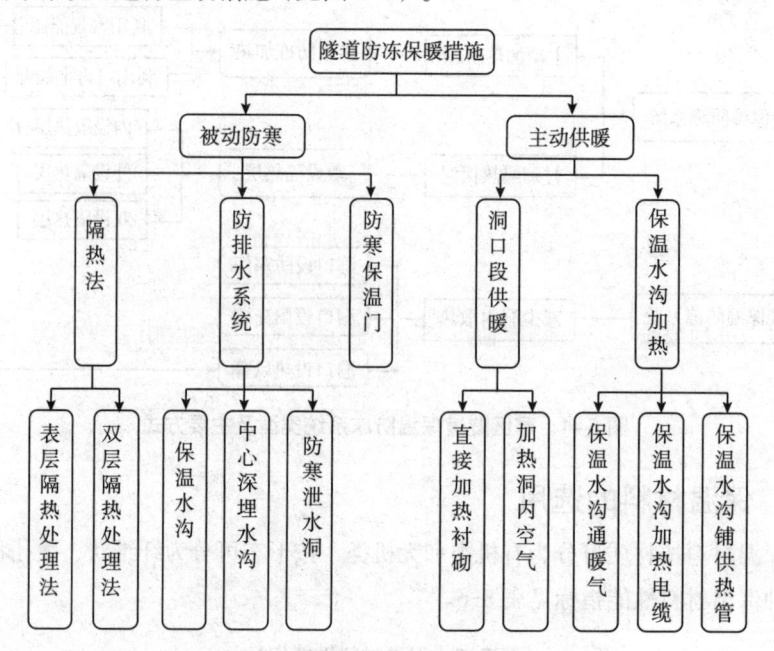

图 5-5　国内外寒区隧道通用的冻害防治技术

（1）主动防冻措施

根据加热对象不同，主动防冻措施可分为加热空气、加热地下水和加热隧道结构三类，热源可选太阳能、地热能、电能和风能等。对于长大隧道应优先利用洞身地热（热空气与热水）资源，通过通风与排水将其引至隧道冻害段。

1）加热空气，可通过管道将暖空调、蒸汽锅炉等加热设备产生的热源输入洞内，或利用隧道通风使高温端洞口热空气流向低温端洞口，以提高冻害段空气温度。例如，嘎隆拉隧道的进口为寒区，出口为温和区，即可通过运营通风使出口端热空气流向进口端，以加热进口端冷空气，提高隧道围岩温度。

2）加热地下水，可用电加热器、蒸汽、暖气等加热沟（管）水，或引洞外或洞内高温地下水至冻害段以加热洞内沟（管）水。

3）加热隧道结构。利用地热泵与管网将洞外或洞身高温地下水引至冻害段，或在保温隔热层和衬砌后敷设加热电缆（见图 5-6），以加热隧道结构。

图 5-6　敷设加热电缆

（2）被动防冻措施

1）选冻害轻的位置设隧道将冻土厚度、长度作为隧道位置方案比选的重要内容之一，优先选择无冻害岩土段设隧道。无法避免时，则选择冻土薄、穿越冻土距离短的路线方案。另外，隧道全部位于多年稳定冻土区优于穿越多年不稳定冻土区和季节性冻土区。

寒区隧道洞口宜选在地下水不发育、水位低、温度高、纵坡陡、少雪的阳面坡，避免选在地下水发育、水位高、温度低、坡面平缓、多雪的阴面坡；多年冻土区的隧道洞口应避开冰丘、冰锥、融冻泥流、热融沉陷与滑塌等不良地质区。为防雪崩，洞口应避开厚层积雪陡坡。

2）采用利于防冻的隧道线形

为减少洞内外热交换，寒区隧道轴线应与冬季主导风向大角度相交或垂直，尽量避免与冬季主导风向平行或小角度相交，避免出现"冬季穿堂风"。当无法避免时，洞口段宜设平曲线加大洞口轴线与风向的夹角。寒区长大隧道宜设成人字坡，有利于洞身高地温地下水流向两端低温洞口，适当加大洞口纵坡有利于地下水快速排出，减少洞内地下水热量损失。

3）加强冻害段隧道防排水

处于多年稳定冻土区的隧道水量较少，排水系统主要用来排隧道周边融化圈（保冻效果不好时）渗出的少量孔隙水和裂隙水。处于季节性冻土或多年不稳定冻土的隧道要加强冻害段防水与排水措施，可采取的主要措施如下。

①减少围岩赋水和流经冻害段的水。根据地形地质条件和富水情况，可选用洞内径向围岩注浆堵水、地表注浆堵水、地表明沟截排水、地下盲沟、泄水孔或泄水洞提前引排水等措施，让地表水和地下水远离隧道冻害段。为减少非冻害段隧道地下水流经冻害段的水量，可在冻害段末端设集水盲井，将非冻害段沟水汇入冻害段深埋水沟或泄水洞排出。

②加强排水。为防积水，隧道冻害段周边和洞内的水需要加速排出，可通过加密环向和横向排水盲（沟）管、加大排水盲（沟）管断面和排水纵坡以及缩短水流路径［如环向盲（沟）管直接和隧底中心排水沟相接］的方式加快排水，减少水流在流动过程中的热量损失。

③加强防水。加强冻害段防水层的防水能力，减少或防止地下水透过防水层或混凝土缝隙进入隧道。选择具有良好抗冻性和耐久性的防水材料，必要时可设双层防水，二次衬砌可增设施工缝、温度伸缩缝。施工缝、温度伸缩缝应全断面贯通，并应加强混凝土施工缝和温度伸缩缝的防水措施，例如，增设可维护注浆管、正面喷涂渗透性防水涂料等；混凝土防水等级不宜低于P10。

④防止排水通道结冰。因排水通道结冰而导致隧道发生冻害危及行车安全的事例很多，因此，防止排水通道结冰是冻害防治的重要内容之一。为防止排水通道冻冰，季节性冻土区隧道可选浅埋保温水沟、埋置于冻结线下的深埋水沟（冻结深度<2.5 m）或泄水洞（冻结深度≥2.5 m）排水。当深埋水沟和泄水洞不能置于冻结线以下时，对于深埋水沟和泄水洞应采取全断面保温防冻措施，泄水洞的配套排水设施[如竖向碎石盲（沟）管、泄水孔、泄水支洞等]也需要保温防冻。洞外宜采用暗（保温）沟排水，出水口选在距线路一定距离的地势开阔、高差大且朝阳避风处，并设保温出水口。另外，可利用敷设于衬砌表面的保温隔热层对衬砌背后排水盲（沟）管进行间接保温，必要时可直接对排水盲（沟）管（如伴热电缆采暖沟）保温或加热。

4）加强冻害段隧道结构

①洞口工程。受积雪或风吹雪影响严重的凹形地形洞口可采用防雪明洞、防雪棚洞或防雪棚。当洞门墙后地层冻胀等级在Ⅱ级及以上时，宜选用不冻胀材料进行换填，不冻胀材料可选砂性土、砂砾、碎（砾）石、粉煤灰等。

②地基基础。为防止位于冻胀融沉地层的地基变形开裂，季节性冻土区隧道基础应置于设计冻深 0.25m 以下，多年冻土区隧道基础置于设计冻深 1 m 以下，否则需要对地基进行处理。

③结构形式与材料。位于冻害段的隧道结构宜采用曲墙带仰拱的复合型式，二次衬砌宜采用钢筋混凝土结构；衬砌混凝土应具备抗裂、防渗、抗冻、低温早强等性能，强度等级不宜低于 C30。

④保温隔热。为达到隧道结构和围岩中液态水不结冰或围岩中固态冰不融化，可通过敷设保温隔热层来减少其与洞内环境的热交换。保温隔热层敷设位置有两种：①敷设在二次衬砌表面防止隧道结构和围岩中液态水结冰冻胀。②敷设在初期支护和二次衬砌之间防止围岩中固态冰热融如图 5-7 所示。根据洞内气温、隧道与围岩地温以及冻结深度，可在拱墙敷设或全环（含仰拱）敷设保温隔热层。对于发生严重冻害的运营隧道，在处理好防排水的基础上，衬砌表面可增设带保温层的钢筋混凝土（波纹钢板）套衬。保温隔热层厚度通过计算确定，应选轻质、疏松、多孔（最好为闭孔型）、导热系数小、防火、防水与耐腐蚀性好的保温隔热材料。隧道中常用的保温隔热材料分为无机保温材料和有机保温材料。无机保温材料主要有矿渣棉、岩棉、玻璃棉和硅酸铝纤维板等；有机保温材料主要有聚氨酯、聚苯乙烯、聚乙烯和酚醛泡沫板等。

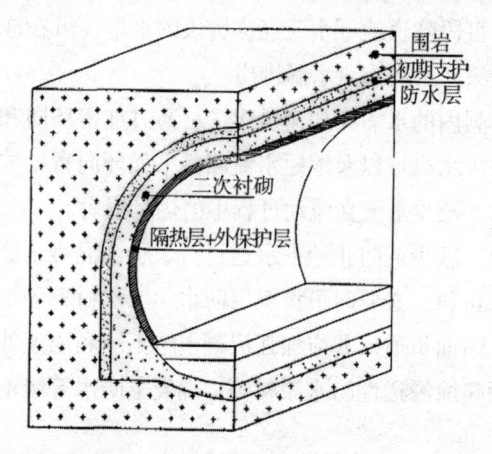

（a）保温隔热层在二次衬砌表面敷设　　（b）保温隔热层在初期支护和二次衬砌之间敷热

图 5-7　隧道保温隔热层敷设位置示意图

据相关文献：①不同保温材料的铺设方式下，材料性能指标差异显著，保温材料铺设在二衬表面或离壁铺设时福利凯保温板优于酚醛泡沫塑料，应优先选用福利凯保温板。保温材料夹层铺设时，硬质聚氨酯泡沫塑料材料优于酚醛泡沫塑料材料，应优先选用硬质聚氨酯泡沫塑料材料。②从材料自身特性分析，由于福利凯发泡的气孔十分细小，直径不足 $100\mu m$，单体气泡率高；同时，发泡后形成的气泡层数较多，隔热气体与空气发生置换的概率减小，保温性能长久、高效，因此适用铺设在多年冻土隧道二衬表面或离壁铺设。由于硬质聚氨酯泡沫有较好的吸湿性，比其他保温材料具有更长的寿命，能够发挥优异的隔热性能，因此，较适用于多年冻土隧道夹层铺设。

5）洞口设隔风防寒保温门。对于交通量小的隧道可在两端洞口设自动保温隔风门，以减少洞内外热交换，夜间无车通行时则关闭保温门，减少洞外冷空气进入洞内。保温隔风门可选风幕门、卷帘门、水平推拉门，门应具备自动感应控制、手动控制和远程控制功能。

5.4.4 冻害控制措施

冻害的发生需要满足三个条件：分别为足够低的温度、衬砌必须提供阻止水体结冰膨胀变形足够的刚度以及充足的水源，因此，减小冻害的发生可从这三方面进行考虑分析，提出抗冻措施、防冻保温措施、防排水措施、加热措施、堵水及防水措施。

抗冻措施：采用抗冻的钢筋混凝土、增大衬砌厚度等措施。防排水措施：中央排水管即为较为理想的防排水措施。此外，还能采用防排泄水洞等措施。防冻保温措施：可设置隔热保温层（外、中间、离壁式隔热层），采用保温中心水沟使得水沟中的水不被冻结。隧道纵向温度逐渐升高，因而如若采用保温层，纵向的厚度可以沿着深度逐渐减小。加热措施：该措施成本较高，不推荐使用，大多作为一种辅助方法，可在衬砌背后采用U形供热管法，施工缝衬砌背部双热源法、隧道内通暖气、采用地源热泵、电伴热等。堵水、防水措施：可设置防水性衬砌来减小水流入衬砌，可采用裂缝注浆封闭、引排、防水板等。

[工程示例] 高寒地区某公路隧道渗水结冰原因分析及处治

1 工程概况

国道主干线二连浩特至河口高速公路山西境内得胜口至大同段亮马台隧道从2011年2月起，隧道右幅RK23+590~RK23+700段出现渗水结冰病害，影响了隧道的安全运营。该隧道于2005年10月18日建成通车，为分离式双洞双车道隧道，左洞长2248m（LK22+312~LK24+560），右洞长2150m（RK22+310~RK24+460），净高5m，净宽10.5m，设计速度为100km/h。

隧道防排水系统以排水为主，防排结合。隧道内车行方向右侧设排水沟，每隔10m设泄水孔排除路面水。洞身每隔一定距离设一环向$\phi 50$ mm HDPE波纹管，拱脚用纵向$\phi 100$ mm HDPE波纹管连接，通过横向$\phi 100$ mm 聚乙烯管排入两侧排水沟。初期支护与二次衬砌之间采用EVA复合土工布防水，在结构缝处设置橡胶止水带。

隧址区属温带大陆性季风气候区，年平均气温6.5℃，最低平均气温-11.3℃，极端最低气温-29.1℃。隧址区降雨较少，年平均降水量384mm，最大冻土深1.4m。在春融期，洞内温度较洞外低。

隧道围岩为中下太古界集宁群变质岩，基岩裂隙总体较发育，闭合性较好，渗透性较差，地下水类型为基岩裂隙水，主要靠大气降水下渗补给。病害段隧道洞顶正上方为"V"字形季节性基岩冲沟，较发育，冲沟在平面上与隧道斜交或平行，呈狭长状，纵坡较大。3~10月，雨水大部分顺冲沟向下游迅速排泄[见图5-8（a）]，小部分雨水沿基岩裂隙下渗至隧道洞身，在空间上形成较长的渗水漏斗。10月~次年3月大气降水基本上以冰雪形式赋存于隧道顶部[见图5-8（b）]。春融期，白天冰雪开始融化，雪水大部分沿基岩裂隙缓慢下渗，小部分以其他形式排泄。

(a) 3~10月渗水段地表冲沟图 　　(b) 10月～次年3月病害段地表冲沟

图 5-8　病害段隧道洞顶基岩冲沟

2　病害现状

2.1　渗漏水情况

在春融期的2—3月，隧道右幅 RK23+590~RK23+700 段出现渗水现象，持续时间约为一个月，造成洞内衬砌和路面结冰 [见图 5-9（a）]，影响安全运营。渗水位置分布于隧道拱顶和拱腰施工缝中，经检测共发现春融期出水点约 22 处，以滴漏或浸渗为主，其中 7 处出水量较大 [见图 5-9（b）]。1~5 号和 21~22 号渗水点渗水量为 0.7~$1.2 m^3/d$，其他渗水点渗水量为 0.1~$0.3 m^3/d$，隧道日均渗水量 6~8m^3。

(a) RK23+650~RK23+700 段结冰

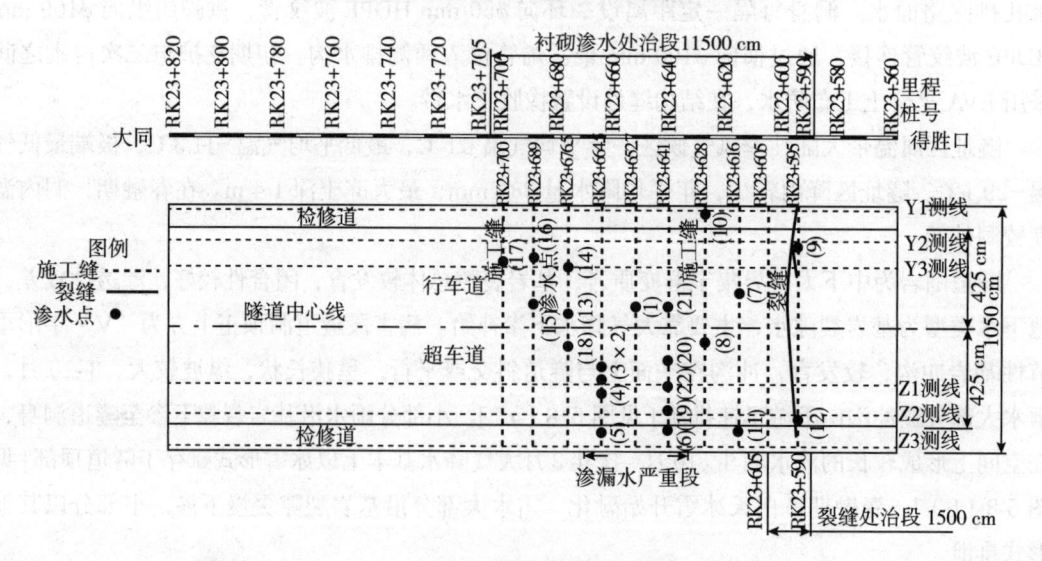

(b) 隧道渗水病害位置

图 5-9　RK23+650~RK23+700 段渗漏水情况

2.2 衬砌破坏情况

隧道土建结构总体较好，仅右洞 RK23+590 处发现一条横向贯通斜裂缝，位于拱顶至拱腰附近，该裂缝呈锯齿状，宽 0.5~2cm，上下无明显错台。裂缝附近材料表层局部破损并剥落掉块，最大为 25cm×10cm，且裂缝附近有早期渗漏水的痕迹。

2.3 横通道渗水情况

6# 行车横洞边墙底部出现渗水，并造成路面少量积水（见图 5-10），渗水位置位于行车横洞中部两侧墙脚附近，沿墙底线性纵向分布，长度为 2~3m，出水量较小，未发现明显的渗水点。

（a）RK23+590 横向裂缝、材料破损　　（b）6# 车行横通道墙底渗漏水

图 5-10　隧道衬砌破坏及渗水情况

2.4 病害程度及危害评定

根据《公路隧道养护技术规范》，经综合评估将隧道右洞渗水结冰段判定为 3A 类，右洞 RK23+590 处的横向裂缝破损判定为 2A 类，6# 行车横洞边墙底渗水判定为 1A 类。

3 病害原因分析

（1）地表水下渗通道：隧道围岩的裂隙总体较发育，闭合性较好，水只能从现有裂隙不断下渗，无法从别处排走。

（2）气候原因：隧址区属于高寒地区，冬季大气降水基本上以冰雪形式赋存在隧道顶部。春融期，白天冰雪缓慢融化下渗，夜间洞身附近的温度下降至 0℃以下，而白天下渗的雪水还来不及排泄，被冻结成冰，逐渐堵塞排水设施。因昼夜交替而反复冻融防排水设施，包括防水板、排水管以及结构缝处橡胶止水带等。

（3）防水板铺设与衬砌耦合不良：经地质雷达检测，发现拱腰附近处二次衬砌混凝土与初期支护表面有脱空现象，防水板与衬砌不紧密，局部地段赋水、潮湿，冻融产生的膨胀收缩对防水板、止水带、盲管产生破坏，将初期支护和二次衬砌之间的防排水材料损坏。结构缝处的止水带是薄弱位置，被冻融产生的膨胀收缩破坏，使之失去防水作用，导致水通过施工缝渗流入隧道中。

4 病害处治原则

针对隧道衬砌渗水、隧道衬砌裂缝、车行横通道底部渗水三种病害，按照《公路隧道设计规范》和《公路隧道养护技术规范》结构安全和运营要求，病害处治应保证隧道衬砌表面不渗水，确保隧道安全运营，处治方案应经济、高效，避免损伤原有结构，得恶化现有围岩条件和加速病害发展，尽量减少施工对隧道运营的影响。

5 病害处治方案

隧道衬砌渗水处治方案包括相应洞顶地表封水、渗水缝设置U形槽导水、排水保温；裂缝修补采用凿槽充填法和压力注浆法；车行横通道底部渗水采用底部设置渗水盲沟排水的处治措施。

5.1 洞顶地表渗水处治

地表渗水的处治措施首先是，在地表铺设防渗水层和排水沟，即是在地表铺设50cm厚的石灰含量6%（质量比）的灰土，压实度不低于96%，地表凹凸不平的坑也采用石灰含量6%（质量比）的灰土填补平顺；然后，在灰土上铺设防渗土工布，其搭接重合长度不小于100 cm；最后再浆砌40 cm厚的M7.5浆砌片石排水沟，排水沟深度为1.5 m，宽度应将沟底全部覆盖且不小于5m。

5.2 衬砌渗水结冰处治

隧道渗水结冰处治以防水为基础、排水为核心、保温为关键、三者结合、综合治理，达到不渗、不冻胀的目的。考虑处治的长久有效性，采用U形槽导水结合嵌入隔热材料法。渗水处治以导水为主，辅以止水，结合外层保温。衬砌施工缝线状渗水时采用导水法，止水法则适用于漏水量为浸渗、漏水范围有限的情况。采用止水法虽可止住该处的渗水，但水可能会从附近其他薄弱处渗出，且止水材料随着时间的推移容易剥离而降低止水效果，因此止水法作为辅助措施加以采用。

隧道线状漏水结冰处，采用U形沟槽嵌入隔热材料法（见图5-11），即是以渗水裂缝为中线在衬砌上切割15cm×15 cm的U形槽，贴着裂缝铺设ϕ100 mm YAS排水半管，再用防渗胶材料充填防止水渗流出，然后铺设保温材料，最后喷涂防火层。保温材料除满足防冻要求外，还要考虑防火、防潮性能，可采用酚醛泡沫保温板、高强岩棉板、复合硅酸盐板等复合型隔热保温材料，防火涂层耐火时间不应小于2 h。由于渗水发生位置一般不规则，导水管管径既不能太大，也不能完全顺着渗水裂缝布置，导致处治范围两侧可能还存在渗水，因此使用引水口配合导水管把渗水全部带走，即在导管范围内设置小直径引水口，深入衬砌将水引入导水管内，引水管直径为20 mm，深入衬砌内不宜超过衬砌厚度的2/3。当隧道衬砌水结冰严重时，采用衬砌内注浆和U形沟槽嵌入隔热材料相结合的方法。

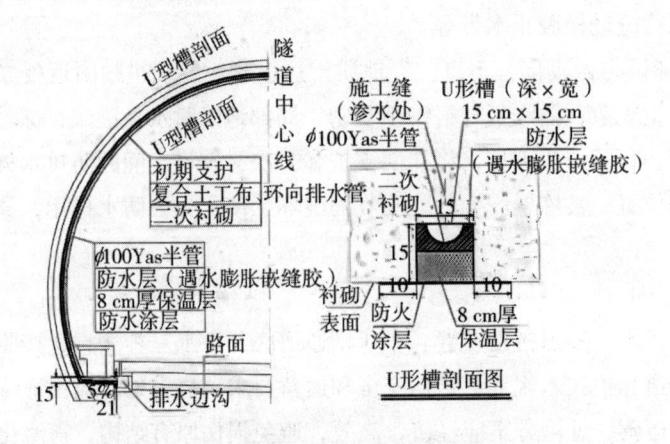

图5-11 U形槽保温排水方案（单位：cm）

裂缝注浆止水适用于渗水轻微（滴水）的情况。渗水较大的裂缝，采用钻斜孔法或凿缝法注浆处理，干燥或潮湿的裂缝则采用骑缝注浆处理。注浆压力及浆液凝结时间应按裂缝宽度、深度确定，注浆止水材料采用超细水泥浆。骑缝注浆时，在槽内裂缝上钻孔，孔深为 1/3~2/3 衬砌厚度，间距 50cm，孔内插入注浆管，注浆管插入深度 15 cm；在槽内填入堵漏胶浆并固定注浆管，待封闭砂浆达凝固后，进行注浆，注浆压力不宜超过 0.5 MPa。斜缝注浆时，在槽两侧 10 cm 处各钻一排孔，沿裂缝两侧按梅花状交错布置，孔间距一般为注浆处衬砌厚度，最大不宜超过 60 cm，孔深一般为 20~40cm；孔内插入注浆管，注浆口应设于裂缝中。采用快硬水泥砂浆固定注浆嘴，并在注浆嘴周围抹一层砂浆以形成防水层，待强度形成后进行注浆，注浆压力不宜超过 0.70MPa。

渗水处治施工应重视以下关键环节：①施工前应对渗水的位置和规模进行现场核查，若与设计有出入应及时反馈。②施工前应先清除既有衬砌表面的尘埃及衬砌劣化部分，清除范围要比处治范围增大 10~25 mm。③在施工过程中，应随时检查治理效果，做好隐蔽工程的施工记录，特别是嵌缝作业的基面处理、注浆工程等。发现问题应及时处理，确保堵漏作业的质量。④抗渗堵漏材料应按照材料说明书要求配制，通过现场试验合理优化配合比和施工工艺，同时应了解材料对施工现场环境的适应性以及材料性能发挥的成效，确保处治效果。⑤导水管材料应满足耐久性要求，并与既有结构附着牢固。⑥埋设导水管时，清洗范围为凿槽边缘外各 30 mm，凿槽宜采用电动割刀割缝凿出 U 形或 V 形槽，开槽及设置排水管位置应尽量与渗水位置重合，按设计要求埋管和固定结束后进行封填，封填材料达到一定强度后在修复区域表面刷防水剂。

5.3 衬砌裂缝处治和局部脱落处治

裂缝修补采用凿槽充填和压力注浆的方法。凿槽充填施工时应沿裂缝用机械开凿和用手工剔凿，凿成 "V" 或 "U" 形，槽宽和槽深可根据裂缝深度和有利于封缝来确定。V 形槽采用树脂类的填充料，其宽度为 50 mm、深度为 50 mm。U 形槽采用水泥砂浆填充，其宽度为 50 mm、深度为 50 mm。充填时注意施工温度和避免干湿度的影响。压力注浆则采用两种方法，即衬砌表面垂直的裂缝采用骑缝注浆，有一定角度的裂缝采用斜缝注浆。注浆材料采用超细水泥浆。压力注浆前，在槽内采用环氧树脂、环氧砂浆等材料封闭裂缝。通过切槽在沿裂缝走向 30~50 mm 范围内露出坚实平整的混凝土表面，表面清理范围以裂缝位置拓宽 10~25 mm 为原则，清除已劣化或松动的混凝土，清除裂缝内的灰尘及杂物，必要时涂刷界面剂。

5.4 车行横通道底部渗水处治

针对底部渗水，采用在隧道底部设置盲沟的方法，即用横向盲沟将水集中引到纵向排水盲沟中，通过纵向排水盲沟将水排入主洞排水边沟中排走。横向盲沟间距 100 cm，纵向排水盲沟设 1 条，纵横向盲管采用三通接头连接。现场根据出水位置和水量增设了排水盲沟或碎石积水盲沟。横向集水盲沟宽度为 15 cm，深度为 15 cm，碎石粒径为 2~3 cm，盲管为直径 50 mm 的 HDPE 波纹管。纵向引水盲沟宽度为 20 cm，深度为 20cm，盲管为直径 100mm 的 HDPE 波纹管，如图 5-12 所示。

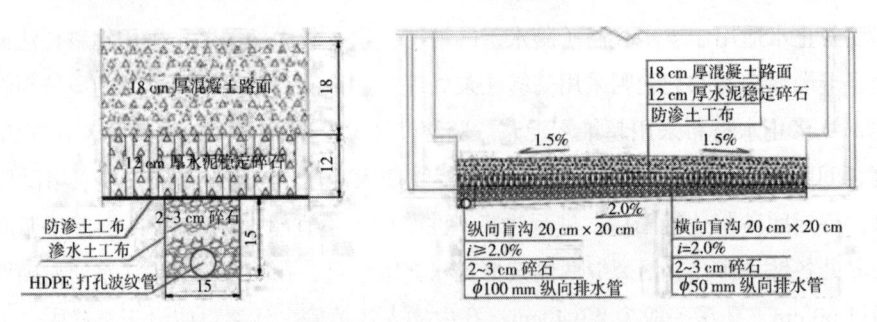

图 5-12　横通道基底排水盲沟方案（单位：cm）

5.5　寒区隧道维修典型案例

5.5.1　大坂山公路隧道

大坂山公路隧道位于G227线青海大坂山越岭段，修建于20世纪90年代中后期，长1530m，设计标高为3792.75 m，为当时亚洲最高海拔的公路隧道。隧址区属内陆高寒季风气候，年平均气温-3.1℃，最冷月平均气温-25.6℃，极端最低气温-34℃，最大积雪厚200cm，年降雨量841.4 mm，平均风速1.2~2.5m/s，最大风速为20m/s。隧道处于多年冻土与季节性冻土接触带，季节性冻土冻融深度为2.5~4.5m。

为防止冻害，大坂山隧道采取了富水段注浆堵水＋边墙脚外侧和仰拱底设深埋中心排水盲沟＋竖向泄水钻孔＋泄水横洞＋泄水洞＋保温出水口＋隔风保温门＋二次衬砌表面设复合保温层（PU泡沫塑料保温层＋玻璃钢结构）＋防雪保温棚等防寒保温措施，取得了良好的防冻效果。大坂山隧道防排水系统示意见图5-13。

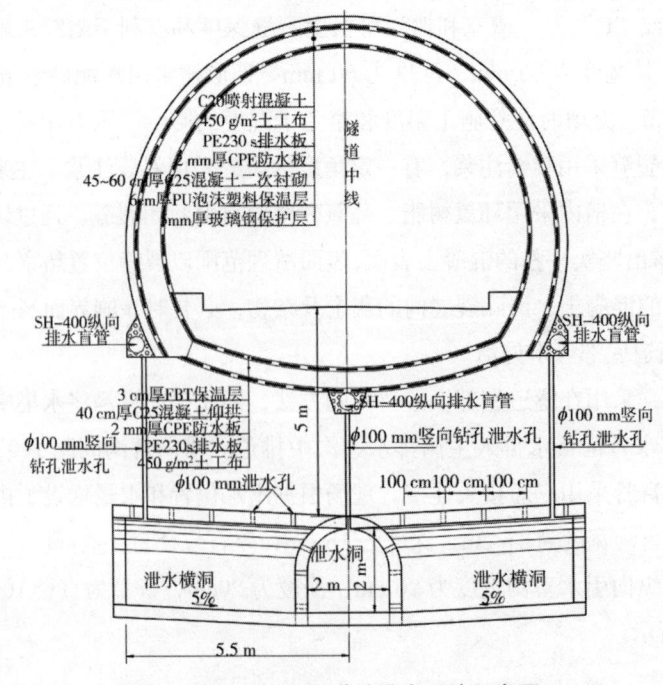

图 5-13　大坂山隧道防排水系统示意图

经过十多年的运营，隧道出现了较严重的渗漏水、挂冰和衬砌裂损及保温层破损现象。2008年，通过采用加密加长泄水横洞＋增设竖向横向泄水孔＋完善洞口排水系统＋凿槽埋管引排＋封堵裂缝措施进行了渗漏水整治，将原有的保温层换成FL保温材料＋纤维板，推拉保温门更换为自动卷帘保温门。经过整治，取得了较好的防冻效果。

另外，隧道于1999年建成使用，因当时掌握的材料技术有限，采用的是"聚氨脂（PU）＋硅酸铝纤维棉"的叠加式抗冻融技术。运行后出现不同程度的病害问题，运营单位又于2007年开始运用"FL福利凯高寒隧道抗冻融系统"进行病害治理，目前隧道运行情况良好。

5.5.2 青藏铁路隧道

分别建成于2002年和2003年的青藏铁路风火山隧道和昆仑山隧道为典型的高寒高海拔多年冻土区隧道。风火山隧道长1338m，最高海拔4905 m，年平均气温-6.11℃，极端最低气温-37.7℃；昆仑山隧道长1686 m，最高海拔4666 m，年平均气温-5.2℃，极端最低气温-23.6℃。两座隧道穿越多年冻土区，地层冰的体积分数为10%~50%。

两座隧道的防冻措施主要为在初期支护和二次衬砌间设置隔热保温层（防水层＋隔热层＋防水保护层），以减少二次衬砌和围岩热交换。地下水以堵为主，以排为辅，洞内采用双侧保温水沟，侧沟采用双层盖板，上下层盖板间设PU聚氨酯泡沫保温材料。

风火山隧道防排水系统示意见图5-14。洞内水通过洞口的保温管和保温出水口排出，出水口选在背风向阳处。

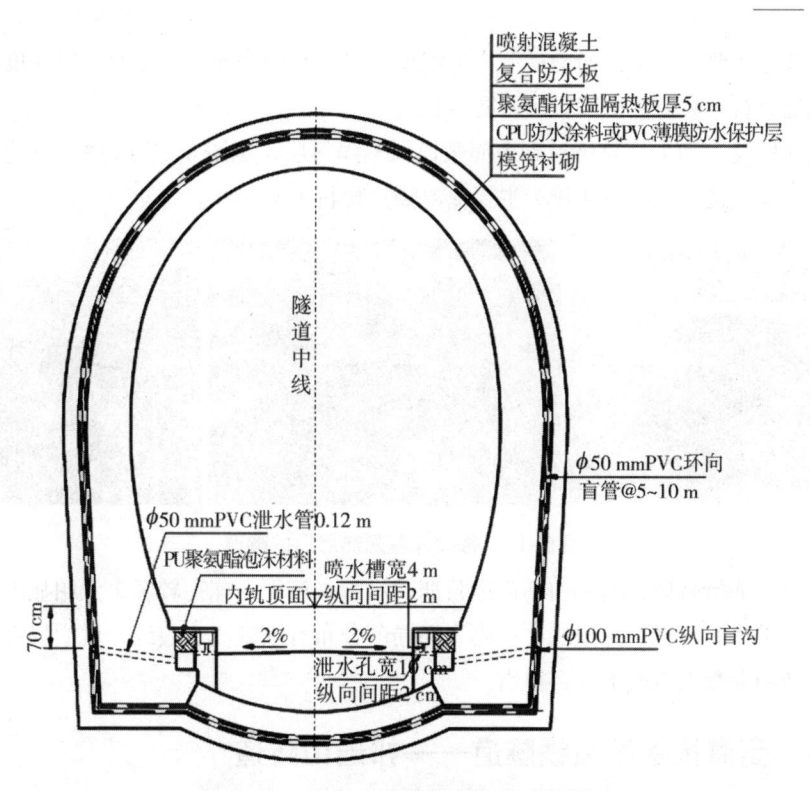

图5-14 风火山隧道防排水系统示意图

施工期间开挖揭示，昆仑山隧道并非全部穿越多年冻土层，如地表冲沟浅埋段位于季节性融化层,埋深较浅段的隧道周边融化圈和地面季节性融化层贯通,扩展了季节性融化层。另外,因施工扰动使冻土上限下移,进而扩大了季节性融化层。针对这些段落的地下水进行了严密注浆封堵。自2006年7月开通至今,隧道运营状况良好。

5.5.3 鹧鸪山隧道

G317线(川藏公路北线)鹧鸪山隧道长4423m,洞身最高海拔3356 m,左侧30m设贯通平行导坑,于2004年建成通车。隧址区属北温带,历年平均气温3.3~3.8℃,每年9月至次年4月为冬季,平均气温-5~-15℃,最冷月历年平均气温-6.9℃,极端最低气温-31.1℃。冻结最大深度为1.01 m,最大积雪厚47cm,属季节性冻胀冻融区。2000—2005年,针对G317线鹧鸪山隧道工程,建设各方开展了一系列综合防冻技术研究,形成了保温、排水、堵水及结构抗冻胀的隧道综合防冻技术,隧道主要采取了如下防冻技术。

(1)采取措施阻隔地下水流向隧道冻融圈,如隧道出口浅埋富水冰川泥石流堆积体段采用地表钢花管注浆、高压旋喷、地下盲沟等措施阻隔冻融圈外的地下水流入。

(2)加强防冻段隧道与平行导坑防水措施,尤其要加强施工缝与变形缝防水。

(3)加快防冻段隧道与平行导坑排水,加密排水盲沟、缩短排水距离,防止出现积水。

(4)防冻段隧道与平行导坑采用埋于冻结线下的保温中心沟排水,洞外采用保温出水口排水。

(5)通过风流在平行导坑及隧道中部吸热、在隧道防冻段散热的方式提高防冻段温度,减轻冻害。

(6)连续两年监测隧道贯通前后洞内外温度,二次衬砌表面、背面及一定深度范围内的岩温,结合理论分析、数值模拟确定隧道防冻长度。

(7)防冻段隧道和平行导坑衬砌表面敷设保温隔热层(见图5-15)。通过理论分析、模拟计算和现场试验,选聚酚醛泡沫作为主要保温隔热材料。

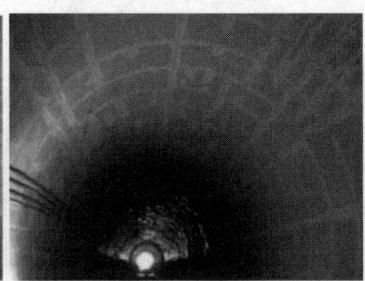

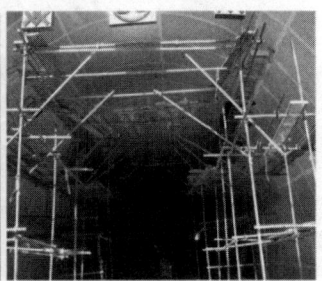

图5-15 敷设保温隔热层后的隧道

采取以上防冻措施后,鹧鸪山隧道运营期间渗漏水较少,冻害较轻,无明显冻害现象。但对保温隔热层维修时发现,隧道二次衬砌表面局部分布有细微浅表裂纹,说明局部仍存在冻害现象,且对结构混凝土造成了一定损伤。

5.5.4 高海拔寒区高铁隧道——祁连山隧道

2014年建成的兰新高铁祁连山隧道长9490 m,位于青海门源县青藏高原季节性冻土区,最大冻结深度为2.3 m。年平均气温4.8℃，隧道进口最冷月平均气温-23℃，极端最低气温-37.9℃，冬季长达7个月。轨面最大高程3574m，隧道主要采取了如下防冻措施。

（1）衬砌结构。进出口1000 m范围内为防冻段，采用了内置式保温防冻胀衬砌结构，结构形式为初期支护＋模筑混凝土＋防水板＋厚5 cm保温层＋防水板＋二次衬砌，采用了"胶粘＋纵向钢丝悬挂＋环向安装钢架支顶法无钉铺设防水保温层"工艺施工复合防水保温层。

（2）泄水洞。隧道进出口分别设长1800m和1500m的防寒泄水洞，除进口端泄水洞自隧道左侧斜向伸入正洞(距洞口300 m)下方外，其余段均沿隧道中线布置。泄水洞纵坡与隧道相同，净空尺寸为2.2 m×2.5 m（宽×高），泄水洞纵向每隔250 m设1处泄水洞横通道＋竖向泄水管（竖向连接中心水沟与侧沟）引排正洞沟水。为防自身结冰，泄水洞内还增设了径向泄水孔（用来排出隧底围岩水）＋支导洞＋保温检查井＋保温出水口。

（3）保温中心水沟。对隧道两端洞口段中心水沟和检查井采取保温措施，长度同泄水洞，中心水沟保温措施为钢筋混凝土排水管外裹6cm厚聚乙烯泡沫保温层＋沥青防潮层＋铝皮保护层，检查井保温措施为双层盖板，中间夹20 cm厚聚氨酯保温板，下层盖板采用沥青油浸制木板。

（4）保温侧沟。隧道进出口1000 m范围内排水侧沟采用双层盖板夹聚氨酯泡沫保温。因出口侧沟水量较大，施工期间在左右侧沟内各设两根伴热电缆辅助加热，洞口600 m内采用自动温控，其余400 m采用人工控制，在联调联试期间敷设完成。

运营后发现，局部保温衬砌拱墙、侧沟壁与道床板施工缝、道床板间和道床板内存在渗漏水、冬季挂（结）冰及泄水洞口结冰现象，严重影响隧道运营安全，为此补充了如下措施。

1）渗漏水处径向5 m范围内采用围岩注浆堵水＋侧沟与道床施工缝针管注浆堵水＋墙脚泄水孔泄水＋修复横向排水盲管＋中心沟泄水孔引排措施。

2）延长低端洞口泄水洞（500 m）＋泄水洞口增设阳光采暖保温棚。

3）根据运营期间现场监控及工务段联合排查发现，伴热电缆末端外1500 m范围的侧沟有5~15cm厚结冰，局部段结冰涌出盖板，为此延长伴热电缆至结冰终点。

采取以上措施后，取得了较好的防冻效果，保证了行车安全。

5.5.5 柴木线大通山隧道

该隧道为单线隧道，长度4495 m，洞内线路纵坡为人字坡。隧道地处大陆性高原气候，气温低、温差大、日照长，极端最低温度-31.4~-35.8℃，最冷月平均气温-13.4℃~-13.3℃，最大季节冻结深度为3.50m，处于多年冻土与季节性冻土衔接地带。

排水设施：①洞内设双侧水沟，两端洞口500 m范围内设保温水沟，双层盖板间设PU聚氨酯泡沫型材保温材料。②防寒泄水洞。隧道进出口正洞拱脚下5 m处均设置无压防寒泄水洞（见图5-16），距线路中心线10m，长度分别为1237m、1190 m。正洞水沟内的水通过水沟底的竖向泄水孔（每420 m设1处）排入防寒泄水洞。隧道内形成了完整的集、排、堵、泄排水通道网络，并且疏通了衬砌外围岩的裂隙水和地下水，使隧道衬砌结构处于无水压状态，从而消除或尽可能地减小冻胀破坏，达到理想的排水效果。

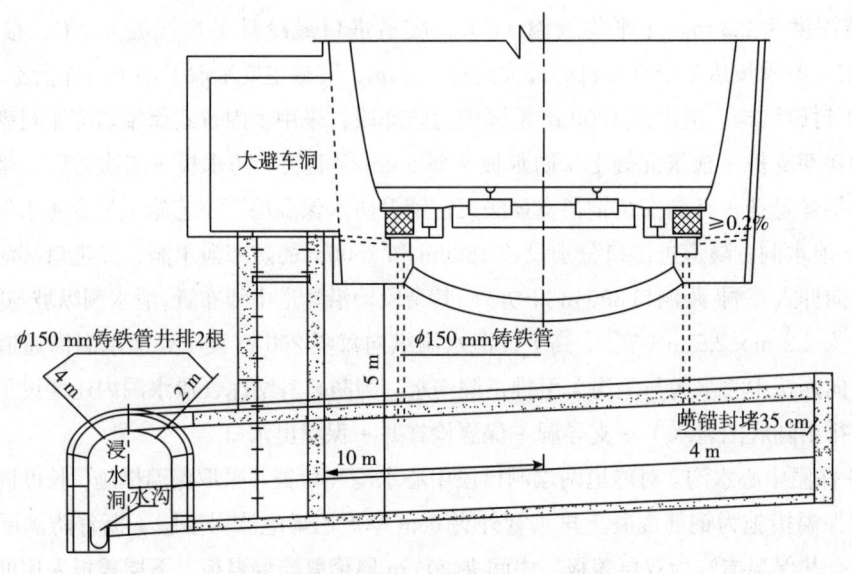

图 5-16 防寒泄水洞与正洞连接关系

5.6 寒区隧道加固方法

马志富等依据大量数据，得出寒区铁路隧道的冻害主要是由于隧道排水设计不当或排水失效导致，提出了不同分区隧道应设置不同保温排水长度的建议措施。王平安等分析高寒地区隧道排水难的特点，提出"防、排结合"的原则，以泄水洞为主，保温防寒水沟、保温中心水沟和伴热电缆采暖式水沟为辅的处理措施，基本解决了隧道运营期的冻害问题。熊泽琛等将热交换管埋设仰拱中，利用浅层地热能，构建一个能源隧道，最终达到寒区隧道洞口排水沟保温、防冻的目的。方梁正提出以提高衬砌混凝土的抗渗抗冻能力和采取保温或供热措施为主的寒区隧道加固方法。孙文昊梳理了寒区隧道病害产生的原因，同时针对冻害提出抗冻和防冻两大类方法。抗冻类：①使用抗冻混凝土；②增大衬砌厚度；防冻类：①对排水系统加热；②隔热材料法；③防寒门法；④裂缝注浆（骑缝、围岩等）；⑤及时排水法。张文达提出隧道冻害整治措施应以治水为主，兼顾保温、加固围岩及衬砌、提高设计和施工质量，采取"电伴热带＋保温层＋排水盲管＋橡胶波纹板"的综合治水方案可有效地治理衬砌渗漏水挂冰病害。

综上所述，寒区隧道冻害治理形成了以防排水为主、隔热保温多道防线的综合处治技术，具体又可分为防排水法、防寒门法、铺设保温层法和供热法等，后两种方法将是寒区隧道治理的研究重点。

设置由保温水沟、中心深埋沟、防寒泄水洞及相关配套排水设施等组合而成的隧道保温排水系统，保证隧道排水畅通是从根源上解决寒区隧道冻害问题的有效措施。

5.7 寒区隧道保温层长度设计

寒区隧道保温层长度是工程设计、施工、养护的重要指标，国内学者对国内 35 座隧道的实测温度进行统计分析（没有考虑隧道有无设置保温层），35 座隧道纵向影响长度随洞口温度的变化见图 5-17。

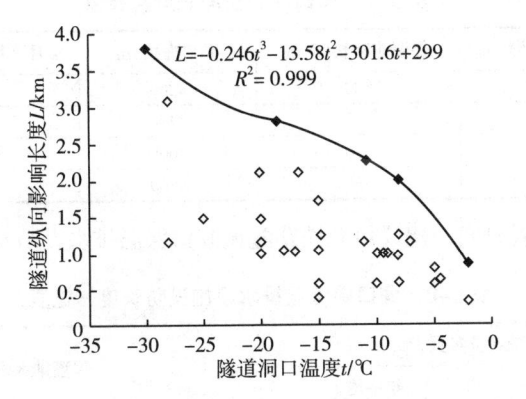

图 5-17 隧道纵向影响长度 L 与洞口温度 t 的关系

对不同隧道相同洞口温度下隧道纵向影响长度的上限值进行拟合，得到隧道纵向影响长度 L 与洞口温度 t 的关系式为：

$$L=-0.246t^3-13.58t^2-301.6t+299, \quad R=0.999 \tag{5-1}$$

目前，我国在确定高海拔寒区隧道洞口保温防冻设防长度时，主要采用或借鉴的方法有：黑川希范公式法、经验表格法、工程类比法、数值计算法、一般经验公式、工程实测法等。

（1）黑川希范公式法

根据黑川希范公式近似计算洞口保温层设防长度，计算公式如式（5-2）所示。

$$y=154.7(-t)^{0.604} \tag{5-2}$$

式中：t 为洞口气温（最冷月平均气温），℃；y 为保温段长度，m。

图 5-18 为采用日本黑川希范公式计算的隧道洞口保温防冻设防长度和洞口最冷月平均气温的对应曲线。该公式主要依托隧道洞口最冷月平均气温计算洞口保温防冻长度。

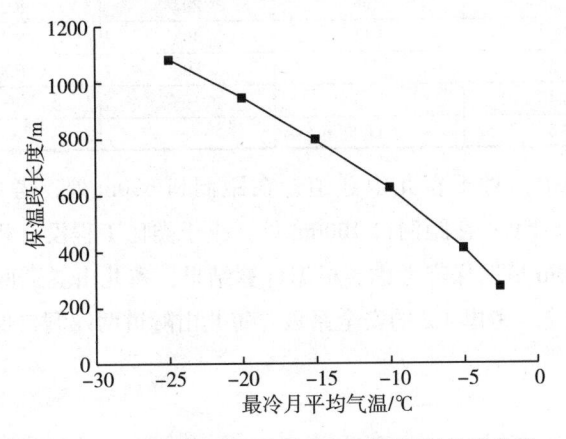

图 5-18 保温防冻设防长度与洞口气温关系曲线

（2）经验表格法

参考《铁路工程技术手册（隧道）》中有关寒区隧道保温水沟的参数，考虑了寒区隧道内通风、地下水渗流速度等对围岩冻结的影响，基于隧道洞口海拔高度和最冷月（1 月）平均气温提出了洞口保温防冻设防长度的经验表格，表 5-7 为洞口保温防冻长度的经验值。

表 5-7 洞口保温防冻长度经验值

洞口海拔 /m	1月平均气温 /℃	保温防冻长度 /m	洞口海拔 /m	1月平均气温 /℃	保温防冻长度 /m
3300	-10	680	4200	-13	830
3600	-10.5	690	4400	-14	860
3800	-11	710	4600	-15	900
4000	-12	750	4800	-16	930

另外，根据国内学者研究，建议川藏铁路隧道洞口保温排水设防长度如表 5-8 所示。

表 5-8 洞口端保温排水设施设防长度一览表

设计分区	气象特征参数 /℃		保温排水设施建议长度
	1月平均 t	年平均 t_0	
I	$-1.5 < t \leq 0$	$t_0 > 8$	隧道洞口段保温排水设施的设置长度不小于 300 m
II	$-4.5 \leq t \leq -1.5$	$4 \leq t_0 \leq 8$	隧道洞口段保温排水设施的设置长度不小于 500 m
III	$t < -4.5$	$t_0 < 4$	隧道洞口段保温排水设施的设置长度不小于 1000 m

（3）工程类比法

以同处川西高原的鹧鸪山隧道为基础与雀儿山隧道进行工程类比，在自然通风条件下，鹧鸪山隧道贯通后 1 年洞内实测纵向温度见表 5-9。由表 5-9 可知，距离洞口距离越大，洞内年平均气温越高，年振幅越小。

表 5-12 鹧鸪山隧道贯通后 1 年洞内纵向气温

进口洞内纵向气温			出口洞内纵向气温		
距洞口距离 /m	年平均气温 /℃	年振幅 /℃	距洞口距离 /m	年平均气温 /℃	年振幅 /℃
30	5.98	5.78	8	5.08	7.79
80	6.24	5.56	53	6.15	5.71
180	6.84	4.88	103	7.47	4.54
280	7.16	4.56	203	8.07	3.06
380	7.79	4.11	403	8.66	2.58
490	8.50	3.40	503	8.85	2.70
589	8.76	3.23	—	—	—
690	9.31	3.00	—	—	—

在类比分析过程中，对于雀儿山隧道，在距洞口 500m 处，考虑到年平均气温升高 3.8℃，温度振幅降低 5.1℃；在距洞口 1000m 处，由于类比工程没有相应的实测数据，安全起见，仍按距洞口 500m 情况保守考虑。根据计算结果，雀儿山隧道两端洞口保温设防长度只需 750m，但为了安全，考虑 1.2 的安全系数，雀儿山隧道两端洞口保温防冻设防长度可取 900m。

（4）数值计算法

根据雀儿山隧道实际尺寸建立山体和隧道模型。在数值计算中，分别取外界环境温度 -10℃、-4℃、2℃ 和 8℃ 共 4 组参数值分别计算，参考实测风速数据计算。

（5）工程测试法

在雀儿山隧道贯通运营后，对其冬季洞内纵向温度和洞内风速进行了监测，现场监测情况如图 5-19 所示。图 5-20 为雀儿山洞内纵向月平均温度曲线（2018 年监测数据，其后两年监测数据与其非常接近）。从图 5-20 曲线可看到，甘孜端洞口，全年的各月月平均温度均高度于 0℃，最冷月月平均温度约 7℃；德格端洞口，全年约有 6 个月月平均温度低于 0℃，最冷月月平均温度约 -9℃，洞内月平均温度低于 0℃ 的洞身长度超过 1500m，两端温度环境存在显著性差异，呈现非对称性特征。出现这种现象的主要原因为该隧道全年风向均由德格端至甘孜端，在冷季，冷空气源源不断由德格端洞口进入，造成洞内负温；甘孜端洞口，外界冷空气进入甘孜端洞口相对微弱，其内空气流动是依赖德格端自然风的影响而造成，同时加之地热影响，洞内冷空气到达一定洞身距离后，空气温度开始由负温逐渐变为正温。

(a) 温度测试　　(b) 风速测试

图 5-19　现场监测布置

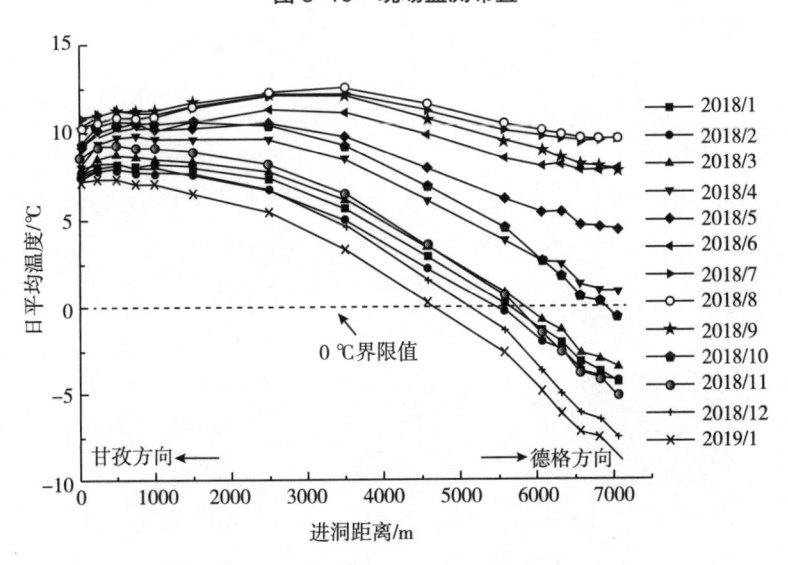

图 5-20　雀儿山隧道洞内纵向月平均气温曲线

因此，根据实测结果，对于雀儿山隧道宜采用非对称保温防冻设防方式，即在德格端增加设防长度，在甘孜端考虑冬季洞口冷空气扰动可能导致洞内负温情况的设防长度即可。综上所述，雀儿山洞口保温防冻长度东口设置为 200~300m，西口设置为 1500~1600m 较为合适（见表 5-10）。

（6）修正经验公式法

以实测数据为依据，修正黑川希范公式，得到

$$Y = A \times 154.7(-t)^{0.604} \pm B \qquad (5\text{-}3)$$

表 5-10 各确定方法优缺点探讨

确定方法	优点	缺点
黑川希范公式法	简单、易用	未涉及海拔高度、隧道长度、洞内通风状况等关键因素，应用存在局限性
经验表格法	简单、易用	作为经验值，未涉及海拔高度、隧道长度、洞内通风状况等关键因素
工程类比法	较可靠	不同隧道的气象、地形等差异往往较大，类比结果的合理性很难保证
数值计算法	较可靠	计算建模过程复杂，推广使用不便
工程实测法	可靠	现场监测存在滞后性，往往需贯通后并经历 1 个冬季才能初步确定
修正经验公式法	基于实测数据，较可靠	海拔修正系数和环境影响量参数还需验证

第6章 多年冻土地区公路养护

冻土是指温度低于0℃，且含有冰的岩土或土壤，是由固体矿物颗粒、理想塑性的冰包裹体（胶结冰和冰夹层）、未冻水（薄膜结合水和液态水）、气态成分（水蒸气和空气）组成的非均匀多相颗粒材料。冻土分为多年冻土和季节性冻土，其中土体冻结时间超过两年的称为多年冻土。冻土是一种对温度极为敏感的材料，尤其是对于温度低于冰水相变温度1~2℃范围内的冻土，温度变化会导致冻土内冰晶的胶结强度以及未冻水含量发生显著变化，进而对其物理力学性质产生严重影响。

目前，在狭窄的青藏工程走廊内已经密集分布着青藏公路、共玉高速、青藏铁路、格拉输油管道、兰西拉光缆、青藏输变电线路等重大冻土工程（见图6-1）。

图6-1 冻土形态及特性

中国是继俄罗斯、加拿大之后的世界第三大冻土国。我国的多年冻土分布面积约占陆地面积的22%。我国多年冻土分为两种类型：一种是高海拔多年冻土；另一种是高纬度多年冻土。前者主要分布在西部的青藏高原等地，后者主要分布在东北的大、小兴安岭和松嫩平原北部。多年冻土约占国土面积的22.3%，冻深在2m以上，有的可达几十米。季节冻土主要分布于东北、华北和西北地区，其冻结深度随气候条件而不同，一般为0.5~2.0m。

青藏高原多年冻土是世界上中低纬度地区分布最广、海拔最高的多年冻土区，以青藏公路部分地段为例，冻土参数统计如表6-1所示。青藏公路沿线冻土类型划分如表6-2所示。

表6-1 青藏公路（K2879~K3630）路段冻土类型及长度

类型	大片连续多年冻土	岛状多年冻土	季节冻土	多年冻土中融区
累计长度/km	422.6	24	127	177.4

表6-2 青藏公路沿线冻土类型划分

类别	年平均地温/℃	多年冻土厚度/m	分布位置
极不稳定类	0~-0.5	0~20	西大滩、沱沱河、通天河、捷步曲河
不稳定类	-0.5~-1.5	20~60	楚玛尔河、北麓河、乌丽、布曲河、扎加藏布河
亚稳定类	-1.5~-3.0	60~100	可可西里、开心岭、头二九山
稳定类	<-3.0	>100	昆仑山、可可西里山口、风火山、唐古拉山

目前，永久冻土的热稳定性和工程稳定性的重要指标依旧是其长期温度观测。除沿两条公

路和青藏铁路线的观测外,新建的地温观测钻孔总数达到一百多个。赵林等人通过地温数据的研究,总结了青藏高原永久冻土地温的平面分布。近几十年内永久冻土活动层底部温度表现出不断上升的趋势,平均为 0.486℃/10a。

6.1 多年冻土分类

根据《多年冻土地区公路设计与施工技术细则》(JTG/T D31-03-2012),多年冻土是指冻结状态持续两年或两年以上的土(岩)。按含冰量可分为少冰冻土、多冰冻土、富冰冻土、饱冰冻土和含土冰层五类。其中,富冰冻土、饱冰冻土和含土冰层统称为高含冰量冻土,各类冻土可按表6-3的规定进行分类。

表6-3 各类冻土分类

冻土类型	土的类别	总含水率 ω/%	融化后的潮湿程度
少冰冻土	粉黏粒含量≤15% 粗颗粒土(包含碎石类土、砾、粗、中砂,以下同)	$\omega < 10$	潮湿
	粉黏粒含量>15% 粗颗粒土	$\omega < 12$	稍湿
	细砂、粉砂	$\omega < 14$	
	粉土	$\omega < 17$	
	黏性土	$\omega < \omega_P$	坚硬
多冰冻土	粉黏粒含量≤15% 粗颗粒土	$10 \leq \omega < 15$	饱和
	粉黏粒含量>15% 粗颗粒土	$12 \leq \omega < 15$	
	细砂、粉砂	$14 \leq \omega < 18$	潮湿
	粉土	$17 \leq \omega < 21$	
	黏性土	$\omega_P \leq \omega < \omega_P+4$	硬塑
富冰冻土	粉黏粒含量≤15% 粗颗粒土	$15 \leq \omega < 25$	饱和出水(出水量小于10%)
	粉黏粒含量>15% 粗颗粒土		
	细砂、粉砂	$18 \leq \omega < 28$	饱和
	粉土	$21 \leq \omega < 32$	
	黏性土	$\omega_P+4 \leq \omega < \omega_P+15$	软塑
饱冰冻土	粉黏粒含量≤15% 粗颗粒土	$25 \leq \omega < 44$	饱和出水(出水量为10%~20%)
	粉黏粒含量>15% 粗颗粒土		
	细砂、粉砂	$28 \leq \omega < 44$	饱和出水(出水量小于10%)
	粉土	$32 \leq \omega < 44$	
	黏性土	$\omega_P+15 \leq \omega < \omega_P+35$	流塑
含土冰层	碎石类土、砂类土、粉土	$\omega > 44$	饱和出水(出水量为10%~20%)
	黏性土	$\omega > \omega_P+35$	流塑

6.2 不良冻土地质现象

(1)不良冻土现象及其产生原因。土体的冻结和融化作用产生对工程不利的新形成物,如冰锥、冻胀丘、融冻泥流、热融湖(塘)等现象,又称不良冷生现象,如图6-2所示。

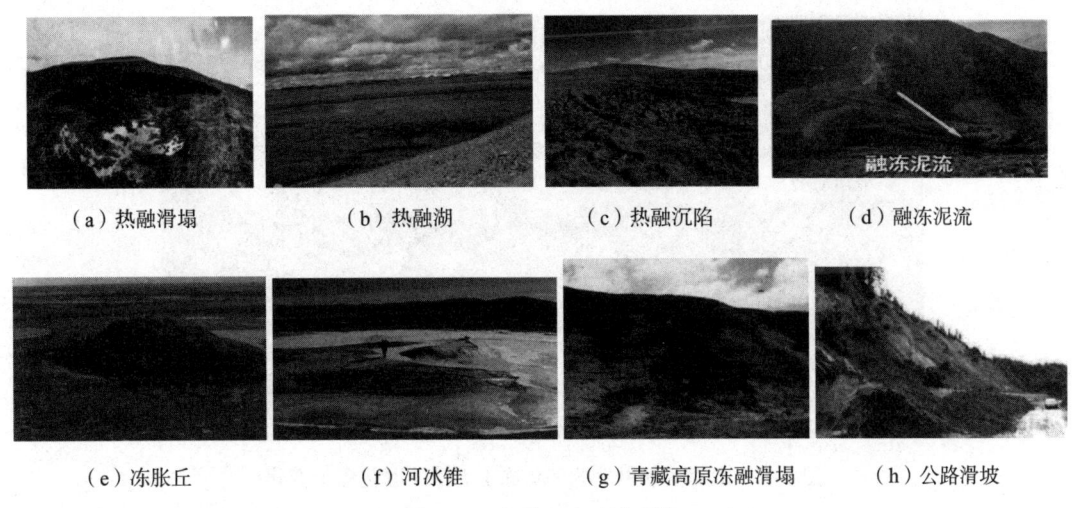

(a) 热融滑塌　　　(b) 热融湖　　　(c) 热融沉陷　　　(d) 融冻泥流

(e) 冻胀丘　　　(f) 河冰锥　　　(g) 青藏高原冻融滑塌　　　(h) 公路滑坡

图 6-2　各种不良冻土现象

（2）工程活动引发融化盘变化。采暖建筑物下，多年冻结地基土发生融化的部分，一般形如盘、盆状，称为融化盘，其作用如图 6-3、图 6-4 所示。

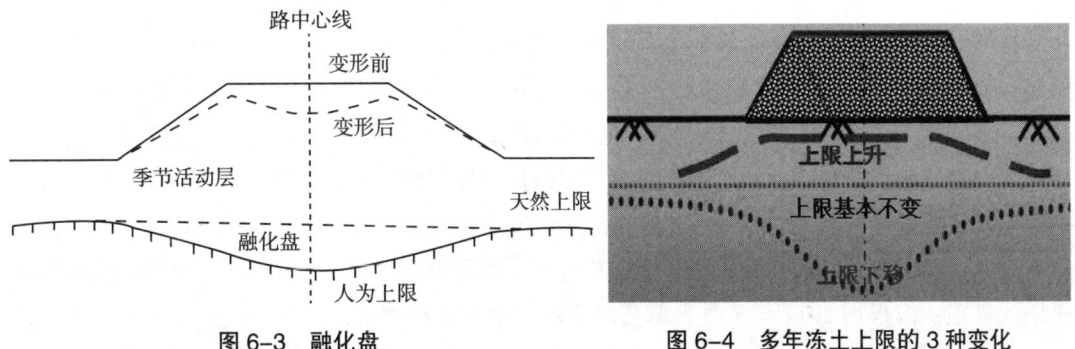

图 6-3　融化盘　　　　　　图 6-4　多年冻土上限的 3 种变化

修建公路（铁路）路基时，压实地表或铲掉植被、路堤填土或其他结构形式，均改变了原来季节融化层保温效果，有可能使多年冻土发生三种变化，即①上限下移：上限下移造成较大冻胀融沉变形。②上限基本不变：修建公路（铁路）采取各种措施，使多年冻土上限不下移，保证工程建筑物稳定。③上限上升。

（3）冻土区筑路的难度及核心问题。在多年冻土地区的地表往下一定深度的土层（一般 3m 以内），暖季融化，寒季冻结，随季节而变化，循环不已，此土层称为季节融冻土层，多年冻土与季节融冻层的交界处称为多年冻土的上限。季节融冻层能保持多年冻土层的顶面经常处于负温状态，使其有一个较为稳定的上限，所以这个季节融冻层是天然的保温层。如果破坏了它，或在上面加土覆盖，都将引起多年冻土的上限温度升高或降低。在路基施工中，总要改变这季节融冻层的状态，融冻层改变后，常以人工保温层来恢复原有的温度，防止可能发生的冻害。

冻土区筑路技术问题难度：自然条件的变化（气温升高）和工程活动热影响，使多年冻土发生变化（地温升高、上限变化），体现在工程上就是冻胀融沉变形影响工程建筑物的稳定，如图 6-5 所示。

冻土区筑路技术核心：通过相应的工程结构和工程措施控制多年冻土层温度，控制多年冻土的活动层（季节融化层）变化，从而控制活动层的冻胀融沉变形，使其上工程建筑物在运营过程中的变形控制在允许范围内。因此，控制冻胀融沉变形是冻土区筑路技术的核心问题。

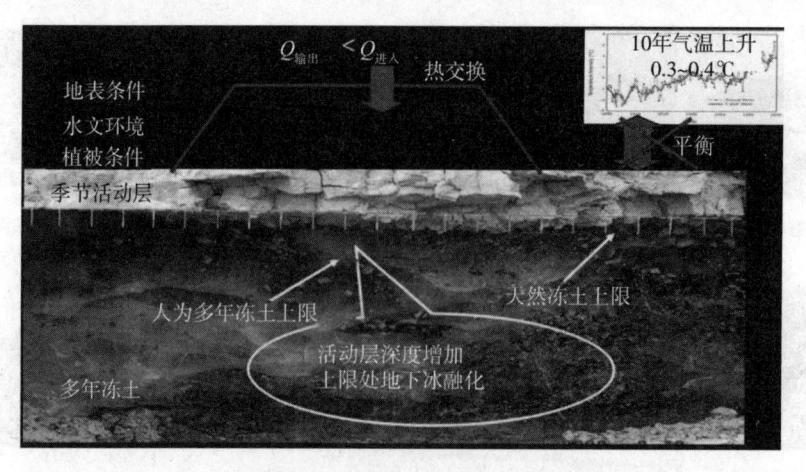

图6-5 工程活动引发的多年冻土上限（融化盘）变化

6.3 冻土公路病害

在2008年青藏公路格尔木至拉萨段改建完善工程中，根据研究成果中的多年冻土地区路基设计原则，按整治改建路段中的多年冻土区不同的冻土类型，在多年冻土区共设计了42.042km的特殊路基，包括热棒路基、通风管路基、XPS板路基、片块石通风路基、热棒—XPS板复合路基、热棒—片块石通风路基、以桥代路等多种特殊路基在青藏公路上进行了大规模应用。根据设计原则，少冰、多冰多年冻土区以填土路基为主，富冰、饱冰以片块石路基为主，饱冰、含土冰层以热棒及热棒复合路基为主。因为建成时间较短，特殊路基整体的应用效果还未显现，但根据2011年7月青藏公路现场的调查资料显示，已有少量特殊路基出现明显的病害特征。其中：良好率达到72.68%。但是，病害严重路段总占比例也不少，接近19%，且病害一般路基向病害严重路段发展趋势很明显（见表6-4）。

（1）路基病害

1）病害表现形式。历年来的大量调查、勘探与现场实体观测资料表明，青藏公路的路基变形是以沉降变形为主，冻土路基下多年冻土的融化使路基产生不均匀下沉，这类热融陷变形占路基病害路段的80%以上。路基病害的主要表现形式为：路基的横向倾斜变形；阳坡路基变形过大而引起的纵向裂缝与路基开裂；纵向凹陷与波浪沉陷。路基病害主要发生在高含冰量的高温冻土地段，究其原因是路基病害地面下地温逐年升高，地下冰融化，多年冻土上限逐年下降所致，如图6-6所示。

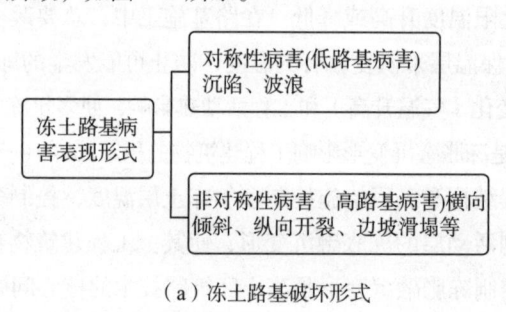

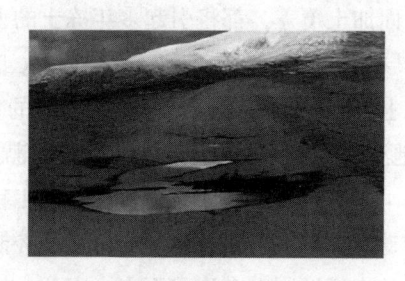

（a）冻土路基破坏形式　　（b）融沉

(c）波浪　　　　　（d）路面开裂（1）　　　　　（e）路面开裂（2）

图 6-6　冻土路基病害

表 6-4　青藏公路沿线典型路段沥青混凝土路面下路基多年冻土上限变化

地名		里程/km 1990 观测	沥青混凝土路面下冻土上限/m			冻土类型
			2001 年观测	变化范围		
楚玛尔河	斜水河~清水河南	K2932~K2958	2.4~6.0	6.0~8.0	2.0~3.6	H、B、F、D
	楚玛尔河高平原~五道梁	K2963~K3000	2.5~4.6	7.0~8.5	3.9~4.5	H、B、F、D
可可西里	五道梁南坡及盆地	K3004~K3013	3.5~4.1	6.5~7.5	3.0~3.4	H、B、F、D
北麓河	曲水河~秀水河	K3033~K3044	2.8~5.3	2.7~7.0	1.7~2.9	H、B、D、R
风火山	北麓河南~风火山沟口	K3051~K3062	3.0~5.4	5.5~8.5	2.5~3.1	H、B、F、D
	风火山西南坡	K3077~K3082	2.6~3.8	6.0~8.2	3.4~4.4	B、D
乌丽盆地	乌丽盆地北段	K3110~K3115	2.3~3.0	6.5~7.0	4.0~4.2	H、R
	乌丽哑口南坡	K3128~K3131	4.1~5.0	7.0~7.6	2.6~2.9	B、R
沱沱河	沱沱河北岸北段洼地	K3136~K3148	3.4~6.0	7.0~7.5	1.5~3.6	H、B、D、R
	沱沱河南岸阶地	K3155~K3159	3.1~3.6	6.5~7.4	3.4~3.8	B
捷布曲河谷	二十二工区以南	K3392~K3396	7.0 左右	9.0~11.5	2.0~4.5	B、F、R
	矿泉水厂北段	K3402~K3413	6.0~7.0	8.5~12.0	2.5~5.0	B、F、R

注：R、D、F、B、H 分别表示融区、多冰冻土、富冰冻土、饱冰冻土和含土冰层。

2）路基病害分析。根据近年来对青藏公路的病害调查资料，统计分析了沉陷病害率、波浪病害率、路基纵向裂缝病害率、路面网裂病害率、翻浆病害率与冻土地温、含冰类型、路基高度的关系，分析结果明确地表述多年冻土地区各种道路病害与多年冻土特征、路基高度的关系，如图 6-7 和图 6-8 所示。

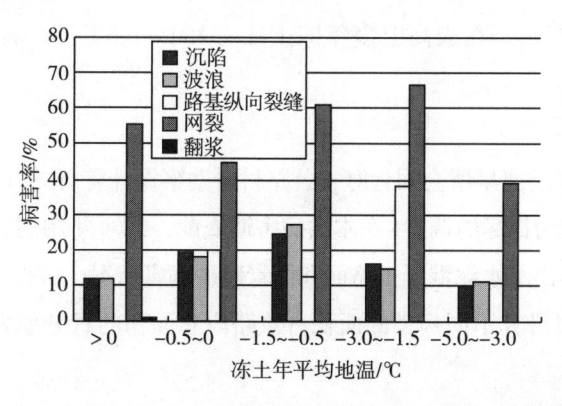

图 6-7　多年冻土地区不同类型公路病害与冻土年平均地温的关系

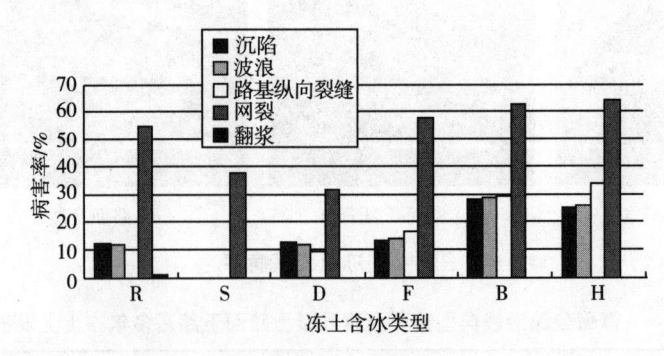

图 6-8　多年冻土地区公路不同类型病害与冻土含冰类型的关系

图 6-7 为多年冻土地区不同类型公路病害与冻土平均地温的关系，其中主要统计了路基沉陷、波浪、纵向裂缝以及路面的网裂与平均地温的关系。从图 6-7 中可以看出，路基病害主要以沉陷和波浪为主，这是由于修筑路基以后改变了路基下水热平衡条件，路基下冻土融化，多年冻土上限下移后形成了软弱层。公路是个线性工程，多年冻土沿公路不是均匀分布，因此软弱层的分布也不是均匀的，由软弱层引起的路基沉降，反映到路面上时也就没有规律性。

由于路基下软弱层厚度、含水量、形成时间的不同，形成了波浪、沉陷等不同程度的路基病害。在高温多年冻土区（0~-1.5℃），波浪和沉陷的发生率在 20% 左右，而在低温多年冻土区（低于-1.5℃），波浪和沉陷的发生率有明显下降，说明高温多年冻土区路基的稳定性是比较差的。

图 6-8 为多年冻土地区公路不同类型病害与冻土含冰类型的关系。从图 6-8 中可以看出，在少冰多年冻土区，主要病害为路面的网裂，基本状况良好，基本无病害。而在多冰、富冰多年冻土区，逐渐出现了沉陷、波浪等路基病害，但发生率不高，基本上在 10~15% 的范围。而在饱冰、含土冰层多年冻土区，波浪和沉陷的发生率很高，基本上在 30% 左右。通过分析可知，在多年冻土含冰量较低的情况下，多年冻土病害发生的严重程度主要与路基高度及运营时间有关，冻土温度对病害的影响不大；但在高含冰量多年冻土区（饱冰以上），多年冻土病害的严重程度主要与多年冻土地温有很大关系，在高温多年冻土区（小于-1℃），病害随时间的发生率很高，在极高温多年冻土区（大于-0.5℃），病害发生得更早且更为严重。

（2）路面病害

2008 年 6 月，中科院寒旱所会同青海省公路科研勘察设计院对 G214 线姜路岭-清水河段路面病害进行了一次较为详尽的调查（在本次病害调查前，2004 年刚刚完成路面的整治工作）。本次调查分别分段总结出了水泥混凝土路面和沥青路面病害状况（根据冻土类型进行分段），路面病害的统计是通过计算不同病害的面积占该路段总面积的百分率表示，主要病害类型见图 6-9~图 6-11 所示。

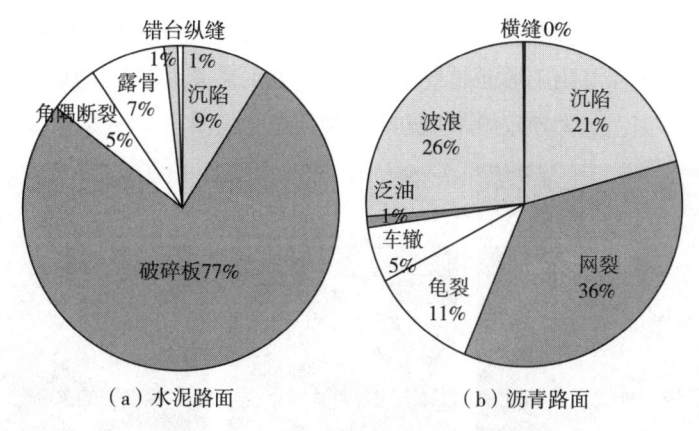

图 6-9 G214 线路面主要病害形式

(a) 水泥路面：破碎板 77%，沉陷 9%，露骨 7%，角隅断裂 5%，错台 1%，纵缝 1%

(b) 沥青路面：网裂 36%，波浪 26%，沉陷 21%，龟裂 11%，车辙 5%，泛油 1%，横缝 0%

图 6-10 多年冻土区沥青路面 3 种病害现象（开裂、车辙、老化）

图 6-11 多年冻土区水泥混凝土路面两种病害现象（断裂、松散）

1）通过对 G214 线姜路岭至清水河段路面使用状况的踏勘得出，沿线沥青路面的病害率为 4.86%，水泥混凝土路面的病害率为 12.93%，沥青路面的适应能力强于水泥混凝土路面。

2）通过分析得出多年冻土区路面病害程度的分布规律：水泥混凝土路面整体上呈现富冰以上冻土路段略大于少冰、多冰冻土路段，两者差别不显著；而沥青路面随含冰量的增加变化显著，富冰以上冻土区明显大于少冰、多冰冻土区，少冰、多冰冻土区明显大于季节冻土区，呈现明显的分区现象。

3）沉陷率病害分析表明，沿线大部分地区水泥路面的沉陷率基本均小于沥青路面的沉陷率。因此，在部分多年冻土区采用水泥混凝土路面可在一定程度上提高路基路面的热稳定性，从而可以降低路面的沉陷破坏率。但由于水泥路面脆性大，其纵向断裂和破碎板病害比较严重。

另外，穿越永久冻土区宽幅沥青路面的病害形式主要有：因冻土土基融化导致其上结构不均匀融沉病害；因冻土路基阴阳坡面热量收支差异引发的路面纵向开裂病害；因冻土路基热害处置措施引起的局部温差过大导致的路基边坡开裂问题（见图6-12）。

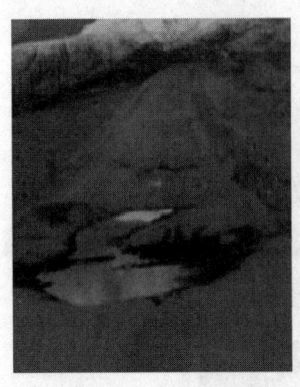

（a）热蚀融沉　　　　　（b）纵向开裂　　　　　（c）热管边坡开裂

图6-12　青藏高原地区沥青路面水热病害

综合以上病害及问题易知，其根本原因在于永久冻土区宽幅沥青路面路域范围内的原状冻土土体热平衡状态易受周围环境热量的影响，进而引起下部永久冻土上部活动层的冻融行为，使得冻土土基失去了原状冻结态的强度与结构稳定性，并且在路基路面的自重及车辆的长期荷载下，不均匀的结构形变逐步累积，最终导致路基结构失稳及沥青路面的水热病害。

（3）桥涵病害。青藏公路沿线的桥梁原以明挖基础和桩基础为主，后经历次改建，现在大部分采用的是桩基础，使用情况良好。目前，多年冻土区桥梁病害主要集中在附属工程及桥梁上部结构上，其中以锥体护坡破坏及桥下铺砌破坏为甚。根据2007年的调查资料，桥梁病害主要表现形式包括：与冻融环境有关的桥墩台严重剥蚀、柱桩漏筋，桥面铺装脱落；与显著（不均匀）融沉/冻胀变形有关的多孔桥面波浪形变形，桥梁地板较大变形及板底混凝土脱落漏筋，预制板梁开裂和挠曲变形，桥台翼墙倾斜与断裂，墩台基础整体上抬并伴有倾斜，墩台横向拔断或剪断，导流堤冻胀、沉陷、坍塌，锥坡冻胀、沉陷、八字墙倾斜；与水流有关的桥下铺砌及截水墙被掏空破坏。

青藏公路涵洞工程的病害类型可划分为以下4类：①洞身涵台的开裂与下沉；②涵洞进出口的破坏；③涵底铺砌的破坏；④涵洞冰塞或淤积。病害原因主要有：①冻胀、融沉作用，这种病害在涵洞结构物中较为普遍，主要是由于涵洞基础埋深不够（一般都埋藏较浅，基础处于人为上限以上），基础下地基土经历季节冻、融作用，进而发生周期性的不均匀冻胀和融沉而造成的；②泥石流淤塞及洞内冰塞，在较陡的由风化碎屑覆盖表面的山坡上，融冻泥流沿沟谷下泄到涵洞内堆积堵塞；③施工原因，钢筋混凝土盖板涵施工时开挖基坑、砌筑基础等作业，改变了原地层的水热平衡，如果因施工材料供应不及时或其他原因使基坑暴露时间过长而积水，大量的热量（太阳辐射能）进入冻土地基，使地温升高，基底冻土融化，人为上限下移，降低了地基承载力，在冻融作用下涵洞过早被破坏，最终会影响路基的稳定性。

桥梁病害主要表现为桩基融沉、冰害、附属工程及桥梁上部结构上。涵洞工程的主要病害是因冻胀、融沉作用、泥石流淤积与冰塞以及施工干扰所造成的（见图6-13）。

图 6-13 多年冻土区桥梁涵洞冻胀沉降变形

（4）隧道病害。寒区隧道衬砌病害与和非寒区隧道具有一些共性病害，如渗漏水、衬砌开裂、背后空洞和衬砌厚度不足等，但作为一个特殊地下工程，其病害也有鲜明差异。随着地下工程的兴起，我国众多的寒区隧道，如牙林线的岭顶隧道、西罗奇 2 号隧道、白卡尔隧道、西北的乌鞘岭隧道和七道梁隧道等，在运营期间都出现了不同程度的冻害问题，新疆国道 217 线天山段甚至在运营几年后就形成冰塞而报废。对高纬度地区统计了 122 座寒区隧道，有冻害的 51 座；高海拔地区统计 34 座隧道，有冻害的隧道达 15 座。2008 年沈丹线的 226 座隧道调查的衬砌主要病害表现为：渗漏水（30%）、衬砌腐蚀（28%）、衬砌开裂（15%）和冻害（13%）等。以上数据表明，冻害已经成为西北、华北、东北地区以及处于西南的青藏高原边麓地区（寒区）隧道衬砌一种重要的病害（见图 6-14）。

据国内文献，寒区隧道冻害具体分为以下 6 类：①衬砌渗漏水、挂冰；②隧道底部冒水、积水和冻胀；③衬砌开裂、剥落等；④隧道洞门墙开裂；⑤地表截排水沟、出水口冻结；⑥隧道洞口处热融滑塌（见图 6-15）。

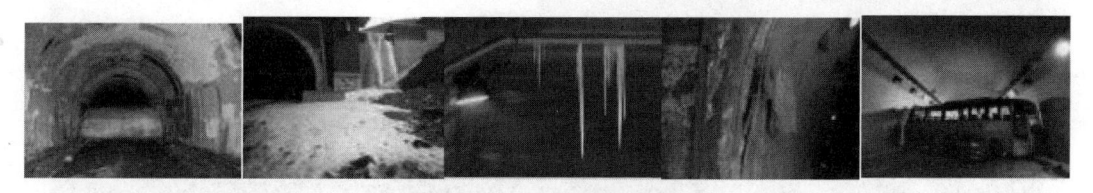

图 6-14 寒区隧道冻害

图 6-15 多年冻土区隧道病害场景

6.4 多年冻土区公路以桥代路条件

相关文献研究以桥代路的设置主要受到自然条件及冻土条件的制约，为了更经济、合理地设置以桥代路工程，可以遵循以下原则。

（1）路基工程在通过大面积的积水坑、热融滑塌、冻融泥流、热融湖塘等不良地表、地质条件路段时，采用桥梁形式通过。

（2）公路工程的修筑从自然保护区穿越，根据地形、地貌，有必要设置连续的桥梁工程，以减小公路工程对野生动物迁徙的影响，从而起到保护高原生态环境的作用。

（3）现有的多年冻土区特殊路基处理方案，在高温（0.0~-1.0℃）、高含冰量（饱冰、含土冰层）多年冻土区，病害治理效果并不明显。在有些极高温（0.0~-0.5℃）或含冰量极大的多年冻土区，特殊路基在施工完成后很快就产生了病害，特殊路基根本不可能在设计年限内保证路基的稳定性。随着公路等级的提高，高速公路条件下，更宽的路基以及更高的稳定性，在高温高含冰量多年冻土采用以桥代路形式通过，可以有效地保证路基工程的稳定性及耐久性，具有很高的应用价值。

青藏铁路格拉段的旱桥长度达到150km，其中青藏铁路第一长桥——清水河特大桥，全部采用8.0m小跨简支梁方案，共2878根桩基、1367个桥墩台，每墩由两个直径1.25m或1.0m钢筋混凝土灌注桩组成，全长11.7公里。青海省东北部的柴达尔至木里段地方铁路，全长142.04km，多年冻土段总长约75.69km，桥梁超过40余座。"以桥代路"旱桥结构由于采用长桩基础，承载力主要由桩侧与桩周永久性冻土层的冻结力及桩端冻土的抗力组成，避免了路基结构所遇到的冻胀、融沉等问题（见图6-16）。

图6-16 青藏铁路清水河特大桥

6.5 高海拔高寒地区高速公路建设技术研究试验示范工程

根据中交一公院"高海拔高寒地区高速公路建设技术"的研究，为解决多年冻土区因路基变宽而引起的一系列问题，必须采用现场调查、遥感解译、室内试验、理论分析、数值仿真和现场试验相结合的方法，特别是依托现有工程进行相应的试验示范（共玉公路和花大公路），才能发现现有多年冻土区路基、路面等工程处理措施的优缺点，进而优化处治方案，总结提炼适合青藏高原高速公路的合理技术与建设方案。另外，示范工程也可以反映多年冻土地区典型的技术措施（见表6-5）。

表6-5　多年冻土区（共玉高速）特殊结构路基试验示范段落明细

序号	起讫里程桩号	冻土类型	处治方案	备注
1	K566+400~K566+960	富冰冻土	片块石+单向导热路面复合式路基，设置1.2m片块石通风路基，采用单向导热路面	示范路段；单向导热路面可有效降低路面结构底层的正温，将其铺设在片块石层顶面可强化片块石层的内部对流，路基高度不足时采用
2	K567+250~K568+265	富冰、饱冰冻土	通风板+片块石复合路基，设置1.2m片块石通风路基，路面顶面下1m处设置通风板	示范路段；加强片块石通风制冷效果，路基高度足够时采用
3	K569+260~K569+320	富冰冻土	片块石路基（对比断面），设置1.2m片块石通风路基	对比路段；与下段连续，但路基高度不够，采用原设计方案，并与通风板+片块石复合路基对比效果
4	K569+320~K569+560	富冰冻土	通风板+片块石复合路基，设置1.2m片块石通风路基，路面顶面下2m处设置通风板	示范路段；加强片块石通风制冷效果，路基高度足够时采用
5	K569+560~K569+620	富冰冻土	片块石路基（对比断面），设置1.2m片块石通风路基	对比路段；与上段连续，但路基高度不够，采用原设计方案，并与通风板+片块石复合路基对比效果
6	K570+200~K570+380	富冰、饱冰冻土	通风路基（弥散式通风），地表设置弥散式通风管	试验路段；路基高度过大，基底吸热面大，用强制弥散式通风管道，可有效消除路基太高引起的风阻，强化冷空气通风效果
7	K570+380~K571+550	富冰、饱冰冻土	通风路基（加装自然导风口），设置横向通风管	示范路段；验证新措施效果
8	K572+150~K572+380	富冰冻土	热棒+XPS板复合路基，采用热棒+XPS板路基，热棒间距4m	试验路段；原方案路基高度不够，加宽后为强化冷却效果，加入热棒
9	K572+380~K572+550	富冰冻土	片块石路基，设置1.2m片块石通风路基	原方案不变
10	K572+550~K572+730	富冰冻土	热棒+XPS板复合路基，采用热棒+XPS板路基，热棒间距4m	试验路段；原方案路基高度不够，加宽后为强化冷却效果，加入热棒
11	K572+730~K573+080	富冰冻土	片块石路基，设置1.5m片块石通风路基	原方案不变，加高片块石层高度，强化制冷效果

续表

序号	起讫里程桩号	冻土类型	处治方案	备注
12	K573+080~K573+350	富冰冻土	热棒＋XPS板复合路基，采用热棒＋XPS板路基，热棒间距4m	试验路段；原方案路基高度不够，加宽后为强化冷却效果，加入热棒
13	K573+630~K574+460	富冰、饱冰冻土	片块石路基，设置1.5m片块石通风路基	示范路段；原方案不变

花大公路知亥代隧道示范内容包括：①高寒隧道防排水系统防冻保温技术措施；②隧道冻融灾变监测示范（见表6-6、表6-7）。

表6-6 试验示范工程段落路面结构形式

结构层	原施工图	试验段初步设计				
		结构一	结构二	结构三	结构四	结构五
上面层	4cmAC-13（A-110#沥青）	4cmAC-13（A-110#沥青）	4cmAC-13（A-110#沥青）	4cmAC-13（A-110#沥青）	4cmAC-13（A-110#沥青）	4cmAC-13（A-110#沥青）
下面层	5cmAC-16C（A-110#沥青）	5cmAC-20C（A-110#沥青）	5cmAC-20C（A-110#沥青）	5cmAC-20C（A-110#沥青）	5cmAC-20C（A-110#沥青）	5cmAC-20C（A-110#沥青）
下封层	1cmSBR改性沥青同步碎石	无	无	无	无	无
基层	18cm6%水稳碎砾石	12cmATB-25	18cmATB-25	18cmATB-25	12cmATB-25+6cmAC-20	18cmATB-25
底基层	18cm4%水稳砂砾	18cm4%水泥稳定碎石	18cm2%低剂量水泥稳定碎石	18cm级配碎石	18cm级配碎石	18cm土工格室加固级配碎石

表6-7 多年冻土区高速公路典型路面结构示范段落

共玉高速（分幅式路基路面）			花大公路（整体式路基）		
段落	长度/m	路面结构	段落	长度/m	路面结构
K566+400~K566+960	560	单向导热路面	K001+409~K002+615	1206	结构一
K566+960~K570+000	3040	路面结构二	K002+615~K003+880	1265	结构二
K570+000~K572+380	2380	路面结构三	K003+880~K005+220	1340	结构三
K572+380~K574+460	2080	路面结构四	K005+220~K006+560	1340	结构四
			K006+560~K007+640	1080	结构五

6.6 多年冻土路基典型技术及共玉四新技术

6.6.1 多年冻土路基典型技术

青藏铁路、青藏公路穿越的青南藏北地区是多年冻土最发育的地区，基本上呈连续或大片分布，沿线年平均地温在0~-4℃范围内，且根据年平均地温又将其分为不稳定冻土（大于-0.5℃）、亚稳定冻土（-0.5~-3℃）和稳定冻土（小于-3℃）。

多年冻土工程面临的主要问题是地基冻土退化引起的各类地质和构筑物病害现象。对于路基工程，冻土退化会直接导致路基承载性能劣化和融沉变形，因此保护冻土是多年冻土区路基工程建设的一贯原则。目前，多年冻土保护措施分为被动型和主动型两大类，被动型方法包括增大路堤高度和增设保温材料；主动型方法包括块石基底、块石护坡、通风管、热管等，具体措施详见表6-8、图6-17~图6-22。

表6-8 多年冻土地区路基养护对策对比分析

措施	使用效果	造价分析	应用建议
抛碎石护坡	在多年冻土地区的填土高度小于3m的路基工程中采用等粒径或有一定级配的碎石护坡，可有效减缓多年冻土地区路基下冻土的融化速率，控制冻土上限下移，增加冻土地区路基的稳定性，对多年冻土起到很好的保护作用	7.2万元/100m（阳面铺设1m，高2m，阴面铺设宽0.8m，高2m）	宜在大、中修中使用
热棒	可有效地防止多年冻土退化和融化，降低多年冻土地基的温度，提高多年冻土地基的稳定性，尤其适用在地—气温差、昼—夜温差、年气温差和风速都比较大的多年冻土地区	30万元/100m（两侧间隔4米，埋深7m）	造价较高，选择性使用
遮阳板护坡	在多年冻土地区，公路路基填土高度在3m以上时，采用遮阳板护坡效果比较明显，可有效降低地温，防止冻土融化，控制冻土上限下移，增加冻土地区路基的稳定性	12.5万元/100m（阳面铺设，遮阳板高70cm，路基高4m）	造价较高，维修成本较高，选择性使用
硅藻土护坡	由于硅藻土蓄水后才能充分发挥其热二极管的作用，所以适于应用在秋季降雨较多的多年冻土地区，或者改良硅藻土，提高硅藻土的持水能力，使其防护作用充分发挥	36万元/100m（阳面、阴面铺设，厚度50cm）	造价很高，技术存在问题，有待进一步研究
反压护道	多年冻土地区东西走向的路基，容易产生热融沉变形，阴阳面变化差异较大，易产生路基纵向裂缝，这样的路基适于反压护道防护	4.8万元/100m（阳面、阴面铺设，宽2m）	宜在大、中修中使用
纵向通风管路基	多年冻土地区解决路基两侧由于热融产生的融沉而引起的路面纵向开裂	10万元/100m（阳面铺设，管径30cm）	宜在大、中修中使用
碎石路基	该措施适用于高温不稳定的多年冻土地区	9.6万元/100m（在路基垫层下铺设，厚度120cm）	宜在大修中使用

注：上表中的造价数据来自2010年。

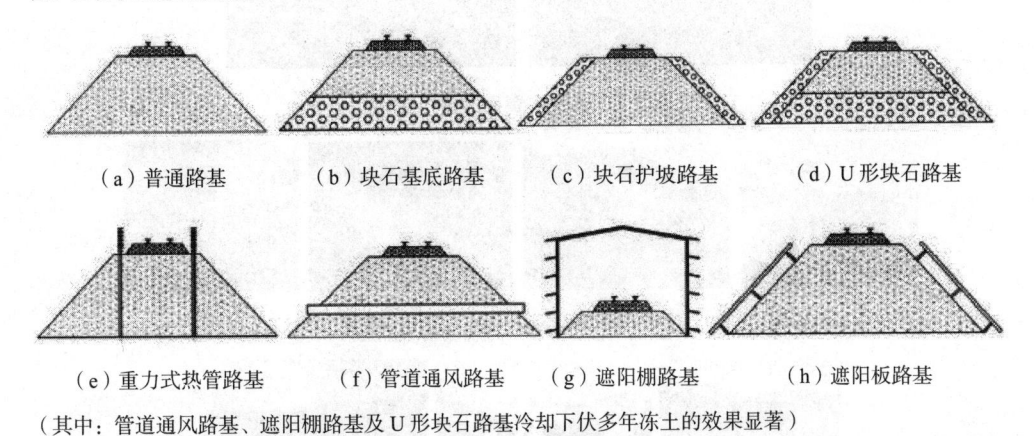

（a）普通路基　　（b）块石基底路基　　（c）块石护坡路基　　（d）U形块石路基

（e）重力式热管路基　　（f）管道通风路基　　（g）遮阳棚路基　　（h）遮阳板路基

（其中：管道通风路基、遮阳棚路基及U形块石路基冷却下伏多年冻土的效果显著）

图6-17 "主动冷却"理念设计的青藏铁路8种冻土路基形式

图 6-18 XPS 隔热层路基施工场景

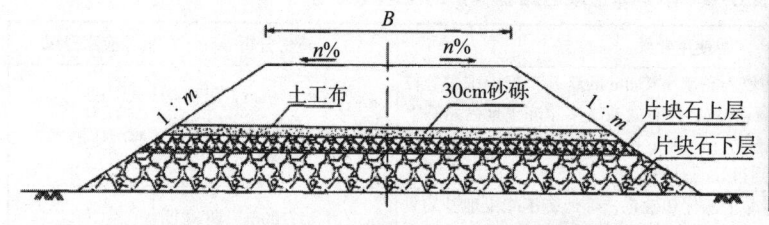

图 6-19 片块石路基设计示意图

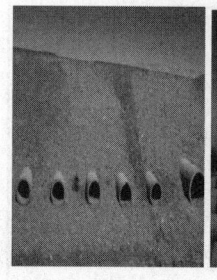

(a) 通风管路基　(b) 钢筋混凝土预制管　(c) 傍晚开始通风（带风门的通风管）　(d) 中午通风管关闭

图 6-20 通风管路基工作场景

图 6-21 热棒在青藏公路上的应用

(a) 抛石护坡　(b) 热棒设置　(c) 遮阳棚设置　(d) 硅藻土护坡

(e) 纵向通风管护坡　(f) 通风管路基　(g) 青藏铁路的 U 形块碎石路基新技术

图 6-22 多年冻土区常见路基

[新技术——基于新能源制冷技术的多年冻土路基维护方法]

基于新能源制冷技术，提出一种新的多年的冻土保护方法，并设计与制作两款路基专用制冷装置。结果表明：现有多年冻土保护措施局限于调节自然温差传热过程，具有季节匹配性差和冷却效率低的不足。制冷技术可在暖季将热量由低温冻土传递向高温大气环境，实现对冻土热量收支状态的实时严格控制。压缩式和吸附式制冷方法具有一体化、小型化、高效化等有利于路基应用的优势，多年冻土区丰富的太阳能和风能可解决路基制冷驱动来源的分散供应问题。所提出的压缩式制冷管和吸附式制冷管在暖季的制冷温度分别达到 -15℃ 和 -3℃。在实际应用中当多年冻土退化较为严重或路基变形控制要求较高时，建议采用压缩式制冷装置，反之则建议采用吸附式制冷装置（见图 6-23、图 6-24）。

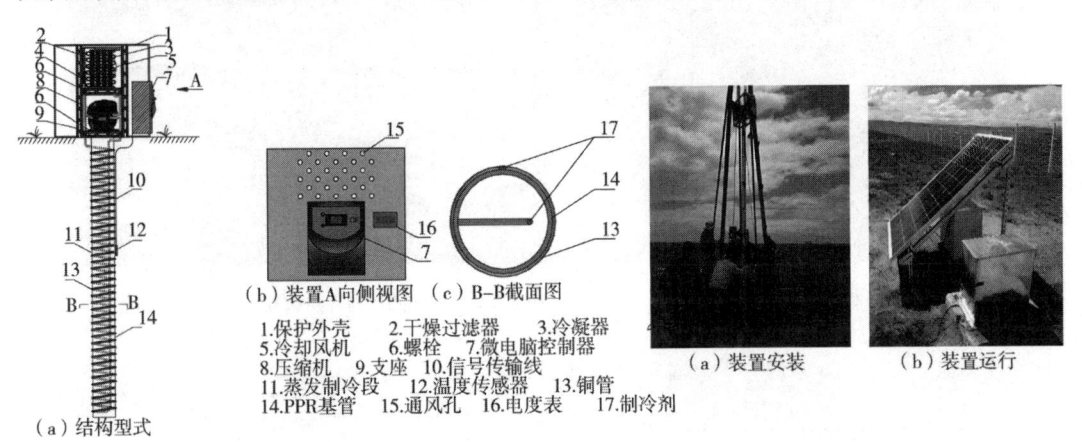

图 6-23 面向多年冻土区路基工程的压缩式制冷管及现场试验

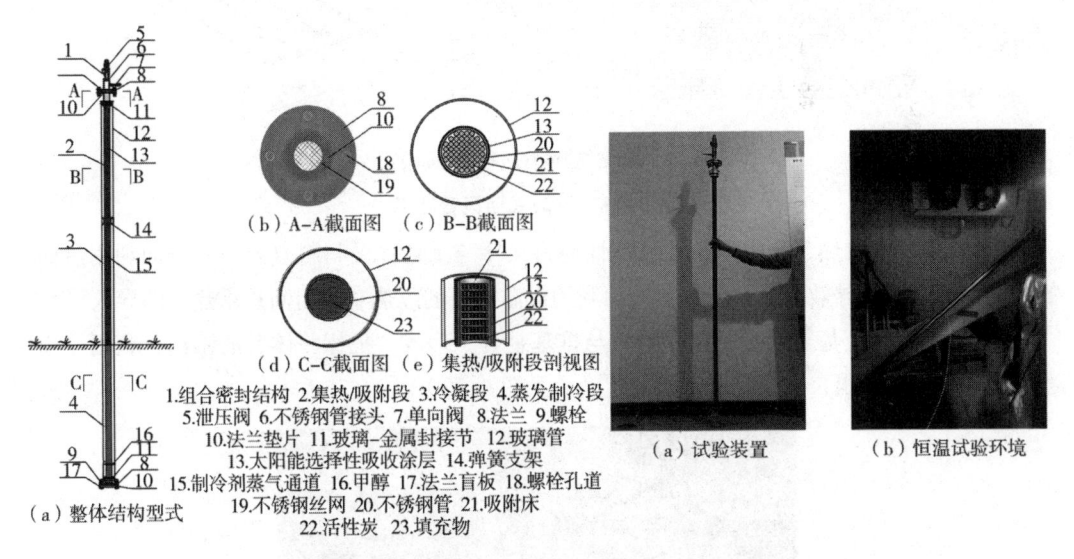

图 6-24 面向多年冻土区路基工程的太阳能吸附式制冷管及室内试验

6.6.2 共玉高速公路四新技术

（1）理论方法自主创新：修建在冻土地基上的路基稳定性与路基自身的尺度关系极大，首创冻土路基尺度效应理论，揭示高速公路尺度增大后引发的冻土热融机理演化规律，解释为什么高速公路路基的稳定性问题比铁路和二级公路严峻得多。而基于此创建的冻土路基能量平衡设计理论,是通过一定的工程措施和技术手段,使得冻土地基恢复平衡状态,以保证路基稳定。

(2)路面热能定向调控:黑色沥青路面是冻土路基吸热的主要来源。单向导热路面是通过在路面结构层不同层位添加不同热物理性质的工业材料,调节路面的导热性能,实现路面结构的热量快速散发。

(3)通风换气增强:大量采用通风管、片块石等基底通风路基,针对路基尺度增大后的热融风险剧增难题,在通风管、片块石路基基础上,采用自动温控、太阳能风机强制弥散式通风等方式,变自然通风为强制通风(见图6-25)。

(a)强制弥散式通风路基　　(b)单向导热路面与片块石复合路基工作原理

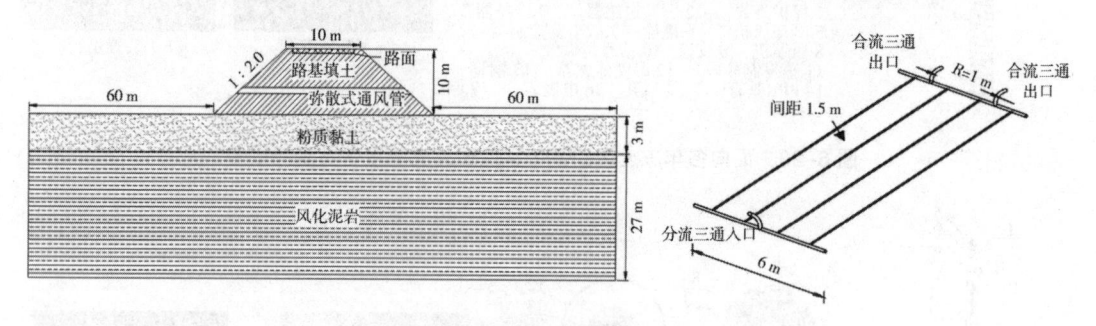

(c)弥散式通风管路基结构示意图

图6-25 弥散式通风管路基

(4)导冷、阻热、调控复合:创造性地将热棒与工业保温材料复合:一方面利用热棒在冬季优良的热量传导效能散热;另一方面利用保温材料的隔热功能阻断夏季热量的导入。

(5)热棒与桩基复合:将热棒结构与桩基复合,形成"桩棒一体"的结构,利用热棒快速将桩基水化热导出,减少对冻土层的扰动(见图6-26)。

图6-26 桩棒一体化工作原理

（6）生态防护优化：将原有开挖的草皮先集中养护，待施工完成后，再铺筑在路基边坡表面，既恢复了原始地表、保护冻土，又与当地生态环境融为一体。为此，沿线群众称赞共玉公路为"草原上长出来的公路"。

共玉高速建设，我国在冻土路基、桥梁、隧道等方向形成理论方法与系列技术等原创性成果，成功突破了高海拔冻土区高速公路建设禁区。国际冻土协会认为，共玉公路成功建设树立了国际冻土工程新的里程碑。

6.7 多年冻土路基病害及其防治

6.7.1 《公路路基养护技术规范》（JTG 5150—2020）中"多年冻土路基"的规定

（1）多年冻土路基防排水设施的养护与维修加固应符合下列规定：①地下水发育的多年冻土路基，应保证路基边沟防渗措施有效。②截水沟、挡水埝因冰冻厚度过大不能满足挡水要求时，应及时进行清理、疏通，防止冰水溢出形成路面聚冰。

（2）多年冻土路基防排水设施的增设应符合下列规定：①位于冰锥、冻胀丘下方地段的路堤，应在其上方设截水沟，以截排涌出的水流。②高含冰量的冻土地段不应修建排水沟、截水沟，宜修建挡水埝。挡水埝断面尺寸应通过计算确定，并采取防渗和保温措施，必要时应采取加固措施。③多年冻土沼泽地段的路基应根据沼泽水源补给来源，在路堤一侧或两侧设置挡水埝。

（3）季节性冻土路基防排水设施的养护与维修加固应符合下列规定：①处于地下水水位较高地区的路基，宜增设降低地下水水位的措施。②对于水源丰富地区，应在路堑坡顶增设截水沟，填筑拦水埂，阻止外界水流入路基及路面。③应及时清理、维护路基排水设施，以保持排水沟畅通，将水迅速排出路基外。

（4）季节性冻土路基防排水设施的增设应符合下列规定：①挖方边坡有地下水出露时，对潮湿的土质边坡可设置支撑渗沟，对集中的地下水出露处设置仰斜式排水孔。②挖方路基宜采用宽浅型边沟，不宜采用带盖板的矩形边沟。采用暗埋式边沟时，暗沟或暗管应埋设于当地最大冻深以下不小于0.25m处。③挖方路基及全冻路堤应设排水渗沟，渗沟应设于两侧边沟下或边沟外，不宜设在路肩范围以内。④排水管、集水井、渗沟等排水设施应设置在当地最大冻深以下不小于0.25m处，出水口的基础应设置在冻胀线以下，渗沟等的出口应采取防冻保温措施。

（5）多年冻土区路基的冻胀、冻融翻浆、融沉、冰害等病害可选用换填非冻胀性材料、设置保温层、埋设通风管、热棒降温、遮阳板护坡、保温护道等措施进行处治，并应加强排水。

（6）季节性冻土路基的冻胀、软弹、变形、裂缝及翻浆病害可采用换填非冻胀性材料、铺设保温层和防冻层等措施进行处治，并应加强排水。

（7）多年冻土地区病害处治应符合下列规定：①应采取措施保持路基及周围冻土处于冻结状态。②对路基进行换填时，宜选用保温、隔水性能均较好的填料，严禁使用塑性指数大于12、液限大于32%的细粒土和富含腐殖质的土及冻土。高含冰量的土不宜用于路基填料。③当靠近路基底部位有饱冰冻土层且发生融化时，宜设保温护道和护脚。④挖方路基的土质边坡发生融沉时应进行加固，铺砌厚度应满足设计和保温要求；饱冰冻土、含土冰层地段路堑，可根据要求换填足够厚度且水稳性好的填料。⑤挡水堰等构造物出现沉陷、开裂等病害时应采取加固措施。

（8）季节性冻土路基病害处治应符合下列规定：①填方路段路床填料宜优先选择矿渣、炉渣、粉煤灰、砂、砂砾石及碎石等抗冻性能较好的材料。路床或上路堤采用粉土、黏土填筑时，可按设计要求单独或混合使用石灰、水泥、土壤固化剂等进行稳定处理，填料的改善或处理应根据路基抗冻胀性能要求，结合填料性质经试验确定。②挖方路段应将路床地基土挖除，换填深度应符合设计要求。施工时应分层开挖，一般宜从外侧向内侧挖掘，最后一层应从内向外挖掘。使用粗颗粒填料换填时，填料应均匀，小于0.075mm的含量应不大于5%；采用石灰、水泥对填料进行改性处理时，应掺拌均匀，改性剂的剂量应符合设计要求或经试验确定，换填应分层填筑，压实度应达到规定要求。

6.7.2 刚察—江仓公路路基病害处置措施

刚察—江仓公路连接青海省海北州刚察县、祁连县和海西州天峻县以及木里～江仓矿区，是本地区一条重要的交通运输线路。线路全长110km，自刚察县起20km为四级柏油路，路况较好，其余路段为砂石路。研究区地处高寒冻土地区，平均海拔3700~4200 m，属高寒大陆性气候；年平均气温-2.8℃，年均降水量477mm，年均蒸发量1340mm。沿线绝大部分地区多年冻土发育，呈片状、块状连续分布，仅在河流、湖塘及构造带附近存在局部融区。

高寒冻土地区的公路工程存在诸多病害。本区最突出的问题包括路基沉陷、冻胀、道路翻浆、边坡滑塌、冰害等方面，考虑到多年冻土地区特殊的自然环境、地质、水文、养护成本等实际情况，提出以下防治措施。

（1）提高路基高度。对冻胀翻浆比较严重的路段，可适当提高路基高度，以增大路基顶面至冻结层之间的距离，减少土体冻结过程中水分向路基上部的相对迁移量，最大限度地减轻公路工程对多年冻土层的破坏，使冻胀融沉和道路翻浆的程度减小。填土高度应根据冻土深度、土质和地质水文条件，以路基最小填土高度和临界高度的方法确定。尤其是靠近克克赛曲河漫滩部分路段，路基高度应高出最高水位0.5m左右，以保证路基顶部始终处于干燥状态，减少冻融层、雨雪水对路基的侵害。

（2）修建护坡道。对热融滑塌和路基裂隙比较发育的路段，修建一定高度和宽度的护坡道，有利于增强侧向散热，减少垂向热阻，促使路基边坡多年冻土上限上升。护坡道的高度一般以

0.8~1.5m 为宜；宽度为 2~3m，在排水不畅的区段不宜小于 5m。

（3）加强排水。一般来说，路基中含水量的多少决定冻胀翻浆的严重程度，因此，加强公路两旁的排水工作显得尤为重要。对公路沿线的集水坑、热融湖塘等地表水体进行引流疏排，设置必要的截水沟，将水排到路基以外。同时，在坡脚处填筑致密的黏性土等，避免坡脚积水产生横向渗透。

（4）选择合适的路基填料。路基填料要防止发生聚冰冻胀作用，同时还要考虑路基的承载力和保温性能。绝大多数路段宜采用砂砾石土回填并夯实，但在厚层地下冰分布的路段应考虑在底部填充一定厚度的黏土。冻土沼泽、热融湖塘发育地段底部宜选用渗水土作为阻断层，以防止地表水渗入基底引起路基沉陷或因毛细作用造成路基冻胀。而路基沉陷、冻胀和道路翻浆严重的路段，如 K98+500 附近段，可考虑将冻融层清除，换填透水性良好的砂砾石料。

（5）强化环保意识，保护高寒冻土环境。在公路养护时，要强化环保意识，保护脆弱的高寒冻土生态环境。选择在远离路基坡脚，少冰或无冰、地表植被发育稀疏的河滩等地段集中取土，同时取土深度控制在常水位以上，有厚层地下冰发育的路段严禁取土，以避免扰动厚层地下冰和融沉性较强的多年冻土层。

6.7.3 共和至玉树（结古）公路多年冻土路基病害及其防治研究

共玉高速起点在共和县恰卜恰镇，终点在玉树县结古镇，全长 634.8 公里，是"玉树地震灾后恢复重建总体规划"公路网的重要路段。共玉高速公路全线平均海拔在 4100 米以上，地理和水文地质条件复杂，且全线穿越冻土区，其中多年冻土路段长达 227.7 公里，占比为 35.8%。2015 年 12 月，经过 4 年建设，共和至玉树（结古）公路（一期）基本建成通车。2017 年 8 月，经过三年的改扩建，共玉高速（二期）完工，首条穿越青藏高原多年冻土区的高速公路通车运营。

共玉高速位于青南高原腹地，属典型的高原大陆性半干旱气候类型，其特点是：高寒缺氧，夏秋季节虽短却雨水充足，昼夜温差大，降水期多集中在 5~9 月。沿线分布有较大面积的冻土带，年平均日照时数充足，平均日照率达 50%~60%。路线全线按高速公路标准建设，设计速度 80km/h，整体式路基宽 24.5m，分离式路基宽度 10m，路线采用分期建设，本次调查主要以苦海滩至长石头山段，路线全长 72.7km（右幅、二期）、一期 69km（左幅、一期）。经调查，道路沿线对于多冰、少冰冻土路段，路基平均高度约 1.8~2.0m，采用合格的路基填料铺筑，低填浅挖路基以换填砂砾为主；对于富冰、饱冰冻土路段，路基高度约 2.0~3.0m，并设厚 1.2~1.5m 等片块石通风层。

冻土年平均地温、含冰量及路基高度是影响共玉高速多年冻土病害的主要因素，沉陷、波浪、路基纵向裂缝、网裂、翻浆等共玉高速多年冻土区路基可能病害类型与冻土年平均地温、含冰量及路基高度的关系表示如图 6-27~图 6-29 所示。

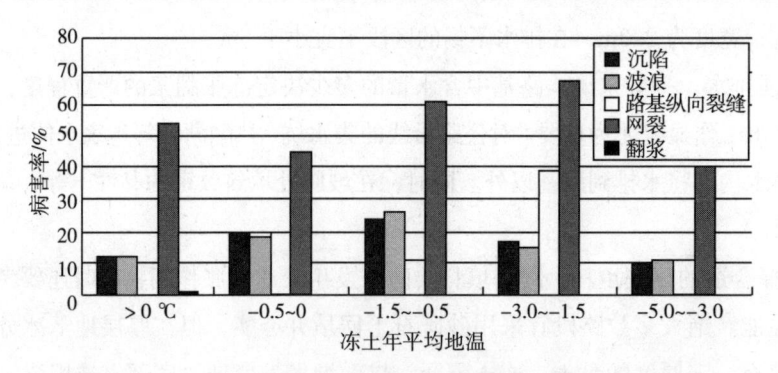

图 6-27 多年冻土地区公路不同类型病害与冻土年平均地温关系

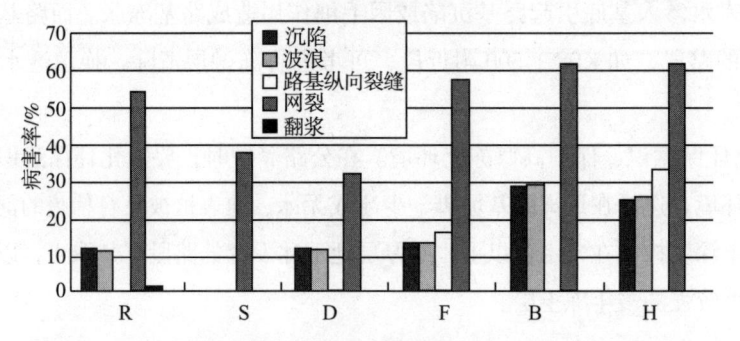

图 6-28 多年冻土地区公路不同类型病害与冻土含冰量类型关系

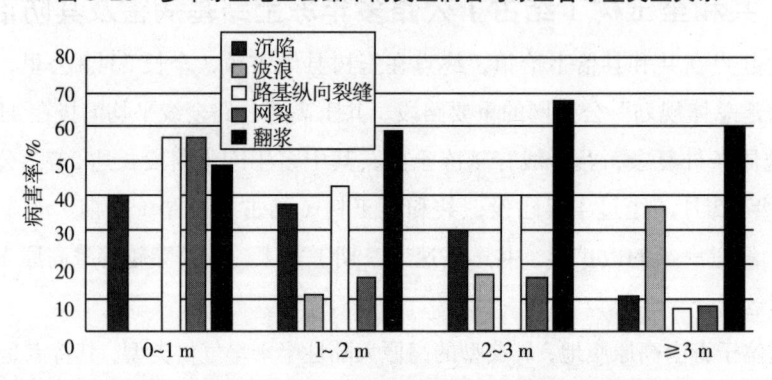

图 6-29 多年冻土地区公路不同类型病害与路基高度关系

调查工作主要采用激光平整度检测仪、标准杆、3m 直尺、皮尺、钢卷尺等测量工具对原有路基平整度、高度、路面沉陷量、涵洞跳车沉陷量、路基纵、横向裂缝等病害进行了实地测量，采集 2100 余组数据，见表 6-9、表 6-10、图 6-30、图 6-31。表中普通路基指低填或浅挖路基或处于冻土区路段；特殊路基是指采用片块石处理的填方路基路段。

表 6-9 共和至玉树高速公路（一期）路面沉陷统计表

沉陷深度 /cm	长度 /m	面积 /m²	段落 /处	路基类别		地质类别	占路线总长比例
				普通路基路段沉陷总长度/m	特殊路基处理路段沉陷总长度/m	冻土段沉陷长度/m	
2.5＜H≤5	510	5100	4	260	250	510	9.83%
5＜H≤10	2270	22700	19	510	1760	2270	43.76%
10＜H≤20	2407	24070	14	1890	517	2407	46.41%
合计	5187	51870	37	2660	2527	5187	100%

表 6-10 共和至玉树高速公路（二期）路面沉陷统计表

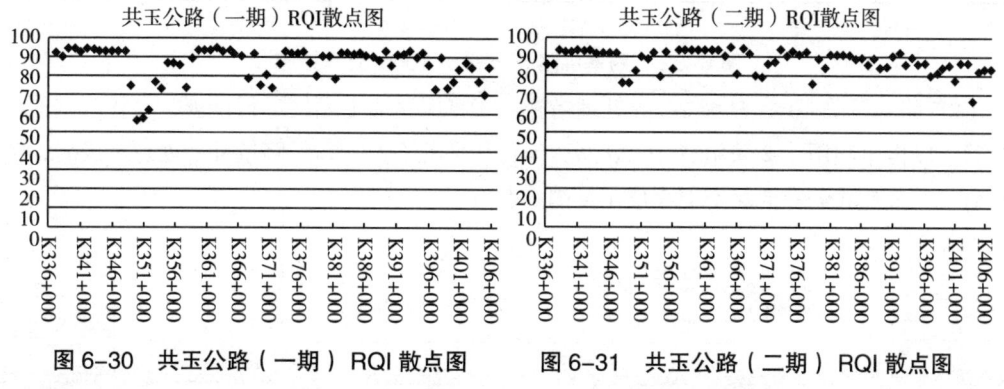

沉陷深度/cm	长度/m	面积/m²	段落/处	路基类别		地质类别	占路线总长比例
				普通路基路段沉陷总长度/m	特殊路基处理路段沉陷总长度/m	冻土段沉陷长度/m	
2.5＜H≤5	2276	22760	18	1547	729	2276	30.51%
5＜H≤10	1625	16250	20	690	935	1625	21.78%
10＜H≤20	3560	35600	17	700	2860	3490	47.71%
合计	7461	74610	55	2937	4524	7461	100%

图 6-30 共玉公路（一期）RQI 散点图　　图 6-31 共玉公路（二期）RQI 散点图

依据调查资料表 6-9、表 6-10 可以清楚地看出，除低填或挖方路段，共玉高速路基病害主要集中在特殊（片块石）路基处理路段。

原因分析：片块石路基作为一种主动调控地温的措施，其降温原理是其在冷季的蓄冷量远远大于暖季的吸热量。即在冷季促进外界冷量向路基下伏多年冻土层中输入，在暖季则起到屏蔽热量的作用，在理论上可以对冻土路段起到保护作用，维护冻土路段路基的稳定性，但是片块石路基在施工结束后，行车荷载及经常、间歇行车振动作用下，由于片块石材料本身物理力学性质或施工质量原因，片块石再进一步挤密、咬合、自密实，片块石层产生不均匀沉陷，导致路基出现不均匀的沉陷病害。

冻土作为极易扰动的特殊路基，常规处理方式易出现更大的病害。由于冻土路基的演变，多年冻土融化，冻土上限下降问题短时间内较难达到平衡，参照规范及地区经验，轻微的、对行驶质量影响不大的路基沉陷，可以暂缓处置；另外，考虑到路基路面整体沉降后，原有路面面层和基层基本完好，未产生裂缝，为充分利用原路面结构层，同时为避免间隔出现修补块现象，导致路容环境较差，采取对原有路面上的面层进行铣刨处理，根据不同的沉降量厚度，采用不同的沥青混合料调平沉降量后，统一进行连续铺筑上面层，保证行车顺畅安全。故本次对路基沉陷仅对沉陷≥5cm 病害路段做以处理。

（1）路基沉陷 $5＜H≤10$cm 处理措施：①将原路面上面层进行铣刨，并将铣刨的沥青混合料予以再生利用。②采用 AC-20 沥青混凝土补平沉陷量。③沉陷量补平处理完成后，铺筑 4cm AC-13 细粒式沥青混凝土上面层（见图 6-32）。

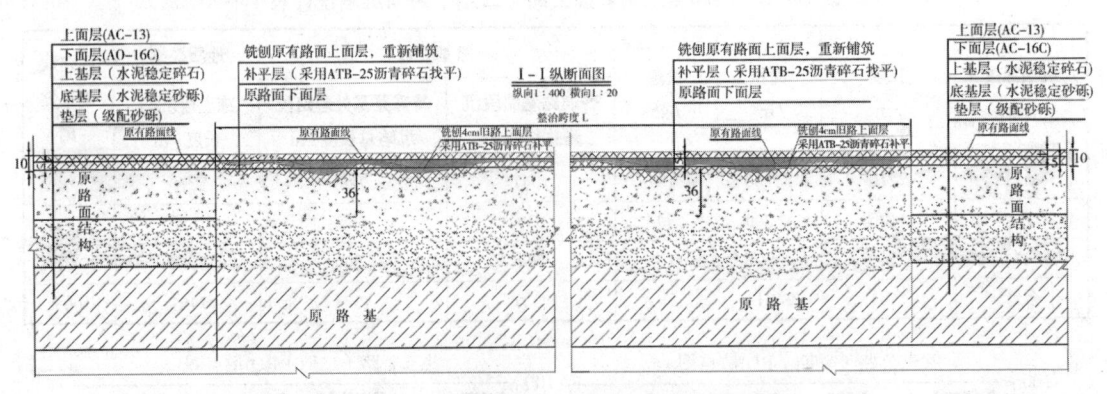

图 6-32 路基沉陷 $5 < H \leqslant 10\text{cm}$ 处理措施

（2）路基沉陷 $10 < H \leqslant 20\text{cm}$ 处理措施：①将原路面上面层进行铣刨，并将铣刨的沥青混合料予以再生利用。②采用 ATB-25 沥青碎石补平沉陷量。③沉陷量补平处理完成后，铺筑 4cm AC-13 细粒式沥青混凝土上面层（见图 6-33）。

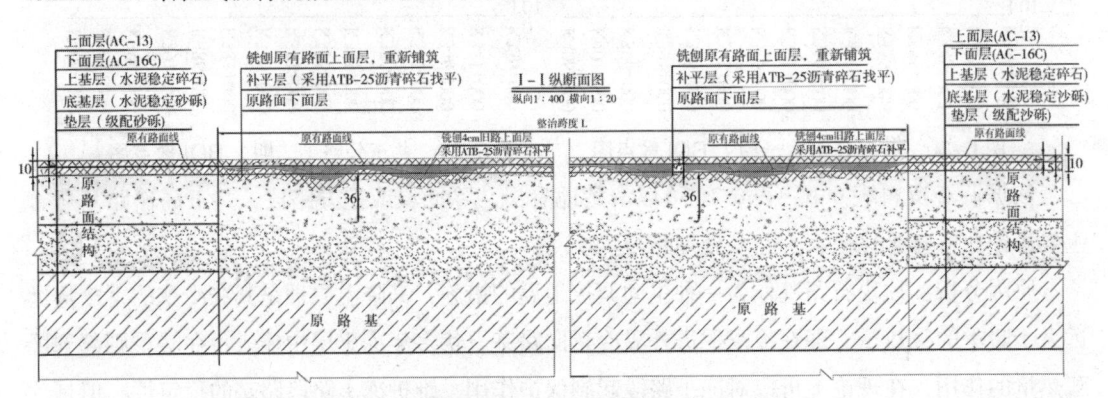

图 6-33 路基沉陷 $10 < H \leqslant 20\text{cm}$ 处理措施

（3）路面裂缝处理措施：①清除裂缝内垃圾。②采用道路密封胶灌缝。

主要结论：①冻土类型为富冰饱冰路段，路基病害越严重。②片块石路基虽然在理论上可以有效保障冻土状态，但由于材料性质、施工质量原因，难以保证冻土路段路基的稳定性。③一定高度的路基可以缓解或预防冻土区道路病害，但是路基高度越高，反而增加了冻土路段路基的病害。④为防止路面补块而影响行驶质量，对路基不均匀沉陷 $H \leqslant 5$ 的路段，暂不做处理。⑤冻土区路基易采用易填不易挖的原则，对于路基沉陷 $5 < H \leqslant 10\text{cm}$ 路段，先采用 AC-20 的沥青混合料补平沉降量，再做路面面层；对于路基沉陷 $10 < H \leqslant 20\text{cm}$ 路段先采用 ATB-25 的沥青碎石补平沉降量，再做路面面层。

6.7.4 青藏公路路基病害处治技术

6.7.4.1 多年冻土区公路的典型路基病害调查

针对青藏公路 K2966~K3360 路段进行路基病害调查，调查结果如表 6-11 所示。从表 6-11 中可以看出，该调查路段内典型的路基病害形式是内部纵向裂缝、不均匀变形和边坡疏松。

表 6-11　青藏公路部分路段路基病害统计

桩号范围	路基病害特征	桩号范围	路基病害特征
K2966+400~K2970+050	路基变形明显，不均匀沉降严重，边坡疏松	K3101+640~K3102+150	路基右幅不均匀沉陷严重，伴有网裂
K3008+250~K3010+040	路基左幅有连续纵向裂缝，右幅有少许拥包	K3116+950~K3117+350	路基有不均匀沉陷、拥包和网裂
K3042+300~K3045+700	路基左幅有纵向重度裂缝，部分路段路面有中度裂缝、沉陷	K3154+128~K3154+560	路基纵向变形严重，最大沉陷深度达30 cm
K3049+280~K3050+680	路基沉陷较小，路基两侧纵向裂缝发育	K3174+300~K3174+600	路基左幅有连续纵向裂缝，伴有沉陷，边坡疏松
K3054+200~K3054+600	路面纵向裂缝普遍较少，局部路段纵向裂缝严重，边坡疏松	K3186+900~K3187+200	路基左幅有连续纵向裂缝，伴有沉陷，最大沉陷约 20 cm
K3057+200~K3057+800	路基纵向裂缝严重，边坡疏松	K3190+200~K3225+100	路基严重变形、沉陷，伴有纵向裂缝
K3084+150~K3084+550	路基不均匀沉陷较小，左幅分布纵向裂缝，右幅车辙严重	K3229+200~K3229+600	路基严重变形、沉陷，伴有纵向裂缝、横向裂缝
K3088+000~K3088+650	路基不均匀沉陷严重，伴有翻浆现象	K3264+000~K3264+450	路基严重变形、沉陷
K3093+000~K3094+250	路基有纵向裂缝、沉陷、网裂和翻浆现象，边坡疏松		

（1）纵向裂缝。纵向裂缝是与行车方向基本平行并伴有少量支缝的长直裂缝，如图 6-34 所示，宽从几厘米至几十厘米不等，长度从几米到几十米不等，多发生在距路边缘 3~5 m 的行车道内、紧急停车带或路肩部位。75% 以上的纵向裂缝发生在路基高度大于 2.5 m 的路段，且阳坡路段多于阴坡路段。

（a）5cm 宽纵向裂缝　　（b）20cm 宽纵向裂缝

图 6-34　青藏公路纵向裂缝示意

（2）路基不均匀变形。冻胀、融沉及翻浆等病害导致路基不均匀变形破坏，表现形式为横向不均匀变形和纵向波浪变形，如图 6-35 所示。路基的横向不均匀破坏主要表现为路基、路面有深度大于 3cm 的竖向变形或路面下凹。青藏公路路基最大横向不均匀下沉变形从几厘米到几十厘米不等，最大处达到 20cm。路基的纵向不均匀变形主要呈现波浪变形，波峰波谷非常明显，破坏路段从十几米至上百米不等，不均匀下沉的变形从几厘米至十几厘米不等。

(a) 横向不均匀变形　　　　　　(b) 纵向波浪变形

图 6-35　青藏公路路基不均匀变形的 2 种形式

（3）边坡的疏松。边坡疏松是青藏公路路基的一种典型病害形式，主要表现为边坡土体松散，降雨过后，边坡上会有小型的冲沟，如图 6-36 所示。青藏公路沿线普遍存在边坡疏松现象，边坡疏松将导致边坡局部垮塌、路基宽度变窄等破坏。

图 6-36　青藏公路边坡疏松示意

6.7.4.2　路基病害产生的原因分析

冻土地区路基病害产生的原因有内因与外因，内因是冻土的工程性质，外因包括特殊的气候条件和工程因素。

（1）冻土的工程性质。冻土对气候、水文和地表条件的变化极其敏感，具有融沉、冻胀等特殊工程性质，而冻土的冻胀、融沉是土中水的冻结与冰的融化作用，是温度与水分综合作用的结果。

多年冻土区路基可分为季节活动层和多年冻土层，地温、含水量和含冰量极大地影响季节活动层和多年冻土层的力学性能。

路基修筑在季节活动层上，活动层的力学性质是影响其稳定性的关键因素。随着全球气候变暖，加之道路的修筑，使得多年冻土层上限下降，冻土转化为融土，这也是路基承载能力下降的关键因素之一。

（2）特殊的气候条件。青藏公路处于高海拔低温的气候区域，冻结过程与融化过程一样，均是周期气候的产物。

青藏高原的降雨主要集中在每年 6~9 月，这种集中降水从路基的边坡下渗到路基内部（青藏公路路基排水是散排）。

气候降温引起土体冻结，由于土体中水分的不均匀性和水分迁移通道的差异，致使冻结过程中路基土体产生的冻胀变形不均匀。

随着气温上升，土体中的冰融化，含水量的增大使土体强度产生弱化，在行车荷载的作用下，被弱化的土层就会发生变形，而其下的冻土层却具有很高的强度，致使弱化土层产生水平向的变形，路面表现为融沉或翻浆现象。

在气候周期变化下，路基土体常年处于冻胀和融化状态，结构疏松，承载能力下降极快。

（3）工程因素。道路的修筑过程，改变了原有的地表水热平衡状态。路基断面类型、路基填料和路面性质都是影响路基病害的原因。

6.7.4.3 多年冻土地区路基纵向裂缝的处治措施

青藏公路格拉段 k3052+970.5~k3032+990.5 处 20m 纵向裂缝严重，最宽处达到 40 多厘米，裂缝中心约距左路肩 1.5m，路肩宽度为 1.5m 左侧边坡坡长 6.5m，坡度 1∶1.5。整个路段处于凹形竖曲线最低端，路基填料为含有大量砂砾的红黏土，并含有一定量的碎石。纵裂一侧有长度约 10 米的过水涵洞，涵洞外侧垮塌，边坡整体平整略有冲沟（见图 6-37）。

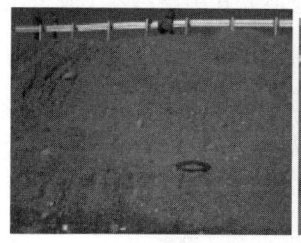

（a）未处治前原始边坡　（b）未处治前的纵向裂缝　（c）路基填料　（d）开挖后的路面结构

图 6-37　边坡及纵裂未处治前原貌

（1）柔性枕梁结合凸榫式土工膜袋综合处治纵向裂缝的工作原理。柔性枕梁：是把土工格栅内包裹强度高而松散的碎石形成类似于"碎石枕头"的整体（为防止碎石从格栅缝隙漏出有时在碎石和格栅之间会增加一层土工布），或者说形成类似于"梁"而能承受弯矩的柔性结构来抑制纵向裂缝的发展，发挥两种材料各自的优势（见图 6-38）。

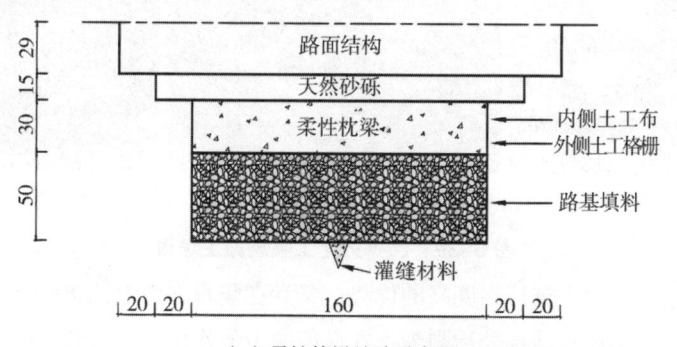

（a）柔性枕梁处治示意图

（b）路面结构开挖　（c）铺设土工格栅

图 6-38

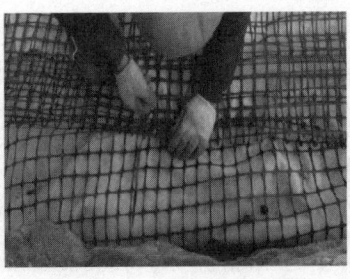

（d）柔性枕梁碎石回填　　（e）土工合成材料反包缝合　　（f）天然砂砾调整层铺筑

图 6-38　柔性枕梁施工场景

凸榫式土工膜袋：是通过向路基纵向钻孔，使钻孔横穿裂缝，然后在孔中横向穿入带有不规则孔的土工膜袋，通过高压泵向膜袋中注入水泥浆，并希望水泥浆在膜袋内形成长直水泥棒，并通过事先设计好的不规则膜袋孔形成不规则的凸起，这种不规则的凸起加大了水泥棒与钻孔内壁的摩擦力，防止了裂缝远离路基而加大裂缝。该措施可以用来预防裂缝发生或者在轻微裂缝路段防止裂缝的进一步发育扩展（见图 6-39）。

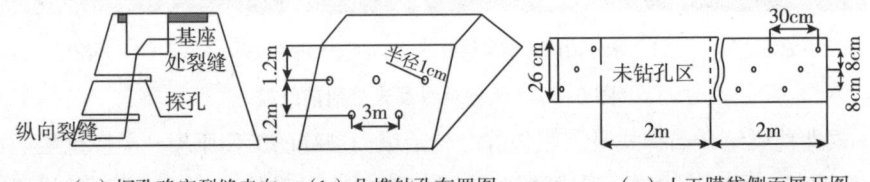

（a）探孔确定裂缝走向　　（b）凸榫钻孔布置图　　（c）土工膜袋侧面展开图

（d）土工膜袋注浆　　（e）注浆后封口　　（f）凸榫结构的形成情况

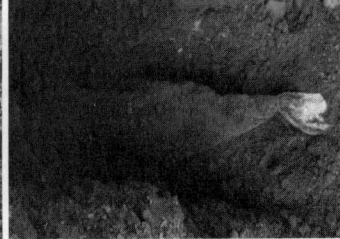

图 6-39　凸榫式土工膜袋施工场景

柔性枕梁既有在平面上抗拉强度高的优势，又有在竖直方向上抗折性能好等特点，能起到桥联裂缝的作用。采用此种结构处治裂缝，在荷载应力的作用下，裂缝宽度变化不明显，而且该结构具有良好的抵抗路基变形的能力。

柔性枕梁的不足之处在于：碎石粒径大于土工格栅网格的尺寸，当格栅绷紧后局部格栅承受拉力不均匀，当拉力超过格栅的抗拉强度时会造成格栅断开；柔性枕梁处治完毕一段时间后，原路面结构重铺的面层与老路面接触面上会出现 2 条反射裂缝；裂缝的继续发育可能会导致枕梁底部格栅由于拉应力增大而断裂。

有鉴于此，采用凸榫式土工膜袋来加强抗裂效果。凸榫式土工膜袋利用高压注浆机把适当配比的水泥浆灌入多孔的土工膜袋中，使得在膜袋袋孔附近形成凸榫结构，增强与土体之间的摩阻力，将已变形土体与未变形土体良好地结合在一起，防止纵向裂缝扩张，从而确保路基稳定。

(2）施工流程。标出处治位置及范围→开挖基床→查明裂缝深度走向→钻孔取芯→放入土工膜袋→高压灌注水泥砂浆→封口→灌缝并填实→压实松软部位→铺土工格栅及土工布→连接并固定土工合成材料→回填碎石，压实→土工合成材料反包及固定→铺筑路基土料，压实→铺筑水稳基层，压实→铺筑沥青面层，压实→开放交通。

（3）施工技术要点。①查明纵向裂缝特点。按照设计将原路基路面开挖成台阶式基床，以便查明纵向裂缝发育的长度、深度和宽度。②边坡横向成孔。利用洛阳铲将钻孔内残留物清理干净，注意避免孔壁的砂或土粒掉落。③土工膜袋入孔。利用小型钢钎将制作好的土工膜袋放入钻孔中，钢钎要水平缓慢推进，以免扰动孔壁的砂或土颗粒。④高压灌注水泥砂浆。在合适的水灰比下均匀搅拌砂浆，在配砂浆时控制好稠度，过稠则容易堵住压浆机，过稀不仅影响凸榫效果，而且过量的水分将加剧此处纵向裂缝的产生。⑤灌缝并捣实。使用水泥砂浆对基床上开挖后露出的裂缝进行灌注并捣实。⑥铺土工格栅及土工布。在挖好的基床上将土工合成材料（土工格栅在下，土工布在上）展铺在上面，预留反包长度和搭接长度，土工格栅和土工布的幅长方向均垂直于裂缝方向，纵横向的搭接宽度均须不小于20 cm。⑦回填碎石，压实。回填碎石的粒径不得大于碾压层厚度的1/2，每层填筑厚度不宜大于15 cm。使用小型静碾压路机进行充分压实，不宜使用夯式压实机械压实，以免砸坏碎石或破损土工合成材料。⑧土工合成材料反包及固定。用土工布及土工格栅将回填的碎石包好，使其两端相互搭接并拉紧，应用延伸率较小的铁丝在搭接部位呈"之"字形穿绑，使土工合成材料与包裹的碎石形成整体，从而实现协同受力。⑨按照原有路面结构铺筑基层和面层。

6.7.4.4 不均匀沉降及边坡处治

（1）路基不均匀变形处治技术。在青藏公路格拉段k3035+980~k3036段因为路基沉降严重并且已经造成路面破坏，路面平整度极差，最高处与最低处甚至接近0.5m，所以，拟在此段采用碎石桩技术加固路基，并重新铺筑路面结构，为了防止病害继续发生选择了片石结合防渗土工布处治边坡及坡脚的方式。图6-40所示为改路段因融沉引起的路基路面破坏情况。

（a）处治段路基沉降情况　（b）降水后路面状况　（c）未处治前左侧边坡原貌　（d）未处治前右侧边坡原貌

图6-40　路基不均匀变形场景

干拌水泥碎石桩是在碎石桩基础上发展并广泛应用的对于公路路基进行非开挖的一种快速加固技术，是按照预先设计好的排距和间距，在需要加固的路段采用钻孔机械在路面上按照设计的桩径和桩长钻孔。钻孔过程中采用干钻的方式，在钻孔完成后将一定数量的按照一定配合比拌和的水泥和碎石混合体每次以适当的高度回填在已经形成的钻孔内，并用重锤等工具夯击使之得到充分挤密。当填至约距孔口一定距离后采用干硬性混凝土回填，最后用普通混凝土填充捣实并收光表面。

因为水泥在水化形成强度时会放出大量的热，带动周围土体温度提高，进而导致冻土融化，对于冻土路基来说反而是一种破坏。改进方法有两种：一是对干拌水泥碎石桩进入原地面线以下部分或者在冻土上限以上一米范围内采用未掺加水泥的碎石料；二是在碎石桩的下端一定范围内的碎石水泥混合物种掺加一定量的干冰来抵消水泥水化热。因为在该地区施工时间受到气候等影响非常大，所以采用干冰释放冷量来保证低温时，由于填料时间不确定，导致干冰的保存和运输等都受到极大限制，为保证工程的顺利开展，在本试验路中采用了在碎石桩底一米内碎石填料中未添加水泥方案。

多年冻土地区路基的不均匀变形，主要原因是路基本体的含水率过高、冻土上限下移和冻土上限反复移动导致疲劳而引起的。选择CGMT（干拌水泥碎石桩），在排出路基本体水增加路面整体强度和刚度的同时，增加了片石护坡和相应的排水设施相结合来强化效果（见图6-41）。

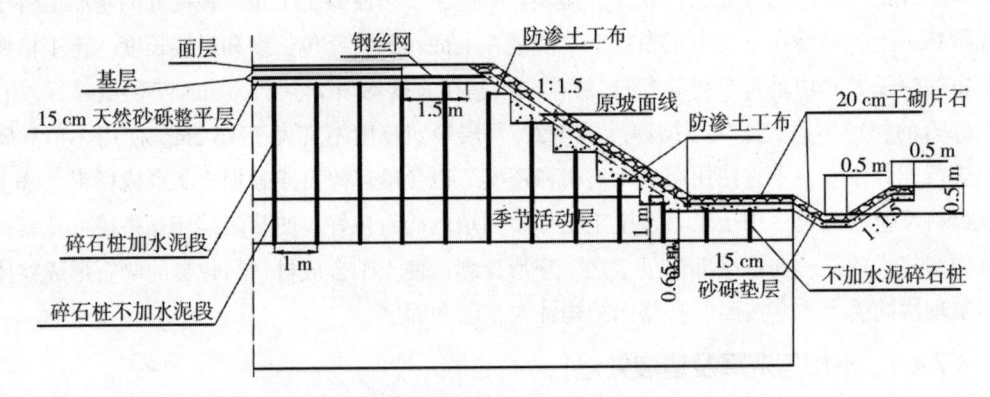

（a）干拌水泥碎石桩结合片石护坡综合处治示意图

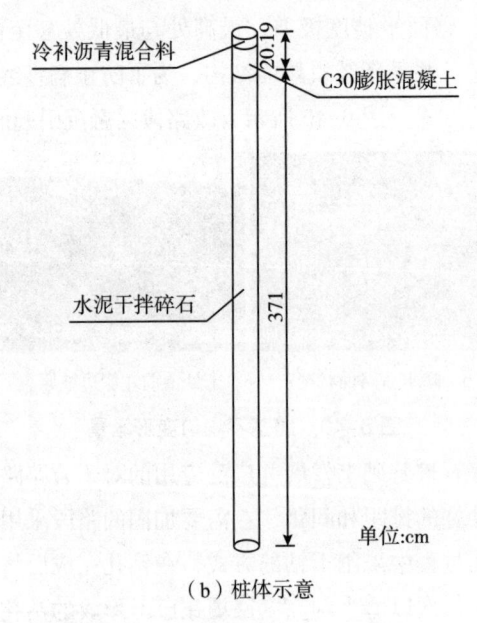

（b）桩体示意

图 6-41

(c) 桩位布置图　　　　　　　　　　(d) 现场钻孔过程

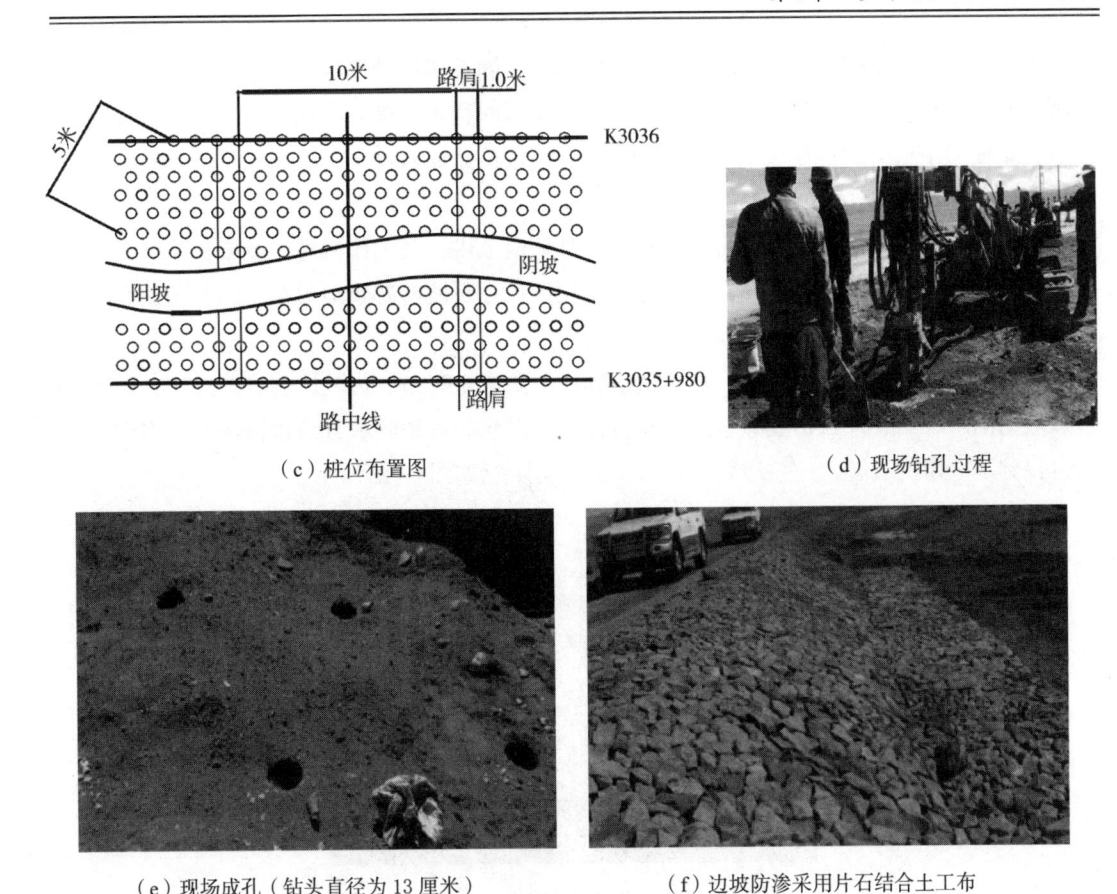

(e) 现场成孔（钻头直径为13厘米）　　(f) 边坡防渗采用片石结合土工布

图 6-41　干拌水泥碎石桩结合片石护坡综合处治示意图

（2）干拌水泥碎石桩的工作原理。干拌水泥碎石桩是应用水泥碎石混合料置换路基土体，对原路基土体起着挤密作用；水泥碎石混合料与路基内水分发生物理化学作用，吸收水分，降低路基的含水量；同时干拌水泥碎石桩与原路基土体组成复合地基，以达到提高路基承载能力、减缓路基变形的目的。

（3）施工流程。干拌水泥碎石桩的施工流程主要包括桩位的设计及测放、成孔、填料的夯实、封孔及最终的罩面整平5个工序。

（4）高寒地区不均匀变形处治技术要点。①在进行干拌水泥碎石桩处治前，首先要进行现场平整度及不均匀变形测试。在采用钻机成孔的过程中，要严格控制成孔的尺寸、深度、垂直度，防止孔位偏差。②成孔和孔内回填夯实的施工顺序为：在成孔过程中，要采用隔排隔桩跳打，且宜从里向外间隔进行，以起到挤密路基土的作用，成孔后要及时进行回填。③在成孔过程中很有可能会出现缩孔现象，因此可加入适量的水泥进行多次冲击，以保证成孔质量，并在成孔后立即回填。④在桩身进行夯填前，首先要打底夯，并进行回填夯扩。⑤由于在打桩及桩身回填的过程中会产生热量，或回填材料带入热量，扰动多年冻土。因此，在回填过程中，前两次的回填料要采用液氮进行降温。

6.7.4.5　路基边坡常见处治技术

该路段处于青藏公路五道梁段，路基填料是以黏性土为主并含有大量碎石和少量砂性土，该段处于长大下坡路段中下部，路基高度约3m，两侧坡脚以外7m外有地表径流。曾因为路基沉降和路面损害重新铺筑，所以路面平整、路基暂时稳定，尚未有病害，仅两侧边坡因为处于长大下坡中下段且路拱横坡稍大而出现冲沟，阳坡侧路面有修补，拟采取干砌片石结合防渗土工布综合处治技术。

干砌片石结合防渗土工布综合处治技术，从理论上讲，其工作机理同遮阳板路基类似，也是一种积极的保护路基的措施，在高路基处采用浅色片石能够有效地改善，因为阴阳面吸热不均所引起的融化盘偏移所带来的纵裂。

它可以降低路基地温，另外，在片石下铺设了防渗土工布、边坡坡脚修葺边沟，切断了路基边坡的雨水补给；片石护坡减缓边坡水流冲刷，降水后蓄积的水分给边坡带来的冻融疏松问题也得到了一定的缓解，边坡地貌及片石护坡结构示意如图6-42所示。

（a）边坡冲刷情况

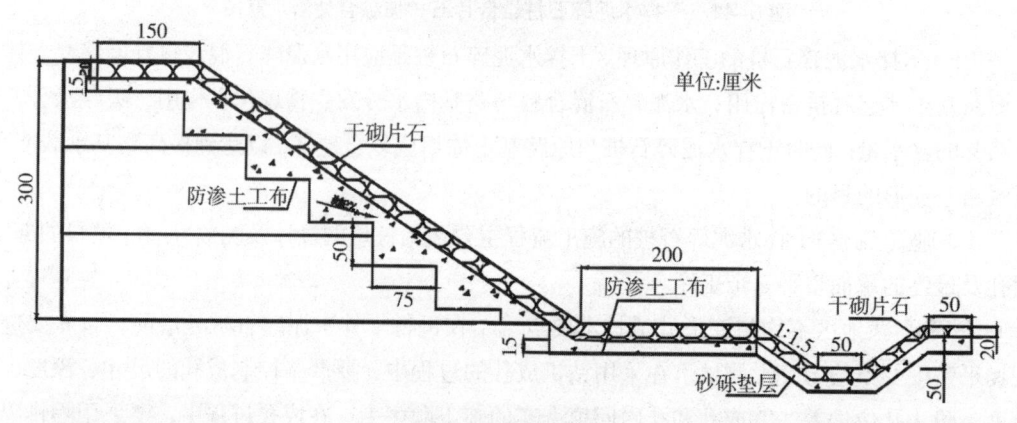

（b）片石护坡结构示意图

（c）边坡台阶开挖 　　（d）土工布铺设图 　　（e）边坡片石铺砌

图6-42　干砌片石结合防渗土工布综合处治技术

片石结合土工布处理的方式能对边坡起到很好的保护作用，但片石来源受环保的影响运输极为不便，人工干砌工程量很大，且受到片石表面平整度的影响，大范围地采用还不是很现实。所以，采用通过现场提前预制多边形多孔贫水泥块能够减少运输成本，增加铺砌效率，提高坡面平整度。

6.7.4.6　路基边坡疏松处治技术

特殊的气候条件致使青藏公路沿线边坡密实程度较差，大气降水的渗入、温度周期变化产生的冻结与融化致使边坡疏松严重。随着边坡部分土体强度下降，瞬时强降雨后，坡面上会形成冲沟，路肩强度不足，当车辆荷载作用时就容易发生滑塌现象。

K3003+750 附近路基高度约 2 m，阳坡土体疏松严重，有水沟冲蚀现象。鉴于此，采用在边坡挖除重填过程中拌入土壤固化剂进行回填的处治措施，本措施中选用了 Toogood 牌液体土壤固化剂（见图 6-43）。

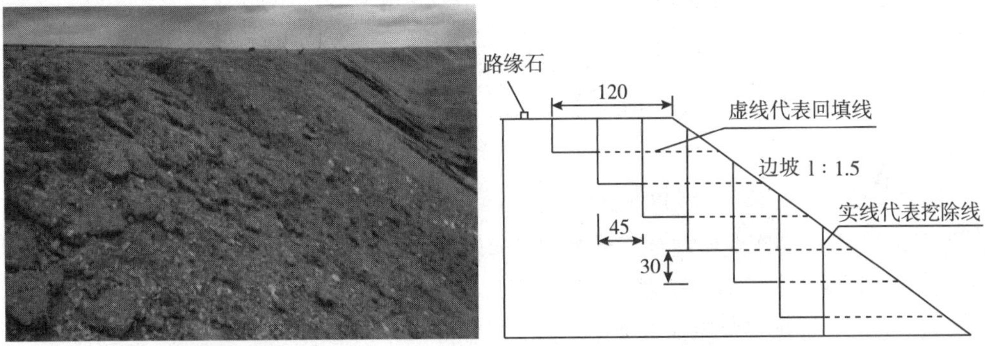

（a）多年冻土地区路基边坡疏松情况　　（b）边坡开挖示意图

图 6-43　多年冻土地区路基边坡疏松情况及边坡开挖示意图

1) 土壤固化剂加固边坡的工作原理。土壤固化剂是一种由多个强离子组合而成的水溶性化学物质，通过电化原理改变土颗粒双电层结构，使土体的胶质电离，失去表面阳性，产生一系列置换水反应和离子交换作用，改变土体表面电荷特性，增强土颗粒之间的结合能力，将土体的亲水性变为疏水性，同时使土易于压实，形成强度较高、结构稳定的整体。

2) 施工流程。边坡疏松处治的流程为：标出处治位置及范围→开挖边坡→拌入土壤固化剂→土体分层回填、压实→边坡坡面的整形（见图 6-44）。

（a）现场开挖拌和　　（b）边坡回填夯实现场　　（c）修整完边坡再在表面喷洒土壤加固剂

图 6-44

（d）处治效果图　　　　　　　　　　（e）处治后冻胀裂缝

图6-44　多年冻土路基边坡疏松处治的流程

3）结论：建议对于松散严重的边坡采用开挖后拌和重夯的方案，对于松散不严重的边坡采用直接喷洒的方案以起到预防作用，并减少成本。

6.8　多年冻土地区沥青路面高性能灌缝材料的现场试验

国道214线K416~K417段和吉林省长春市绕城高速公路K0+000~K3+000段试验工程。累计总长度1600米。吉林省和青海省室外试验完成后，分别进行了后期观测。总体上看，开发研制的灌缝材料灌注的裂缝后期使用良好，在近两年来的观测时间内没有发生破损、脱落等现象，效果良好，从而保证了路面的使用功能（见图6-45）。

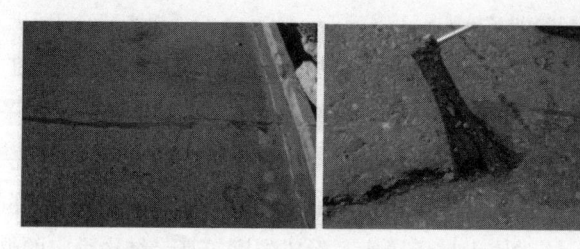

图6-45　修补2年后的效果（黏性还很大）

通过沥青路面裂缝高性能灌缝材料的野外试验工程可知，灌缝材料达到了预期目标，与国外进口材料具有相同的使用效果，而且可以根据不同地区、不同温度条件下的使用进行配合比调整，满足不同的使用要求。

[工程实例]高海拔寒冷地区沥青路面养护技术

一、项目概况

针对高海拔寒冷地区的气候特点，公路工程选择位于多年冻土地区具有代表性的国道227线青石嘴—扁都口段为调查对象。

该地区主要冻土分布为：大梁—峨博乡段，总里程为35km，路线经过的最高点为景阳岭垭口，海拔3766m，最低点峨博至祁连盆地3403m，高差仅360m，北坡平缓，南坡稍陡，在永安西河河源段有高差70m的陡坡段，局部地方还有峡谷陡崖。景阳岭垭口及北坡有6.1km属连续多年冻土区，两侧各有6.1km和6.2km不连续多年冻土过渡区段，冻土岛和非冻土岛交替穿插是该路段的一个特点,属于季节冻土区的路线长达 16.6km。峨博乡—扁都口段,总里程 33.6km,路线穿过最高点山关岭垭口海拔 3688m,向北沿扁都沟而下,高差达 800m,从山关岭垭口沿北高差 300m 段内是全线冻土最为发育的路段,表现为湿润型连续冻土段或冻土岛连续性强,厚层地下冰发育,冻土近期退化不明显,未来的变化也不会改变冻土的大体格局,即冻土岛与非冻土岛穿插交替。更有特征的是,北迎风和南背风的差异,使冻土发育呈显著的差异也最为典型;山关岭南仅有干燥型冻土岛。

二、沥青路面病害调查分析

(一)沥青路面病害调查类型

对选择的调查路段针对沥青路面典型病害,调查采用现场调查、钻芯取样和弯沉检测等方法进行,调查路段共 4 段,共计 1600m。调查发现沥青路面主要出现裂缝类、变形类、坑槽类、车辙类、松散类和泛油等病害,现场沥青路面发生车辙和龟裂的病害如图 6-46 所示。

(a)车辙　　　　　　　　　　(b)龟裂

图 6-46　沥青路面病害

(二)沥青路面病害发生和分布规律

调查路段按三级公路进行设计、施工,路面基层 15cm 级配砾石掺灰,面层为 3cm 沥青表处。根据《公路养护技术规范》(JTG H10—2009)对病害进行统计。通过调查和数据分析,可以看出路面病害发生和分布具有如下规律。

(1)沥青面层变形病害所占比例最大,占总损坏量的 52%,其中波浪占 29%,沉陷占 23%,车辙和隆起所占比例很小、变形损坏有较明显的阴阳坡区别,一般阳坡明显较阴坡严重,表明变形类损坏与多年冻土及其变化直接相关。

(2)沥青面层裂缝类损坏比例较大,占沥青面层总损坏量的 36%,其中横向裂缝占 14%。横向裂缝主要发生基层干缩、温缩有关,纵向裂缝的发生与路基高度关系明显,数量和规模均随路基高度的增加而增加,裂缝主要分布高路堤的路中线或路肩处,与多年冻土变化和一期整治加宽加高路基及新老路基施工衔接有关、网裂、龟裂多。

(3)沥青面层松散类损坏占 12%,大多数路段集料损失严重,中细集料散失,粗集料外露,表面粗糙出现小坑状。表明沥青与矿料间结合较差,结合料老化严重。

三、沥青路面病害发生的原因

通过以上分析,对高海拔寒冷地区沥青路面病害的发生规律有以下认识。

(1)特殊的自然条件是各种病害产生的基本原因,长期低温和高辐射使面层过早老化和开裂,多年冻土融化沉陷导致路面波浪起伏;

（2）沥青混合料中集料级配较差，缺乏粗集料且主要为砾石，沥青用量偏少，沥青黏结力、抗老化能力低；

（3）低温和材料及施工等方面问题致使基层强度较低或呈松散状，导致路面病害加剧；

（4）地基密实度低，主要是冻土融化造成的，融化过程仍在继续，固结尚须时间，因此路面沉陷还将继续发生；

（5）纵向裂缝的发生和分布与路基高度关系密切，随着全线路基加高和时间的推移纵向裂缝发生的数量和规模都将逐渐加大。

四、高海拔寒冷地区沥青路面养护技术

（一）沥青路面裂缝修补材料的开发

调查了解了国内外有关路面裂缝修补材料的现状，并分别进行对比实验，观察进口灌缝材料的施工工艺及长期使用性能，分析不同时期灌缝材料的各种性能指标（延度、老化、黏结力、高低温性能等），并通过大量基础试验工作（包括正交优化试验），已在实验室内初步研制出了适合寒冷地区路面低温灌缝材料，与国外进口材料的性能相比相差不大，相关室内外试验正在进行，有关试验结果指标如表6-12所示。

表6-12 沥青路面灌缝材料基本实验指标

实验项目\样品种类	针入度（0.1mm）			针入度指数PI	当量软化点（℃）	当量脆点（℃）	弹性恢复（%）
	15℃	25℃	30℃				
美国百和灌封胶	65	95	117	5.2	72.9	-72.6	98
美国carfco灌封胶	70	111	128	5.3	70.9	-76.6	99
自制1型	70	106	131	3.9	63.8	-58.7	99
自制2型	83	137	174	2.7	53.8	-49.6	96
自制3型	55	87	106	3.6	65.7	-50.8	90
自制4型	83	135.5	175.5	4.4	60.5	-70	99
自制5型	78.2	121.7	145	5.8	70.7	-85.6	99
自制6型	75.8	117.7	130	6.6	78	-97.2	99

（二）沥青路面裂缝修补材料应用性能分析

首先，通过针入度、弹性恢复、延度等试验，可以初步得出自制的灌缝材料的各项技术指标与国外产品基本相当，部分指标甚至超过国外产品，尤其6型材料PI值已达到6.6，其当量脆点达-97.2℃，可见温度敏感性非常低，可以适应非常恶劣的环境。其次，美国的carfco和百和灌缝胶是当前美国和加拿大的欧美发达国家普遍采用的路面灌缝材料，其路用性能相当优越，一次灌缝可以连续使用5年左右，国内很多高速公路都在引进试验应用，由于造价太高（常规灌缝材料的8~10倍）很难在低等级公路上推广应用，因此适时开发具有同样品质的灌缝材料意义重大；最后，根据不同使用温度要求，调整各种材料的含量，或添加外掺剂，可以配制出不同温度类型的灌缝胶（温带-10℃、寒带-40℃、极寒带型-55℃）。

6.9 多年冻土地区路面坑槽冷补材料技术的现场试验

在国道 214 线 K415~K416 段和吉林省国道 302 线（长吉北线）K3+124~K3+186 段进行了现场试验，如图 6-47 所示。

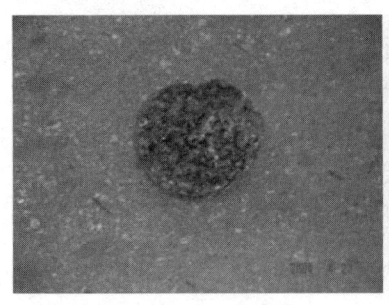

(a) 3 天取芯样件　　　(b) 20 天取芯样件

图 6-47　试验路段取样示意

从后期取芯结果可以看出，冷补材料基本能够成型，整体黏结情况较好，但也有未成型芯样。到 20 天时，冷补材料基本成型，能够满足行车要求。

经过两年的使用，冷补材料修补的坑槽没有出现明显的损坏，与路表面黏结较好，路面比较完整，达到了预期的使用目标（见图 6-48）。

图 6-48　冷补材料修筑 2 年后使用情况

多年冻土地区冷补沥青混合料修补路面坑槽施工工艺要求如下。

6.9.1　工艺流程

（1）坑槽开挖。在对路面局部破损修补前，应将破损处开槽成型。首先，确定路面破损部分的边界和深度，按照"圆洞方补"的原则，划出大致与路中心线（行车方向）平行或垂直的开槽修补轮廓线（正方形或长方形），每边至少应进入完好路面 10cm（挖去路面松散、破碎的旧料直至坚实部分），并沿划好的修补轮廓线开挖坑槽，要求成型的坑槽壁面应尽可能保持与路平面垂直，坑槽底部平整、坚实，最后再将挖掉的旧料刨出坑槽。

对路面破损坑洞进行开槽处理时，应将坑洞内不坚固的、松散的壁面材料移走，同时还应将坑洞内的松散碎屑、旧料、杂物开挖出去，露出一个坚实、整齐的坑槽壁面和一个稳定、平整的坑槽底面，这不仅便于冷补混合料的摊铺及用量的确定，而且有利于提高冷补混合料与坑槽壁面材料间的黏结能力。特别是坑槽壁面与路平面垂直，不仅有利于冷补混合料与原有路面的充分粘附，同时还可大大提高冷补混合料的压实效果，从而获得更好的修补效果。

坑槽的开挖通常可采用人工或小型机械设备来完成。用路面破碎机开挖坑槽，效率高、使用灵活，但在开挖坑槽时，易使周围路面材料遭到振松，借助切割机可以克服路面破碎机的这一开槽缺点。开槽前先沿划好的修补轮廓线切割出一个整齐的切割缝，再用破碎机将坑槽内旧料松散、破碎。

（2）坑槽清理。未清洁的坑槽壁面和底面与冷补沥青混合料的黏结性能会明显降低，易造成坑槽壁面接缝破损或冷补沥青混合料整块脱落，从而使修补坑槽出现再破损。为了使冷补沥青混合料与坑槽壁面和底面具有良好的粘附性，应当清理出坑槽的松散颗粒和其他残余物，并对坑槽壁面和底面采用凿毛处理，这样有利于提高摩阻力，使铺筑上的冷补沥青混合料同原路面结合得更牢固。

清理坑槽一般采用手动工具清扫。将坑槽内及四周的碎石、废渣清理干净，坑穴内不得存有泥浆、雨雪和冰块等杂物。对于高速公路、市政工程的修补，被修补的洞穴、沟槽应有整齐的切边，废渣的清除要见到固体坚固面为止。

（3）涂黏结层。沥青路面坑洞破损部分经过破碎机和切割机开槽成型后，在坑槽壁面和底面上可以看到裸露出的石料表面，若这时直接填入冷补沥青混合料，坑槽壁面和底面会因缺少黏结材料导致冷补沥青混合料与原有路面材料之间的黏结力不足，从而形成鲜明的壁面缝隙，降低修补路面的抗水损害能力。所以，在给坑槽中摊铺冷补沥青混合料之前，应先向坑槽壁面和底面上均匀地喷洒一层黏结材料（热沥青或专用液体黏结料），浸润坑槽内表面裸露出的石料，从而提高冷补沥青混合料与原有路面材料间的黏结效果。

乳化沥青、改性乳化沥青或液体沥青都可作为坑槽壁面的黏结层材料。由于冷补沥青混合料自身的特点是冷拌冷补，因此在环境温度10℃以上或修补坑槽比较大时宜采用乳化沥青为黏结材料，当温度在10℃以下或坑槽较小时宜采用液体沥青为黏结材料。

1）对于坑槽底面为基层表面时应采用液体沥青（热沥青或专用液体黏结料）作为黏结层材料，主要因为液体沥青不仅可起到黏层作用，还可起到透层的作用，其透入深度一般可达5~10 mm，固结稳定十分理想。专用液体粘结料是由汽油、煤油、柴油等稀释剂回配到石油沥青中得到的，所以又称回配沥青或稀释沥青。对稀释用基质沥青材料的技术要求应符合《公路沥青路面施工技术规范》JTGF40—2004的相关规定。经稀释的液体石油沥青仍应满足《公路沥青路面施工技术规范》JTGF40—2004中对适宜透层油的中、慢凝液体石油沥青的技术要求。

根据资料及施工经验，专用液体粘结料最好采用煤油与沥青混合配置，配置时应注意煤油与沥青的比例。煤油稀释沥青做透层时，煤油比例要适中。煤油比例过大，沥青含量就偏低，即使有足够的渗透深度，也不能达到透层油应有的效果。煤油比例过低，稠度大、黏度高，不利于渗透，因而残留于基层表面，这些浮油由于煤油的存在而软化点较低，将会对结合层产生不良影响。满足渗透深度的要求即可，尽可能少用煤油。为保证透层沥青洒布的充分与均匀，达到适宜的透入效果，在稀释度为30%的情况下，将洒布量控制在0.8~1 L/m，工程实际应用中宜偏大考虑，最终比例和洒布量应以路用试验结果为标准。

2）改性乳化沥青为SBS或SBR改性沥青经过乳化制得的，当采用乳化沥青或改性乳化沥青喷洒坑槽壁面或底面时，既可采用机械喷洒也可采用人工喷洒的方式。当修补的坑槽面积较大时，以机械为主，人工为辅；面积较小时，则可完全采用人工喷洒。不管采用哪种方式，都应使乳化沥青材料被均匀地喷洒在坑槽壁面和底面上，不允许在坑槽底部有乳化沥青淤积。应在破乳后进行混合料的摊铺，否则会影响冷补沥青混合料与原有路面材料的黏结效果。

无论喷洒液体沥青还是乳化沥青时，坑槽内的杂物一定要清理干净，对于粉尘可用森林鼓风机吹走，尽量使表面骨料外露。液体沥青喷洒坑槽后可直接进行冷补沥青混合料铺筑，而乳化沥青喷洒后要等到破乳后才能进行混合料的摊铺，这样影响了冷补沥青混合料修补效率，所以本课题建议采用液体沥青作为黏层油。

（4）材料摊铺。冷补沥青混合料通常采用人工方式进行摊铺。在摊铺以前，首先需要确定冷补沥青混合料的投料量，在确定冷补沥青混合料的投料量时，先行测量修补坑槽的尺寸，计算其体积，然后将修补坑槽的体积乘以混合料压实成型后的密度（约为 $2.36g/cm^3$）和松铺系数（一般为 1.3~1.6），得出所需的混合料质量，最后将计量好的冷补沥青混合料投入修补坑槽中进行摊铺，填满后坑穴中央处应稍高于四周路面并呈弧形。

因冷补沥青混合料自身特点，初期强度低，所以易产生车辙，为了克服这一缺点，冷补沥青混合料在摊铺时应注意以下三点。

1）如果在夏季或冷补沥青混合料储存时间要求短的情况下进行修补，可以适当将混合料中的稀释剂用量减少。

2）冷补沥青混合料在修补坑槽时，松铺系数的选取应以混合料修补后高出原路面 2~3cm 为标准。这样随着往返车辆不断碾压，同时稀释剂不断挥发，冷补沥青混合料会更加密实，强度会更高，最终修补面会与原路面相平。

3）如路面坑穴破损深度在 5 cm 以上时，填补工作应以 3~5 cm 为一层，分层填补、逐层压实。

（5）坑槽压实。在对坑槽进行压实时，首先对坑槽边缘压实，然后逐渐向中间移动压实，每次应重叠压实一定宽度，最后压实效果是中间出现弧形，这样便于行车对所修补混合料进一步压实，同时有助于将坑槽内的冷补沥青混合料向四周挤压，使其与修补路面的坑槽壁面压紧，还可以保证坑槽边的冷补沥青混合料不会落出坑外。

冷补沥青混合料的压实可根据实地环境决定采取最合适的压实方法。常用的压实方法如下。

1）人工压实。当修补面积较小时，通常采用此法，人工压实的工具主要是铁铲铲背或平底铝压板。

2）振动平板夯。振动压实是一种较好的压实方法，被压实的混合料之所以能变得密实，是由于在输入振动能量的激励下，混合料颗粒间发生相对运动而减少了压实阻力，同时在垂直压力的作用下使裹覆了沥青薄膜的矿料颗粒相互嵌挤而又重新排列，并将混合料空隙中的空气排出，从而使材料变得更加密实。对于小面积修补，这种方法较为经济、方便。

3）压路机。当大面积修补时，应使用压路机进行碾压，压实效果非常好。

（6）清扫。压实完成后可在表面均匀撒上一层石粉或细砂，并用清扫工具来回清扫，使细料填满表面空隙。同时，将坑槽周围剩下的冷补沥青混合料收回，同时将原有路面清扫干净。

6.9.2 注意事项

（1）将待修补的病害或坑槽的四周进行规则开槽，并将坑内的废料、泥浆、水、冰块等杂物清除干净，保证冷补料摊铺到坚固的基础上。

（2）喷洒乳化沥青或液体沥青时，应始终保持路表面及坑槽内的清洁，避免可能的碎屑、杂物和水进入坑槽中，造成黏结层污染。

（3）摊铺冷补料时，要根据坑深、松铺系数调整松铺厚度，一般高出原路面 2~3cm；如果坑深在 5cm 以上时，应分层填补，逐层压实。

（4）机具要选择适当。摊铺平整后，应根据修补面积的大小、坑槽厚度、交通量大小等选择压路机或振动平板夯，并停置 10~20min 后再进行压实，以便冷补料中油分的挥发。

（5）压实完成后应在表面均匀地撒上一层石粉或细沙，并用清扫工具来回清扫，使细料填满表面空隙。

（6）压实完成后，强度尚未形成，面层稍有发软，应在 15~20min 后再开放交通，以防出现车辙。

（7）修补作业开工之前应摆放安全标志。

多年冻土地区路面冷补沥青混合料主要技术指标如表 6-13 所示。

表 6-13 多年冻土地区冷补沥青混合料技术指标要求

序号	路用性能	技术指标要求		试验方法
		常温型（C型）（宜10℃以上施工）	低温型（D型）（宜-10℃以上施工）	
1	黏附性	不小于 4 级（裹覆面积大于 95%）	不小于 4 级（裹覆面积大于 95%）	T 0616
2	初始稳定度	不小于 2.0KN	不小于 1.0KN	方法详见研究报告
3	成型稳定度	不小于 4.0KN	不小于 4.0KN	《公路沥青路面施工技术规范》8.4.2 条规定
4	水稳定性（冻融劈裂试验）	不小于 70%	不小于 70%	T 0729-2000
5	车辙试验（40℃）	不小于 400 次/mm	不小于 200 次/mm	方法详见研究报告
6	低温工作度（从-10℃冰箱取出试验）		可有少量结块，铁铲能容易拌和	方法详见研究报告

注：1. 浸水残留稳定度和冻融劈裂试验均是评价混合料水稳定性方法，相对来说，冻融劈裂试验条件更苛刻，更能检验冷补材料的水稳定性能，因此指南中只对冻融劈裂强度比提出要求；

2. 一般来说，常温型和低温型冷补料的区别主要是稀释剂的掺量大小，成型稳定度试验要经过 110℃烘箱中养生 24 小时，稀释剂挥发后，取出再测稳定度，实测 C 型和 D 型稳定度值相差不大，C 型略高，因此这里要求的指标相同。

6.10 多年冻土区涵洞养护

6.10.1 G109线沿线冻土区涵洞病害类型级处治原则

6.10.1.1 调查结果

以国道 G109 线（青藏公路）为例，1998 年交通部第一设计院对青藏公路第一期整治工程昆仑山至安多 240km 的新建与加固涵洞共 368 道涵洞进行全面调查，严重破坏 32 道（占 8.7%），一般破坏的 113 道（占 30%），调查结果如下。

（1）涵洞工程病害主要分为以下几类：洞口八字墙和翼墙沉降、倾斜或开裂；洞口铺砌和急流槽开裂、破碎、渗漏和冲刷损毁；洞身涵台沉降、倾斜或开裂；涵底铺砌开裂、破碎和渗漏。

（2）多年冻土地区，涵洞基础的稳定性是保证涵洞基本功能的关键。考查涵洞的基本功能、涵洞的稳定性和涵洞的耐久性等指标，以基础稳定性为标准判断涵洞使用状况（见表6-14）。

表6-14 基于基础稳定性的涵洞使用状态判断标准

涵洞部位	涵洞使用状态		
	涵洞各部位完好	涵洞基本完好	涵洞严重破坏/重要部位发生破坏
涵台	未破损、均匀变形、未倾斜	未破损、均匀变形、未倾斜	有破损、不均匀变形、倾斜、倒塌
翼墙/端墙	无破损、均匀变形、未倾斜	有轻微破损、轻微倾斜	严重破损、倾斜、倒塌
涵底/洞口铺砌	无涵底渗水现象，无（或有少量）开裂	涵底轻微渗水，有少量开裂	涵底严重渗水，铺砌破碎，冲刷严重

（3）涵洞破坏原因可以概括为五个方面：第一，工程对冻土环境造成影响，使其向不利于工程稳定方向发展；第二，涵洞内部不同部位热交换条件存在差异以及受力状况存在差异；第三，涵洞周围土体周期性冻胀与融沉；第四，某些涵洞结构和材料抵抗荷载作用的能力或适应变形较差；第五，涵底渗漏。上述原因相互叠加或单独作用导致涵洞基础稳定性破坏。

（4）从4个方面入手进行病害防治：减小工程对多年冻土的热扰动；消除或削弱季节活动层的冻胀和融沉；增强涵洞结构抵抗和适应冻融变形的能力；消除或减小涵底渗流。

6.10.1.2 主要结论

（1）多年冻土区，涵洞类型的选择可采用钢筋混凝土圆管涵、矩涵、箱涵和盖板涵以及金属波纹管涵等。高含冰量地段，宜采用拼装式金属波纹管涵或钢筋混凝土圆涵、矩涵；低含冰量地段可采用钢筋混凝土圆涵、矩涵、箱涵。金属波纹管涵顶面最小填土厚度不得小于0.6m。

（2）金属波纹管涵在多年冻土的病害率要远远低于钢筋混凝土盖板涵，在多年冻土区有着良好的应用前景。

（3）多年冻土地区不宜使用平行设置的双孔涵洞、有压涵洞以及各种类型的浆砌片石涵洞；涌冰特别严重的河道，可采用上下结构的双孔涵洞。涵洞孔径除应满足排洪及维修要求外，还应考虑冰塞、冰锥的影响，适当增大。

（4）涵洞应每隔2.0~4.0m设置一道沉降缝，沉降缝材料宜选用改性沥青麻；对径流长、径流量大的涵洞，必要时可采用膨胀橡胶等材料；沉降缝应加强防冻、防渗漏措施。

（5）多年冻土地区，涵洞基础的稳定性是保证涵洞基本功能的关键，一般以基础稳定性为标准判断涵洞使用状况。

6.10.2 G214线沿线冻土区涵洞常见病害及选型

（1）翼墙与涵身的脱开倾斜：由于冻胀、融沉及水平土压力等原因导致翼墙与涵身间轻微脱开或倾斜，约占涵洞的20%，调查发现在维修过程中采用水泥砂浆塞缝（刚性），翼墙与涵身间由于冻胀融沉等引起的不协调变形会导致修补处再次裂开甚至越裂越大，应考虑柔性防护，即采用具有大变形能力的填塞材料进行填缝（见图6-49）。

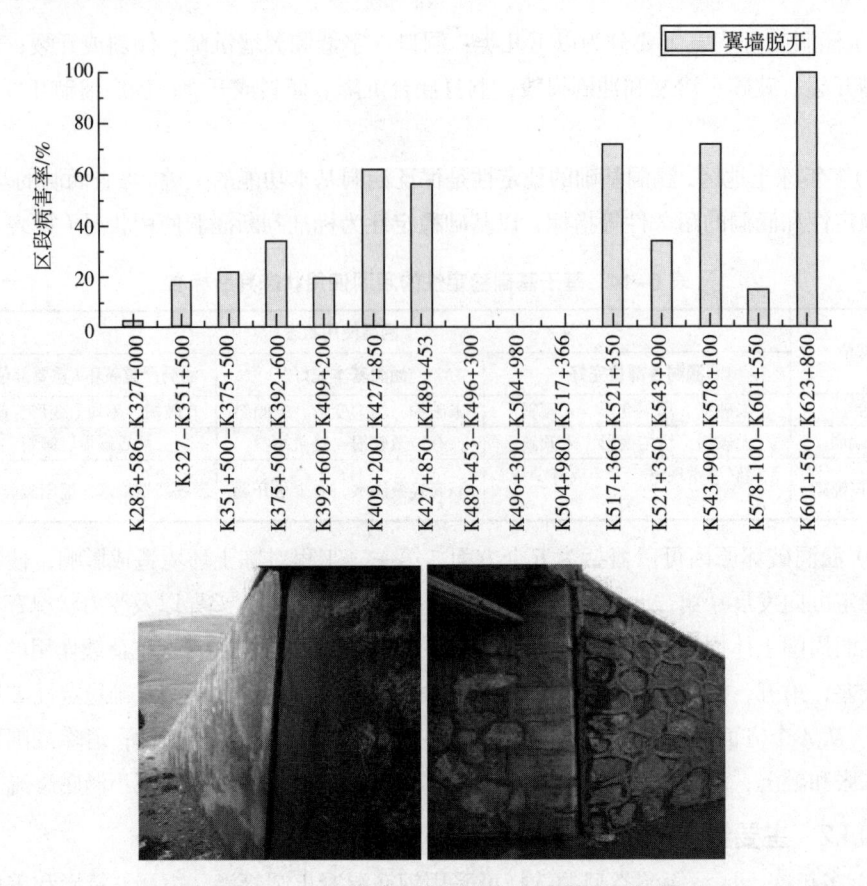

图 6-49　G214 线盖板涵翼墙与涵身的脱开倾斜

翼墙与涵身的脱开倾斜破坏主要发生在 K409+200~K427+850 花石峡段和 K543+900~K578+100 查拉平段，调查中发现了少量严重脱开倾斜的翼墙，这些挡墙基本上已失去挡土作用，约占 3%，必须重建。重建过程中翼墙基础应与涵身基础具有同样深度，原工程做不到导致翼墙破坏（见图 6-50）。

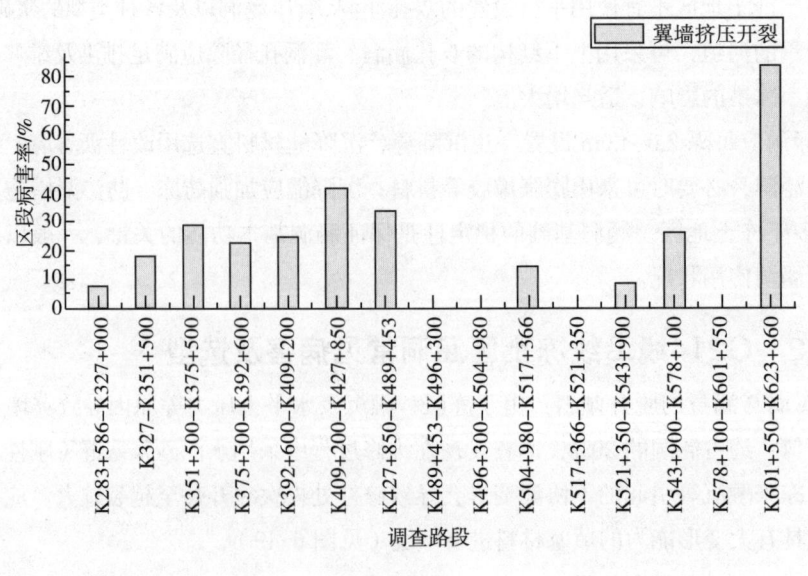

图 6-50

图 6-50 G214 线盖板涵翼墙与涵身的挤压开裂破坏

（2）翼墙与涵身的挤压开裂破坏：调查中发现，有翼墙顶端小面积的断裂或是破碎，约占涵洞总数的 5%，根据初步分析应该是在冻融循环作用下翼墙基础不均匀冻胀，或是涵身基础不均匀冻胀，或是二者同时不均匀冻胀导致翼墙与涵身、帽石的挤压，由于越往上横截面越小，挤压越严重，尤其涵身与帽石的挤压，从而导致顶端的挤压开裂或破碎，调查中发现翼墙与涵身平齐而不与帽石接触这样的结构形式可以较好地避免这一破坏现象。

翼墙被挤坏主要发生在 K409+200~K427+850 花石峡段和巴彦克拉山段，这种较为严重的病害，仅从堵缝、抹面层面上进行解决是不够的，必须很好地处理洞口处冻胀融沉问题。

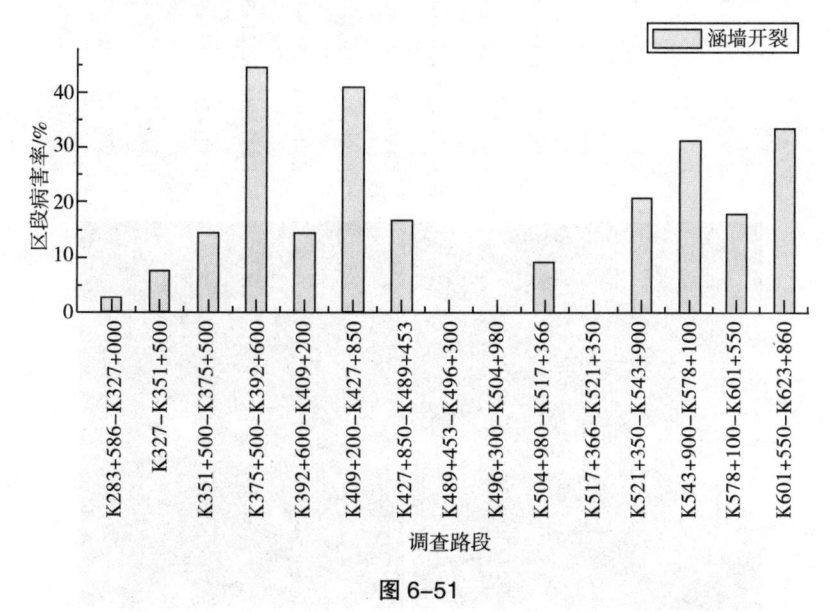

（3）涵洞洞身塌腰、横向开裂：涵洞的塌腰、错牙、漏水时有发生（见图 6-51），约占涵洞总数的 10%，原因无非两点：一是不均匀的反复冻融变形引发整体性涵体开裂，二是在原接缝处或分体处的不均匀变形逐渐发展。涵洞基础一般为分段设置，也有少量整体式。由于基础短，涵洞基础在回冻前一般埋置在季节活动层中，且施工过程中对冻土温度场的扰动，使大量热量进入冻土土层，使多年冻土融化，承载能力降低。寒季冻胀、暖季融沉，寒季的基础在这种强大冻融作用下，涵台混凝土的强度小于融化下沉产生的强度，最终导致涵台开裂，涵洞则产生塌腰、错牙、开裂、漏水、倾斜等破坏。若分段基础涵洞的变形缝处理不当，会导致水的潜热传递到多年冻土层内，改变地基土的水热平衡，导致接缝或分体处变形不均，使涵台下沉开裂进一步扩大，更加剧涵身的破坏。

图 6-51

图 6-51　G214 线盖板涵涵洞洞身塌腰、横向开裂

洞身塌腰、开裂病害现象主要发生在 K375+500~K392+600 苦海滩段和花石峡－玛多段（K409+200~K489+453），针对这样的破坏，关键是填缝堵漏，防止水继续渗漏引起冻土的融化，导致更大的开裂和下沉，引发恶性循环。涵台间产生不均匀沉降，如果涵顶路基对行车影响不大，而且这种不均匀沉降缝不再加剧时，采用柔性填塞，防止渗漏水即可（只处理不均匀沉降处的裂缝）（见图 6-52）。

图 6-52　G214 线盖板涵变形缝开裂

（4）变形缝开裂：主要分布在花石峡-玛多段（K409+200~K489+453）、野牛沟-查拉坪（K543+900~K578+100），此路段也是多年冻土地区调查路段盖板涵变形缝开裂约占涵洞总数的30%。连接处两端如果不均匀沉降严重，那么会沿着变形缝脱开或是错位以及纵贯裂缝。涵身竖向裂缝一般是由于涵底基础不均匀冻胀和融沉造成的涵身变形缝开裂，这种裂缝在此次调查中比较显著（见图6-53）。

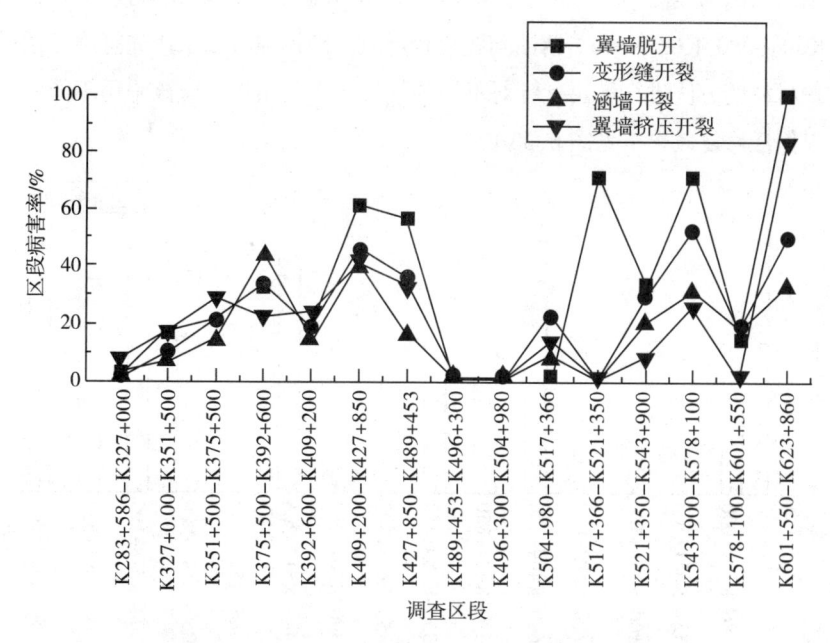

图6-53 G214线盖板涵病害率与路段关系图

盖板涵的病害主要发生在花石峡段、玛多段和巴彦克拉山段。冻土地区盖板涵虽然是刚性结构以及整体性能比较好，但对于这些路段，涵洞的破坏使公路也产生相应的破坏，路面开裂、沉陷以及跳车，路用性能不理想（见图6-54）。

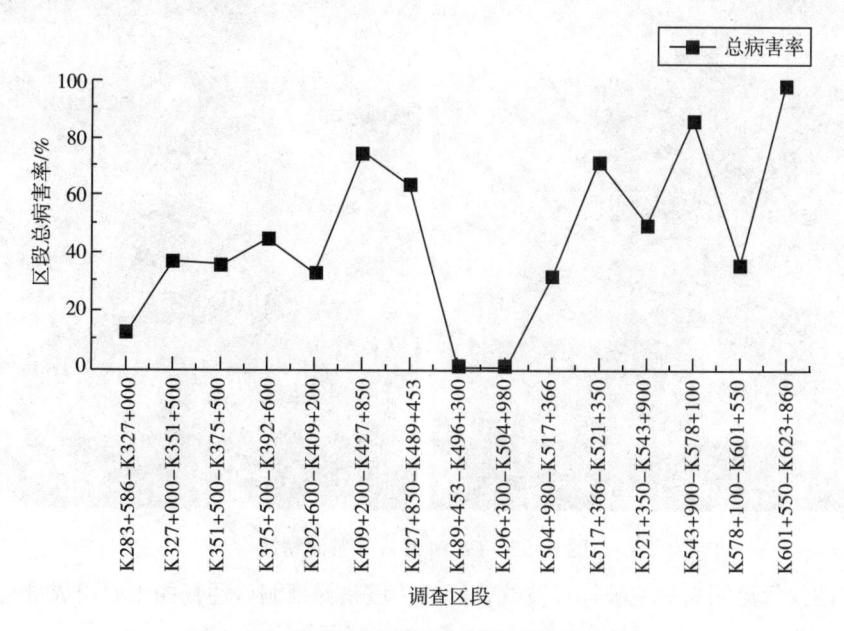

图6-54 G214线盖板涵各调查区段总病害率

（5）波纹管涵洞口锈蚀：在调查中我们还是发现了不少中度甚至重度锈蚀的波纹管涵，约占波纹管涵总数的65.4%。究其原因主要有两点：一是水流中夹带泥沙或碎石等杂质对管道的冲刷，导致防腐层的破坏；二是水质问题，可能某处的水中含有较强的腐蚀性物质。

波纹管涵的锈蚀为涵洞的不可恢复性破坏，对涵洞的强度和承载能力有影响，沿线野牛沟至清水河（K504+980~K623+860）锈蚀问题比较严重。防锈蚀可以采用先打磨掉锈蚀部分，然后再涂上防护材料的方法进行解决。针对不同的气候、水文条件，应该采用不同的防锈蚀措施进行修复，以保证修复效果（见图6-55）。

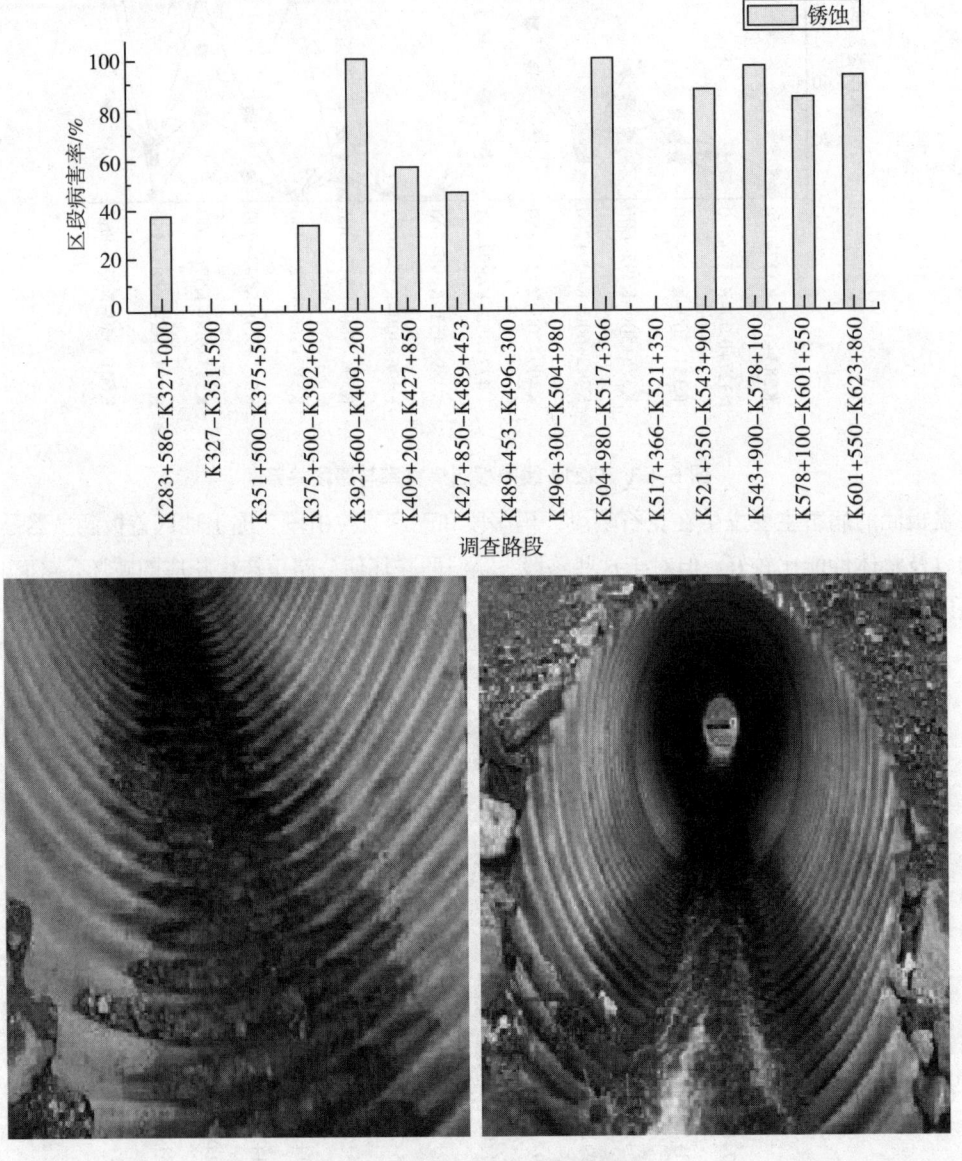

图6-55　G214线波纹管涵锈蚀

（6）波纹管涵洞口护坡破坏：波纹管涵的护坡是保证洞口通畅的重要组成部分，但护坡破坏却是一个普遍问题，尤其以浆砌片石护坡破坏较为严重。浆砌片石护坡的破坏主要是由于冻胀融沉的不均匀性导致的护坡凹凸不平甚至脱落，水泥混凝土护坡的破坏主要是冻胀引起的开裂、破碎，这些破坏约占调查波纹管涵总数的44.7%（见图6-56）。

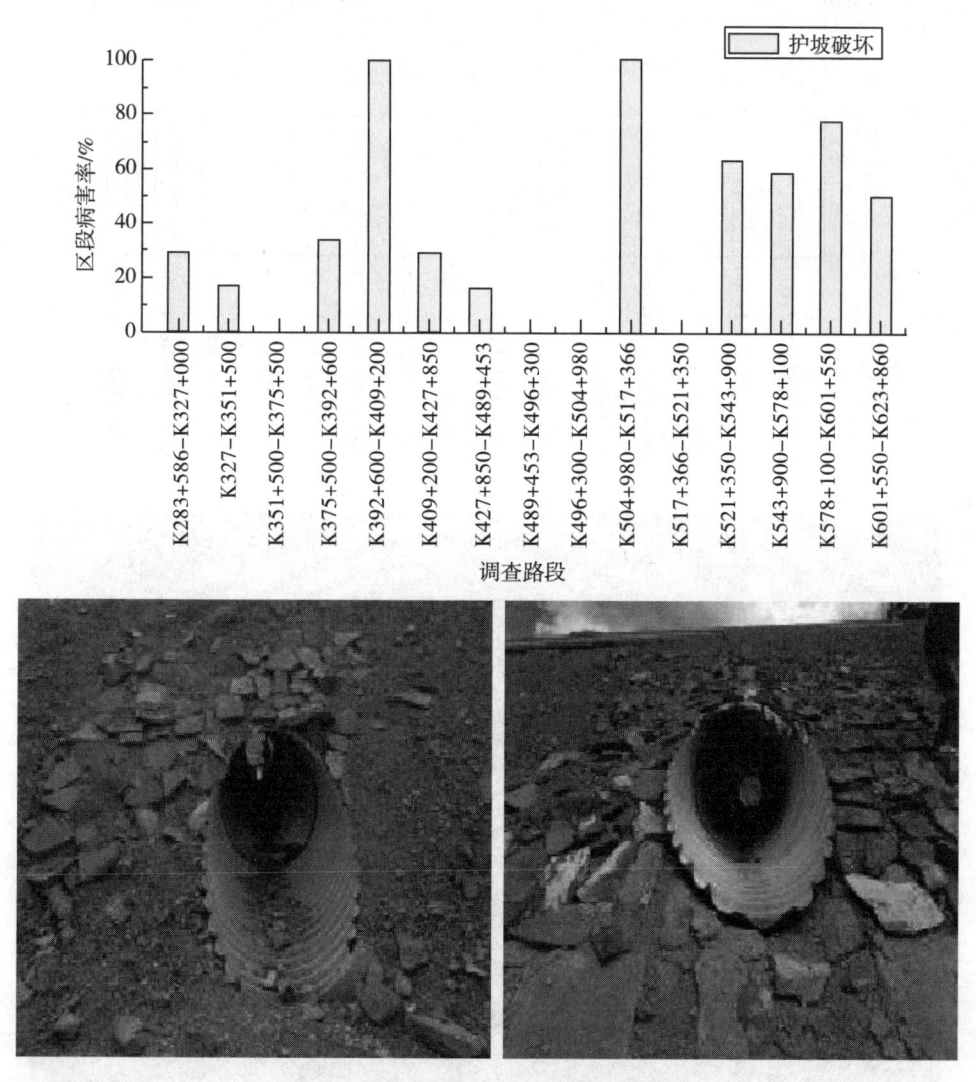

图6-56　G214线波纹管涵护坡破坏

沿线红土坡-花石峡段（K392+600~K409+200）、查拉坪段（K578+100~K601+550）护坡破坏问题比较严重。对于护坡的防护，提倡采用干砌片石，最好采用抛石护坡。抛石护坡主要是由碎石堆砌而成，空气在缝隙中形成对流，以便保持路基下冻土温度场的稳定，同时阻止外界热量进入。抛石护坡修筑完成后，碎石间的缝隙使空气在冬天形成循环，使路基内热量与外界保持对流交换，与外界具有同样的温度，并且在夏天抛石护坡则成为"天然隔热层"，能够有效阻止外来热量侵入，保证路基下多年冻土层的坚固性不会因施工而受到影响，在修建之前，在抛石护坡铺一层保温材料效果会更好（见图6-57）。

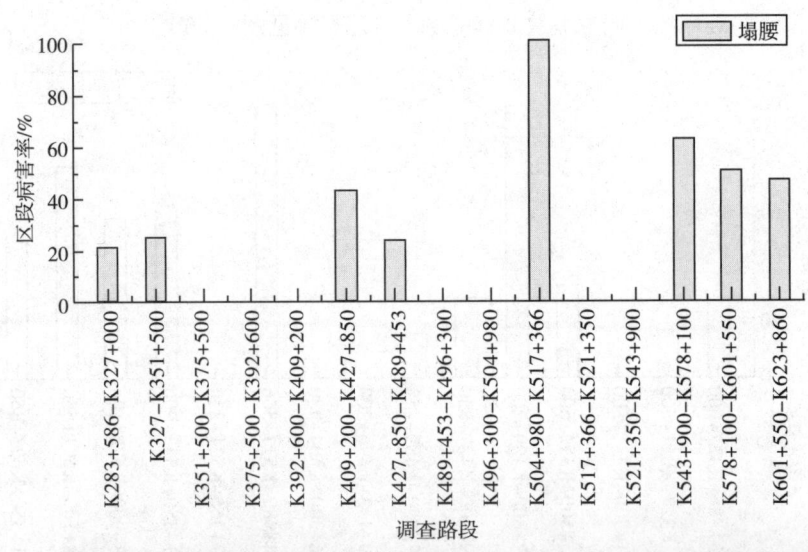

图 6-57　G214 线波纹管涵护坡破坏

（7）波纹管涵涵身塌腰：涵洞塌腰现象，虽然不影响涵洞的排水，但对于道路的正常使用会产生一定影响，涵洞塌腰越严重，说明路基沉陷越大，相应的道路会形成凹槽、开裂及跳车现象，这些破坏约占调查波纹管涵总数的 36.2%。

涵洞的塌腰现象属于不可恢复现象，在公路建设中，尽量选取强度较高、适应变形能力的材料。另外，涵洞塌腰同时说明波纹管涵适应路基变形的能力，不至于涵洞局部破坏对道路产生太大影响，增加道路的使用寿命，体现了波纹管涵的优势（见图 6-58、图 6-59）。

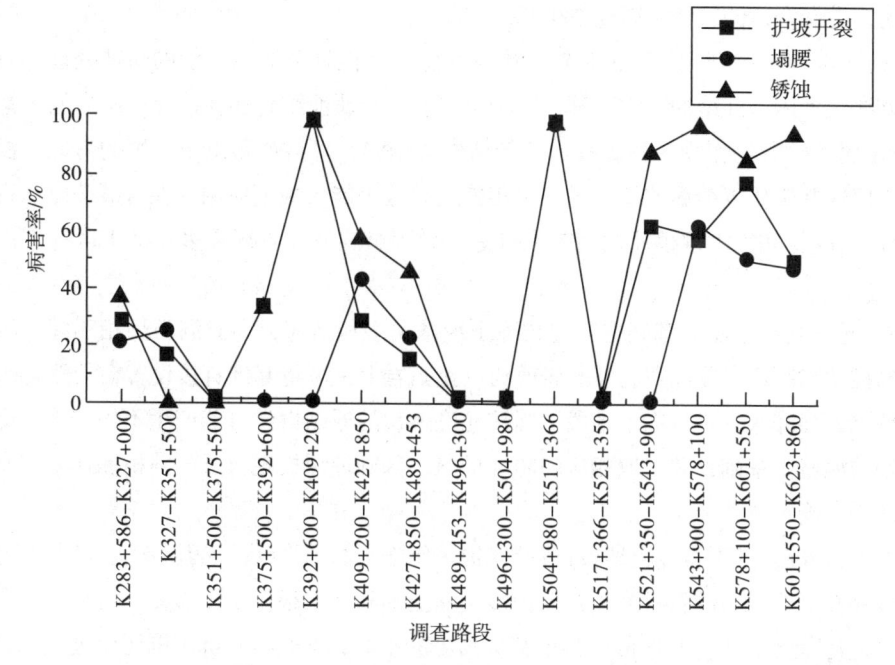

图 6-58 钢波纹管涵病害率与路段关系图

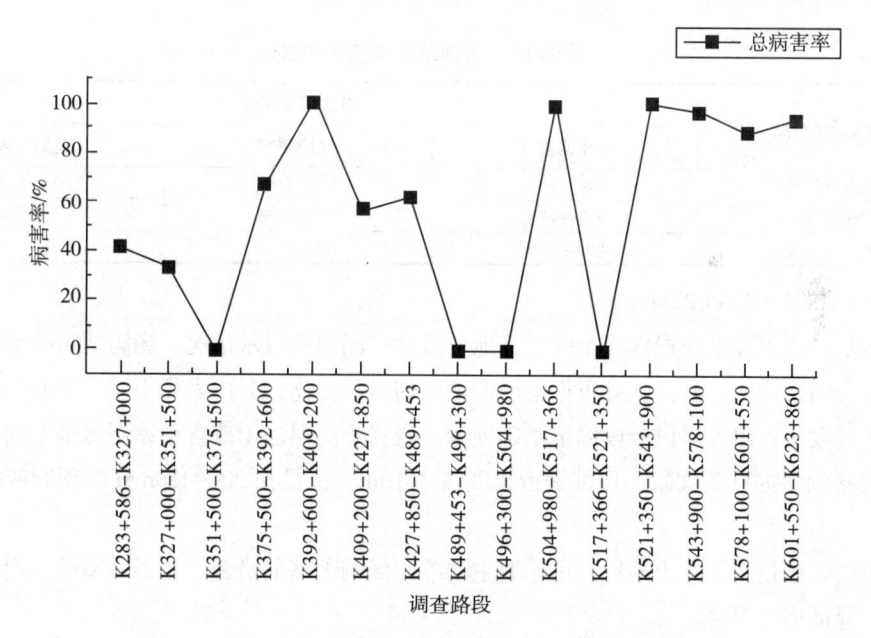

图 6-59 钢波纹管涵各区段总病害率图

结论：通过对青藏公路、青康公路 G214 线、青藏铁路三条经过多年冻土区，但条件各有不同的进藏线路上涵洞的应用情况进行调查、分析、研究发现如下。

1）在季节冻土区，钢筋混凝土盖板涵和金属波纹管涵同样适用。但在多年冻土区，由于钢筋混凝土盖板涵的病害发生率要远远大于金属波纹管涵，所以推荐使用金属波纹管涵。

2）金属波纹管涵在多年冻土地区的使用可以减小冻土对涵洞工程的冻胀影响，降低因涵洞出入口破坏而影响涵洞正常使用的概率，较好地保证路基的稳定性。在设计时应结合地貌、降水情况，设计合适的管径，以免发生积冰现象。

3）对于金属波纹管涵的腐蚀生锈，应该在施工前做好金属波纹管的防锈处理。只要在施工前做好波纹管内、外壁的防锈处理，完全可以保证金属波纹管涵在设计年限内的正常使用。

4）金属波纹管涵作为一种新技术、新结构的涵洞，青藏铁路出于谨慎的考虑，没有大规模使用。但这并不代表金属波纹管涵在多年冻土地区不能大规模应用。在青藏公路、青康公路G214金属波纹管涵被大规模使用后效果良好，说明金属波纹管涵在多年冻土区有着良好的应用前景。

（8）涵洞基础。涵洞基础选择应与冻土地基类型相适应，与涵洞类型相匹配，减少对多年冻土的扰动与破坏；在浅埋完整基岩或弱风化基岩上，可将基础直接设置在天然岩面上。

强融沉、强冻胀及不良冻土地段，当按允许融化的原则设计可能产生不均匀冻融变形时，应采用钢筋混凝土基础，并采取相应的防冻措施，基础埋深按现行《公路桥涵地基与基础设计规范》的要求确定。

强融沉、强冻胀及不良冻土地段，按照保护多年冻土原则设计的涵洞，不宜采用砂石换填（砂石料的导热性能好，用砂石料换填对保护多年冻土不利）。根据施工需要，可在基坑底面铺设碎石垫层，其厚度不宜大于0.3m；当地基为高温冻土时，基底与基坑周围还应进行保温处理。基础埋深按表6-15考虑。

表6-15 涵洞基础埋置深度表

涵洞径流特点	基础埋置深度		
	中间段	过渡段	进出口段
间歇性径流	$0.5h_t \sim 0.6h_t$	$0.7h_t \sim 0.8h_t$	$1.1h_t \sim 1.2h_t$
小径流	$0.7h_t \sim 0.8h_t$	$0.9h_t \sim 1.0h_t$	$1.1h_t \sim 1.2h_t$
径流期长、量大	$1.1h_t \sim 1.2h_t$	$1.3h_t \sim 1.4h_t$	$1.6h_t \sim 1.8h_t$

注：h_t为多年冻土天然上限（m）。

涵洞基础埋置深度应根据冻土的工程地质特征、涵洞的过水情况、涵洞结构类型、孔径与设计原则等因素确定。涵洞基础可根据涵洞轴向的融深变化，分段采用不同的基础埋深，宜按中间段、过渡段、出入口段分段确定基础埋深。设置于高温冻土或含土冰层地基上的涵洞，可采用短桩基础（据有关文献：短桩是指长度在3~10m，桩径在200~450mm的预制或灌注钢筋砼桩）。

高温高含冰量多年冻土地区，可采取主动冷却涵洞地基的措施，在涵洞基础一定范围内设置热棒，降低冻土温度。

金属波纹管涵基础埋置深度应根据管径和地质条件确定，基础材料宜采用砂砾，厚度宜为管径的0.5~0.55倍，最小厚度不应小于0.6m，最大厚度不宜大于1.5m；砂砾中含泥量不宜大于5%，最大粒径不宜超过50mm，压实度宜为85%~90%；涵管两侧的填土宜采用含泥量不大于8%的粗粒土，压实度应与同一深度的路基填土相同。

（9）涵洞进出口。涵洞进出口可采用一字墙加锥坡或八字墙等形式。

进出口高差比较大的涵洞，洞口应设置急流槽、跌水井等设施。

涵洞进出口端翼墙应考虑水平冻胀力的影响，宜按挡土墙设计。

金属波纹管涵进出口类型应根据涵位水文地质条件确定，宜选用比路基坡脚宽度长 0.3m 的裸管式洞口。

涵洞进出口的端翼墙基础埋深应与进出口段涵节相同。

（10）附属工程。高含冰量冻土地段桥涵附属工程应遵循多填少挖的原则。当为冻胀土时，宜采用混凝土预制构件铺砌，铺砌长度及厚度根据沟槽水流情况而确定。附属设施所挖除的沟床与涵洞出入口铺砌段宜设置保温铺砌层。

当桥位上游有冰幔时，宜设置封闭式导流堤，导流堤的设计高度应根据河流冰幔及壅冰的影响而确定。

与桥涵相连的防护工程基础可置于季节融化层或多年冻土中，埋深应根据多年冻土地区明挖基础的有关规定确定。当季节性融化层为冻胀土时，应每隔 2~5m 设置一道沉降缝。

6.10.3 多年冻土区涵洞处置原则

通过对青藏公路、青康公路 G214 线多年冻土区的现有涵洞的使用情况进行调查表明，金属波纹管涵在多年冻土的病害率要远远低于钢筋混凝土盖板涵。金属波纹管涵作为一种新技术、新结构的涵洞，在多年冻土区有着良好的应用前景。

涵洞类型的选择应根据涵位冻土特征、上限深度、涵洞地基设计原则、路基填土高度、施工季节、施工条件等因素综合分析确定。涵洞宜选用能适应一定变形的封闭型结构，在反复冻融作用下，发生基础不均匀冻胀与融沉，引起结构变形时，不会产生结构破坏和功能失效，可采用钢筋混凝土圆管涵、矩涵、箱涵和盖板涵以及金属波纹管涵等。

高含冰量地段，宜采用拼装式金属波纹管涵或钢筋混凝土圆涵、矩涵；低含冰量地段可采用钢筋混凝土圆涵、矩涵、箱涵，金属波纹管涵顶面最小填土厚度不得小于 0.6m。

多年冻土地区不宜使用平行设置的双孔涵洞、有压涵洞以及各种类型的浆砌片石涵洞；涌冰特别严重的河道，可采用上下结构的双孔涵洞。

涵洞孔径除应满足排洪及维修的要求外，还应考虑冰塞、冰锥的影响，适当增大。

涵洞应每隔 2.0~4.0m 设置一道沉降缝，沉降缝材料宜选用改性沥青麻；对径流长、径流量大的涵洞，必要时可采用膨胀橡胶等材料；沉降缝应加强防冻、防渗漏措施。

参考文献

[1] 王松根."十四五"公路养护技术发展趋势[C]//中国公路学会养护与管理分会.中国公路学会养护与管理分会第十一届学术年会论文集.中国公路学会养护与管理分会专家委员会；2021：6.

[2] 王松根.现代公路养护技术发展及应用[C]//中国公路学会养护与管理分会.全国公路养护新材料应用技术大会论文集.[出版者不详],2015：10.

[3] 王松根.降低公路建养管成本的九宫图[J].中国公路,2020（5）：34-43.

[4] 交通运输部.公路养护工程管理办法（交公路发〔2018〕33号）[EB/OL](2018-04-04)[2024-05-14].

[5] 马志富,杨昌贤.寒区铁路隧道保温排水设施设计标准研究[J].隧道建设(中英文),2019(6)：960-971.

[6] 青海省住房和城乡建设厅、青海省气象局.关于发布青海省市（县）标准冻探值的通知（青建设〔2016〕280号）[S].2016.

[7] 青海省交通运输厅,青海省省生态环境厅.青海省公路建设生态环境保护技术指南[S].2020.

[8] 房建宏,王振,徐安花,等.青海黄土工程特性及公路修筑对策研究[J].中外公路,2017,37（6）：28-31.

[9] 薛庆江,房建宏.沙漠化土地对公路建设的影响[J].青海交通科技,2005（5）：3-4.

[10] 李芙林,刘惠波.青海公路边坡病害及治理[J].公路,2003（12）：120-124.

[11] 张静,保广裕,马守存,等.青海省公路交通地质灾害特征与影响分析[J].青海环境,2021,31（4）：176-180.

[12] 钟连通.高海拔地区高速公路路面养护决策及效果评估技术研究[D].北京工业大学,2019.

[13] 韩小林,杨立峰.对青海省现有沥青路面综合养护车的技术改进[J].青海大学学报（自然科学版）,2010,28（5）：71-73.

[14] 中公高科养护科技股份有限公司,青海省公路工程检测鉴定中心,青海省交通科学研究院.2016年青海省普通国省干线路面技术状况检测评定及养护分析报告[R].2016.

[15] 施兵,陆鹿.高速公路冰雪路段融雪化冰方案[J].公路,2019（6）：52-55.

[16] 苗广营,沈建青,仲玮年.沥青路面除冰雪技术研究进展[J].筑路机械与施工机械化,2019,36（9）：18-22.

[17] 屈建军,肖建华,韩庆杰,等.青藏铁路高寒风沙环境特征与防治技术[J].中国科学：技术科学,2021.

[18] 徐玉春.塔城地区公路风区路段实施综合雪害防治技术见成效[J].公路,2015(3):205-208.

[19] 张浩.公路涎流冰形成机理与防治技术研究[D].长安大学,2016.

[20] 李海亮,丁姣月,段德峰,梁斌.高原冻土地区公路涎流冰的成因分析及防治[J].河南科技大学学报(自然科学版),2021,42(2):61-67.

[21] 田学军,刘江,张浩,等.铜黄高速公路边坡涎流冰的病害与防治[J].公路,2016(2):192-197.

[22] 张景焘.铜黄高速公路涎流冰病害防治技术研究[D].长安大学,2015.

[23] 谭忆秋,张驰,徐慧宁,等.主动除冰雪路面融雪化冰特性及路用性能研究综述[J].中国公路学报,2019(4):1-12.

[24] 周俊广.高速公路绿色养护技术探讨[J].中国公路学会养护与管理分会第九届学术年会论文集.

[25] 李强,王永维,李桂琴,等.彩色树脂抗滑薄层罩面技术在青海省道S103的应用研究[J].中外公路,2018,38(6):39-42.

[26] 卢小锋,牟廷敏,刘振宇.四川山区桥梁洪水灾害及防御措施[J].城市道桥与防,2020(7):134-137

[27] 鲁蔚.青海省察德高速公路泥石流病害防治措施研究[J].青海大学学报,2019,37(6):80-86.

[28] 岳尔朝.高速公路连续箱梁桥独柱墩加固方案分析[J].河南科技,2021(6):93-96.

[29] 王养锋,马亮.高寒高海拔地区桥梁橡胶支座典型病害分析[J].青海交通科技,2018(4):94-97.

[30] 陈建兵,李金平,熊治华,等.玛多震害调研及其对寒区桥梁设计的影响[J].水利与建筑工程学报,2021,19(10):99-103.

[31] 张硕,郑畅.辐射井技术在青海西久公路地质灾害治理中的应用[J].城市地质,2015,(10)增刊2:113-117.

[32] 史超.青海省公路边坡生态恢复养护要求研究[J].青海交通科技,2020(4):18-23.

[33] DB 63/T 1599—2017,高海拔高寒地区公路边坡生态防护技术设计规范[S].青海省地方标准.

[34] 保广裕,周丹,郑玲,等.青海省公路沿线强降雪天气灾害风险区划研究[J].沙漠与绿洲气象,2019,13(4):109-116.

[35] 李元吉.青海高等级公路电热融雪技术的试验研究[D].重庆交通大学,2015.

[36] 李虎.曼大公路仙米自然保护区标段取土场边坡生态修复措施[J].水土保持通报,2018,38(4):109-113.

[37] 叶建军,王波,李虎,等.湿式喷射法生态护坡技术在曼大公路取土场的应用西北林学院学报[J].2019,34(6):259-263.

[38] 四川省市场监督管理局.DB51/T 2799—2021四川省高速公路景观及绿化设计指南[S].2021.

[39] 黄在智,孙侃,周晶,等.青藏高原生态脆弱区公路水土保持设计与实践[J].公路,2021(6):

371-373.

[40] 四川省交通运输厅公路规划勘察设计研究院.西部高速公路生态型声屏障技术应用研究[R].2012.

[41] 冼巧凤,赵晓夏.大美青海生态天路——青海省生态公路建设工程侧记[J].中国公路,2016(3):75-81.

[42] 青海省市场监督管理局.DB 63/T 1599—2017 高海拔高寒地区公路边坡生态防护技术设计规范[S].2017.

[43] 马欢,张远.绿色公路设计理念在循隆高速公路中的应用[J].公路,2021(1):254-258.

[44] 程逸楠,何吉成,祁文斌,等.地域文化在旅游风景道景观设计中的表达[J].公路,2018(3):142-146.

[45] 程逸楠,祁文斌,孙海秀,等.基于聚类节点控制法的旅游公路景观段落空间规划研究[J].公路,2020(3):166-173.

[46] 中国公路建设行业协会.中国公路工程工法[M].北京:人民交通出版社,2017.

[47] 青海省公路建设管理局.预应力混凝土空心板梁钢木内模施工工法[M].北京:人民交通出版社,2015.

[48] 青海省公路建设管理局.骨架密实型水泥稳定碎石(砂砾)路面稳定基层施工工法[M].北京:人民交通出版社,2015.

[49] 肖娟.预应力智能张拉成套技术对不同环境温度的适应性研究[J].青海交通科技,2015(3):44-47.

[50] 杨桂梅.青海省公路隧道建造、养护及运维的创新与发展[J].青海交通科技,2021(2):129-132.

[51] 马志富,杨昌贤.寒区隧道抗防冻设计标准研究[J].隧道建设(中英文),2021,41(11):1931.

[52] 万建国.我国寒区山岭交通隧道防冻技术综述与研究展望[J].隧道建设(中英文),2021,41(7):1115.

[53] 姚红志,张晓旭,董长松,等.多年冻土区公路隧道保温隔热层铺设方式及材料性能对比分析[J].中国公路学报,2015,28(12):105-113.

[54] 青海省市场监督管理局.DB63/T 1674—2018 多年冻土区公路隧道技术规范[S].

[55] 张剑.高寒地区铁路隧道防冻排水设计探讨[J].铁道建筑,2014(10):15-21.

[56] 刘德军,仲飞,黄宏伟,等.运营隧道衬砌病害诊治的现状与发展[J].中国公路学报,2020(11).

[57] 叶朝良,高新强,朱永全,等.寒区隧道洞口保温段设置长度统计分析[J].铁道建筑,2019(12):46-50.

[58] 吴剑,郑波,方林,等.寒区隧道洞口保温层设防长度确定方法探讨[J].铁道标准设计,2021(10):1-6.

[59] 翟正平.高寒地区某公路隧道渗水结冰原因分析及处治[J].现代隧道技术,2016,53(2):195-200.

[60] 穆彦虎, 马巍, 牛富俊, 等. 多年冻土区道路工程病害类型及特征研究 [J]. 防灾减灾工程学报, 2014, 34（6）: 259-265.

[61] 符进, 李俊, 唐晓星, 等. 高海拔高寒地区高速公路建设技术研究试验示范工程的选择 [J]. 中外公路, 2016, 36（2）: 5-10.

[62] 符进, 谢前波, 李俊. 高原多年冻土区以桥代路设置的客观条件技术研究 [J]. 公路, 2013（11）: 142-146.

[63] 胡田飞, 刘建坤, 常键, 等. 基于新能源制冷技术的多年冻土路基维护方法研究 [J]. 太阳能学报, 2020, 41（2）: 253-259.

[64] 史茜. 共玉高速公路多年冻土地区路基病害分析与研究 [D]. 兰州交通大学, 2020.

[65] 吴中, 张斌斌. 共和至玉树（结古）公路多年冻土路基病害及其防治研究 [J]. 青海交通科技, 2019（1）: 55-61.

[66] 中华人民共和国交通运输部. JTG 5150—2020 公路路基养护技术规范 [S].

[67] 高明, 李向全, 王振兴, 等. 高寒多年冻土地区公路病害的成因及防治 [J]. 公路, 2014（7）: 74-77.

[68] 骆斌斌. 多年冻土路基不均匀变形及处治技术研究 [D]. 长安大学, 2013.

[69] 陆相霖. 高海拔永久冻土地区宽幅路基主动控温技术研究 [D]. 交通运输部公路科学研究所, 2021.

[70] 崔广义. 多年冻土地区涵洞使用状况调查及维修加固方案分析 [D]. 长安大学, 2013（6）.

[71] 陈子敬, 蔡相连. 青藏高原多年冻土地区涵洞基础稳定性调查及分析 [J]. 青海交通科技, 2018（6）: 86-90.